Índice

A TRAVÉS DE LA BIBLIA

LIBRO POR LIBRO

Myer Pearlman

La misión de Editorial Vida es ser la compañía líder en satisfacer las necesidades de las personas con recursos cuyo contenido glorifique al Señor Jesucristo y promueva principios bíblicos.

A TRAVÉS DE LA BIBLIA
Edición en español publicada por
Editorial Vida – 1995
Miami, Florida

Edición revisada

©1952, 1995 por Editorial Vida

Originally published in the USA under the title:
Through the Bible, Book by Book
Copyright © 1935 by Gospel Publishing House
Published by Gospel Publishing House

ISBN: 978-0-8297-0512-6

CATEGORÍA: *Comentario bíblico / General*

IMPRESO EN ESTADOS UNIDOS DE AMÉRICA
PRINTED IN THE UNITED STATES OF AMERICA

13 14 15 16 ❖ 40 39 38 37

Prefacio

El lector pudiera haber observado a un vendedor de comestibles preparar un pedido y habrá notado cuán familiarizado estaba con las secciones donde se encontraban los diferentes artículos. Esta sencilla ilustración servirá para describir el propósito de este texto: impartir un conocimiento general del contenido de cada libro de la Biblia a fin de que podamos saber de cuál de las sesenta y seis "divisiones" de la Biblia seleccionar el material. Ese propósito ha hecho necesario el método empleado en este libro, que no es tratar con detalles sino con los hechos principales de cada libro.

Bosquejo del Antiguo Testamento

1. El pentateuco
Génesis
Éxodo
Levítico
Números
Deuteronomio

2. Libros históricos
Josué
Jueces
Rut
1 Samuel
2 Samuel
1 Reyes
2 Reyes
1 Crónicas
2 Crónicas
Esdras
Nehemías
Ester

3. Libros poéticos
Job
Salmos

Proverbios
Eclesiastés
Cantar de los cantares

4. Profetas mayores
Isaías
Jeremías
Lamentaciones
Ezequiel
Daniel

5. Profetas menores
Oseas
Joel
Amós
Abdías
Jonás
Miqueas
Nahúm
Habacuc
Sofonías
Hageo
Zacarías
Malaquías

PRIMERA PARTE

EL ANTIGUO TESTAMENTO
LEY E HISTORIA

1

Génesis

Tema. Este libro está bien descrito por su título, Génesis, que significa "principio", porque es la historia del principio de todas las cosas, el principio del cielo y la tierra, de toda vida y de todas las instituciones y relaciones humanas. Se le ha llamado "el semillero de la Biblia" debido a que los gérmenes de todas las grandes doctrinas respecto a Dios, al hombre, al pecado y a la salvación se encuentran allí.

El primer versículo sugiere el propósito del libro. "En el principio creó Dios los cielos y la tierra." Los israelitas, a quienes se dirigió en primer lugar el mensaje del libro, aprenderían que el Dios de Palestina era también el Dios de todos los países y que el Dios de una nación, Israel, era también el Dios de todas las naciones. Como era el Dios y Creador de toda la tierra debía finalmente llegar a ser el Redentor de toda la tierra. El libro describe cómo la redención llegó a ser necesaria porque el hombre había pecado y caído en tinieblas; y cómo hizo Dios los preparativos para escoger una nación para que llevara la luz de la verdad divina a las demás naciones.

Autor. Moisés.

Época. Desde la creación hasta la muerte de José, abarcando un período de dos mil trescientos quince años, desde aproximadamente 4004 a.C. hasta 1689 a.C.

Bosquejo

El contenido de Génesis gira alrededor de nueve hechos importantes:

    I. La creación (1 y 2)

    II. La caída (3)

    III. La primera civilización (4)

    IV. El diluvio (5 — 9)

    V. La dispersión de las naciones (10 y 11)

    VI. Abraham (12 — 25)

    VII. Isaac (17 — 35)

VIII. Jacob (25 — 35)

   IX. José (36 — 50)

Analizaremos los capítulos que abarcan cada punto del bosquejo y, al hacerlo, podremos grabar en nuestra mente los hechos más sobresalientes.

I. La creación (1 y 2)

Dios completó su obra de creación en seis días y reposó en el séptimo. El orden de la creación es el siguiente:

Preparación y separación

* Primer día — luz
* Segundo día — aire, agua
* Tercer día — tierra, plantas

Terminación y expansión

* Cuarto día — luces (cuerpos celestes)
* Quinto día — pájaros, peces
* Sexto día — animales, hombre

En el séptimo día Dios cesó de trabajar, poniendo al hombre un ejemplo de trabajar seis días y reposar en el séptimo.

Después de crear al hombre, la obra maestra de la creación, Dios declaró todo muy bueno. El segundo capítulo narra cómo preparó el primer hogar del hombre, llevó a cabo la primera ceremonia nupcial y colocó dos árboles en el jardín, que enseñaban las lecciones siguientes: si Adán y su esposa escogían el bien y rechazaban el mal, siempre comerían del árbol de vida; de otra manera, morirían.

En el capítulo 2 encontramos una repetición del relato de la creación. Sin embargo, al comparar los dos capítulos, veremos que el capítulo 1 presenta un relato general del acontecimiento, mientras que el capítulo 2 presenta el mismo relato con la adición de detalles y dando énfasis a cierta porción de la historia. Esta peculiaridad del Espíritu Santo en dar dos relatos de un suceso se llama la "ley de repetición" y aparece a través de toda la Biblia.

¿Qué dice el capítulo 2 acerca de la creación que el capítulo 1 omite? ¿Qué quiere decir que el hombre fue creado a la imagen de Dios? (véanse Ef 4:24 y Col 3:10) ¿A quién se refiere la forma plural en la expresión: "Hagamos al hombre"? (Véase Job 35:10, Col 1:16 y Job 33:4).

II. La caída (3)

1. La posibilidad de la tentación. El árbol de la ciencia del bien y del mal fue dejado en el jardín para que el hombre fuera probado y aprendiera a servir a Dios con un corazón voluntario.

2. El autor de la tentación. La serpiente representa a "esa gran serpiente, el diablo", y es su agente.

3. La sutileza de la tentación. La serpiente tuvo éxito en poner un interrogante en la mente de Eva.

4. El éxito de la tentación. Adán y Eva desobedecieron a Dios y tuvieron conocimiento de culpa.

5. El primer juicio:

a. En la serpiente: degradación.

b. En la mujer: dolor y sujeción al hombre.

c. En el hombre: trabajo difícil en una tierra llena de espinas hasta su muerte.

d. En el hombre y sus descendientes: exclusión del árbol de vida en el paraíso de Dios.

6. El primer anuncio de redención.

a. La redención prometida. "Enemistad pondré entre ti y la mujer y entre tu simiente y su simiente" (Gn 3:15). Es decir, habrá una lucha entre el hombre y el poder que causó su caída. "Ésta te herirá en la cabeza." El hombre será victorioso por medio de su representante el Hijo del Hombre (véanse Hch 10:38 y 1 Jn 3:8). "Y tú le herirás en el calcañar." Es decir que la victoria será mediante sufrimiento, mediante la muerte de la simiente de la mujer, Cristo (véanse Gá 4:4, Is 7:14 y Mt 1:21).

b. La redención figurada. El Señor efectuó el primer sacrificio para poder vestir a la primera pareja culpable, un cuadro que simboliza el cubrir una conciencia culpable mediante un sacrificio de sangre.

NOTA: El libro de Génesis es el relato del desarrollo de esta promesa de redención, mostrando cómo pasó por diferentes personas y familias.

III. La primera civilización (4)

1. La historia de Caín muestra cómo el pecado llegó a ser hereditario y condujo al primer homicidio (véase 1 Juan 3:12).

2. La historia de Abel nos enseña que quienes participan de la

culpa y pecado de Adán pueden ser aceptados por Dios mediante la ofrenda de un sacrificio expiatorio.

3. La primera civilización. Caín llegó a ser el fundador de una civilización que incluía una ciudad agrícola, manufacturera, y artística. Se caracterizaba por la violación de la ley del matrimonio y por el espíritu de violencia (4:19-24).

4. El nacimiento de Set. Abel había muerto, Caín fue rechazado y la promesa de la redención pasó al tercer hijo de Adán, Set (4:25,26).

IV. El diluvio (5 — 9)

Había ahora dos clases de gente en el mundo: los impíos cainitas y los piadosos setitas (véase 4:25,26). El linaje escogido de Set perdió su separación y sus descendientes se unieron en matrimonio con los cainitas. Resultado: una condición de vileza en la tierra que exigió el juicio de Dios. De los descendientes de Set, sólo la familia de Noé permaneció fiel a Dios. Noé llegó a ser el escogido por medio del cual la promesa de redención continuó su camino hacia el cumplimiento (5:29; 6:8).

Nótese la genealogía en el capítulo 5. Comienza con Adán y termina con Noé. Encontraremos muchas de estas genealogías en la Biblia.

El propósito principal de la mayoría de éstas, como la de este capítulo, es conservar un registro del linaje del cual vendría la simiente prometida, Cristo (3:15).

Haremos un resumen de los acontecimientos principales de estos capítulos.

1. La genealogía de Noé (cp.5)
2. La construcción del arca (cp.6)
3. La entrada al arca (cp.7)
4. La salida del arca (cp.8)
5. El pacto con Noé (cp.9)

Nótese el estado elevado de civilización en el tiempo del diluvio (4:16-24). Los descendientes de Caín fueron los edificadores de la primera ciudad y quienes dieron origen a las primeras artes. ¿De qué nos han de recordar esos días? (véase Mt 24:37-39).

Dios destruyó al mundo con un diluvio y comenzó una nueva raza con la familia de Noé. Prometió que la tierra nunca volvería a ser destruida por un diluvio e hizo el arco iris el sello de ese pacto. El Señor renovó el encargo hecho a Adán, es decir, volver a poblar la tierra. Hay una solemne prohibición del asesinato con esta adición de que "el que derramare sangre del hombre, por el hombre su sangre será derramada". Esto señala la delegación de autoridad al hombre para gobernar a sus semejantes y castigar el crimen. Antes de eso era sólo Dios quien castigaba a los malhechores.

Más tarde Noé predijo el futuro de sus tres hijos (9:24-27) y señaló a Sem como la simiente escogida por la cual Dios bendeciría al mundo.

V. La dispersión de las naciones (10 y 11)

Como introducción al estudio de las naciones, léase cuidadosamente la profecía de Noé respecto a sus tres hijos (9:24-27).

El doctor Pinnock escribe acerca de su cumplimiento de la manera siguiente:

> Estas profecías se han cumplido admirablemente. Con respecto a la posteridad de Cam: los egipcios fueron afligidos con diversas plagas; la tierra de Canaán, ochocientos años después, fue entregada por Dios en manos de los israelitas bajo Josué, quien destruyó gran número de ellos y obligó a los demás a huir, algunos a África y otros a diferentes países. Su condición actual en África ya la sabemos.
>
> Con respecto a Jafet: "Engrandezca Dios a Jafet" se ha cumplido en el extenso y vasto territorio poseído por él (todas las islas y países hacia el oeste), y cuando los griegos y después los romanos subyugaron Asia y África, entonces ocuparon las moradas de Sem y de Canaán.
>
> Con respecto a Sem: "Bendito Jehová el Dios de Sem." Es decir, Él (Dios) y su Iglesia morarían en las tiendas de Sem; de él surgiría el Mesías: y la adoración del verdadero Dios sería preservada entre su posteridad; siendo los judíos la posteridad de Sem.

Nótese la relación del capítulo 10 con el capítulo 11. El capítulo 10 indica las localidades separadas de las razas y el capítulo 11 explica cómo sucedió la separación.

Después del diluvio, los descendientes de Noé, conducidos por Nimrod (10:8-10), se levantaron en rebelión en contra de Dios, como señal exterior erigieron la torre de Babel. Su propósito era organizar una "liga de naciones" contra Dios. Dios les echó a perder su plan al confundir sus idiomas y esparcirlos por territorios diversos.

Podemos teorizar en vano en cuanto al propósito exacto de la torre misma, pero esto podemos saber, que su proyecto fue un acto de rebelión contra Dios. Evidentemente era el propósito de Dios que los descendientes de Noé se esparcieran y ocuparan diferentes lugares de la tierra (véanse Hch 17:26 y Dt 32:8). Pero dijeron: "Hagámonos un nombre, por si fuéremos esparcidos." ¿Quién fue el probable instigador de esta rebelión? (véase 10:8,9). ¿Cuál era su reino? (10:10) ¿De quién es él un tipo? (2 Ts 2:3-11; Ap 13). ¿Quién, en rebelión, juntará a las naciones en los últimos días? (Ap 16:13-15). ¿Será Babel (o Babilonia) otra vez eminente en los últimos días? (véase Ap 17 y 18).

Bosquejo de los capítulos 10 y 11:

1. La unidad de raza y lengua.

2. Lugar del acontecimiento: la tierra de Sinar.

3. El propósito de la torre de Babel: ser un centro de rebelión contra Dios.

4. El juicio de Dios: la confusión de lenguas.

5. El resultado del juicio: la dispersión.

VI. Abraham (12 — 25)

Será interesante observar que los primeros once capítulos del Génesis abarcan unos dos mil trescientos años, casi igual al espacio de tiempo abarcado por todo el resto de la Biblia. ¿Por qué se apresura de esa manera el Espíritu al repasar los acontecimientos de la alborada de la historia? Porque como encontramos en nuestro estudio anteriormente, la Biblia es principalmente una historia de redención y la historia de las naciones es adicional a ese tema. El Espíritu trata rápidamente todos estos acontecimientos hasta que llega a Abraham. Luego se detiene y dedica más espacio a esa sola persona que a dos mil trescientos años de historia humana. La razón es evidente. El "Padre de los creyentes" desempeña una parte importante en la historia de la redención.

Como repaso, volvamos al capítulo 5. Llamamos la atención allí a la genealogía de Noé empezando con Adán. Ahora volvamos a 11:10-26 y encontraremos que esta lista se continúa. Dios está aún guardando un registro de los antecesores de la "simiente de la mujer". ¿Con el nombre de qué persona importante termina esta lista? (v. 26). ¿Por qué? (véase 12:2,3).

La promesa de Génesis 3:15 pasó a Abraham. Dios lo separó de sus lugares paganos y además de promesas personales, hizo las siguientes promesas nacionales y universales (véase 12:1-3):

a. Que le sería dada una tierra (Canaán).

b. Que sería el padre de una nación (Israel).

c. Que por medio de esta nación en esta tierra todas las naciones de la tierra serían benditas. En otras palabras, el Redentor prometido en 3:15 vendría de una nación que descendería de Abraham.

Un estudio de la vida de Abraham revelará que es una vida de fe, probada desde la época en que fue llamado hasta el tiempo en que se le ordenó sacrificar a su hijo Isaac. Su vida es una ilustración del tipo de persona que recibiría la bendición prometida en 12:3 y una profecía de la verdad que la salvación debe ser por la fe (véase Gá 3:8 y Ro 4).

En este estudio presentaremos sólo el bosquejo de la vida de este patriarca. Se deben aprender los hechos siguientes:

1. Su llamamiento de ir a Canaán (12:1-5).

2. Su viaje a Egipto y lo que sucedió allá (12:10-20).

3. Su separación de Lot y el rescate subsiguiente de este último del cautiverio (13:5-11; 14:14).

4. Su aceptación del pacto de Dios y su justificación por fe (15:6,18).

5. Su circuncisión como una señal del pacto (17:9-14).

6. La anunciación del nacimiento de Isaac (17:15-19; 18:1-15).

7. Su intercesión por Sodoma (18:23-33).

8. Su despedida de Agar e Ismael (21:14).

9. Su ofrecimiento de Isaac (cp. 22).

10. Su selección de una esposa para Isaac (cp. 24).

11. Sus hijos con Cetura (25:1-4).

12. Su muerte (25:8).

VII. Isaac (17 — 35)

Abraham tuvo dos hijos: Ismael e Isaac. De éstos, Isaac fue escogido como el heredero de la promesa.

La vida de Isaac es quieta y sosegada y parece ser sólo un eco de la de su padre. Sin embargo, lo mismo que su padre, es un hombre de fe y una fuente de bendición. Nótese que la promesa se le repite a él (cp. 26).

Hechos importantes en la vida de Isaac:

1. Su nacimiento prometido a Abraham y a Sara (15:4; 17:19).

2. Atado sobre un altar de sacrificio (22:9).

3. La selección de Abraham de una esposa para él (cp. 24).

4. Dios se le aparece y renueva el pacto hecho a su padre (26:2-5).

5. Engañado por Jacob (27:19).

6. Su muerte (35:28,29).

¿Qué tipifica el nacimiento de Isaac? (18:9-15; Mt 1:21). ¿Su ida al Monte Moriah para ser sacrificado? (cf. el capítulo 22 con Mt 27:22,23). ¿Su rescate de la muerte? (cp. 22 y Mt 28:1-6). ¿El hecho de que su padre enviara a un siervo para buscarle esposa? (cp. 24; Hch 15:14; 1 Co 12:13; Ef 5:25,26,32).

VIII. Jacob (25 — 35)

A Isaac le nacieron dos hijos, Esaú y Jacob. Esaú fue rechazado y Jacob fue escogido como fuente de bendición (25:23). El carácter de esos dos hijos se revela por su actitud hacia esta promesa (véase 25:29-34).

Acontecimientos sobresalientes en la vida de Jacob.

1. La compra de la primogenitura de su hermano (25:33).

2. El engaño que cometió contra su padre (27:18-27).

3. Su huida a Harán (27:43 a 28:5).

4. Su visión y su voto (28:10-22).

5. Sus tratos con Labán (cp.31).

6. Su lucha con un ángel (32:24).

7. Su reconciliación con Esaú (cp. 33).

8. Su viaje a Egipto y su reunión con José (cp. 46).

9. Su muerte y entierro (49:33 a 50:13).

Jacob es el verdadero padre del pueblo escogido, porque tuvo los doce hijos que fueron los padres de las doce tribus. Nótese que es un tipo admirable de la nación en su carácter y vida.

(a) Nótese la combinación de la sagacidad para los negocios y el deseo del conocimiento a Dios. Considérese cómo esas dos características se revelan en los intentos de Jacob por apoderarse de la primogenitura y la bendición. Recuérdese que los judíos han sido una nación muy religiosa y también una nación de negociantes.

(b) Jacob estuvo desterrado de su propia tierra por cerca de veinte años. Los judíos en su totalidad han estado desterrados de su propia tierra por espacio de mil novecientos años.

(c) Jacob fue al destierro con la promesa de que el Señor le traería otra vez, para poder cumplir la promesa hecha a Abraham. De la misma manera, se ha asegurado la restauración de Israel. Son amados por causa de Abraham, Isaac y Jacob (Ro 11:28).

(d) El plan de Dios se cumplió por medio de Jacob a pesar de los defectos de su carácter. De la misma manera sucederá con Israel como nación. Como el carácter de Jacob fue transformado, así también lo será el de sus descendientes.

Algunas importantes lecciones pueden aprenderse de la vida de Jacob:

1. El poder de la gracia de Dios. Jacob era todo lo que significaba su nombre; un suplantador, un engañador. Los lazos sagrados de familia no fueron barrera para sus artificios, porque su padre y su hermano fueron víctimas de su engaño. Pero a través de la escoria del pecado de Jacob, Dios vislumbró lo que ha sido comparado con el oro puro: la fe. En el arroyo Jaboc, la gracia de Dios luchó contra él, y como resultado el pecaminoso Jacob murió, pero de su sepulcro surgió una nueva criatura, Israel, un vencedor con Dios y el hombre.

2. La grande estima de Dios por la fe. Aunque los artificios de Jacob para obtener la primogenitura de su hermano son inexcusables, su sincero deseo por eso muestra un aprecio por las cosas espirituales. Para él, la primogenitura llevaba consigo el honor de ser el progenitor del Mesías y su deseo vehemente de ese honor bien puede considerarse como una expresión de fe en el que vendría. Fue esta fe la que le dio preferencia delante de Dios sobre su hermano, quien, aunque en muchos sentidos era más noble que él, demostró una falta completa de aprecio por los valores espirituales vendiendo por un potaje de lentejas el derecho de ser el progenitor del "deseado de todas las naciones".

3. "Todo lo que el hombre sembrare, eso también segará." El tío de Jacob, Labán, fue en las manos de Dios un instrumento de retribución para disciplinar a Jacob. Jacob había engañado a otros; y a su vez a él también se le trató así. Encontró en su tío un espejo que reflejaba su propio engaño.

IX. José (36 — 50)

La historia de José, un joven de diecisiete años, el favorito de su padre, Israel, quien abiertamente manifestaba su afecto y aprecio, y de esa manera causó la envidia por parte de los otros hijos. José también fue favorecido por el Señor, quien le reveló mediante sueños que sería el gobernador de los otros miembros de su familia. Esto puso furiosos a sus hermanos, quienes lo vendieron a Egipto, donde después de mucha adversidad y tentación y años de espera para el cumplimiento de la promesa, fue elevado a la posición de segundo gobernador de la tierra de Egipto. Cuando sus hermanos fueron a buscar grano y se inclinaron ante él, se cumplieron sus sueños. La historia de José está relacionada con el plan de redención. Dios permitió que fuera vendido a Egipto y que sufriera para que fuera exaltado y, de esa manera, tuviera la oportunidad de alimentar a la familia escogida durante el hambre y luego ayudarla a establecerse en un territorio donde pudiera llegar a ser una gran nación y pasar por diversas vicisitudes hasta que Dios estuviera listo para conducirla a la conquista de la Tierra Prometida (véase 45:7, 8 y 50:20).

Breve bosquejo de la vida de José:

1. Amado por su padre (37:3).

2. Envidiado por sus hermanos (37:4).

3. Vendido a los Ismaelitas (37:18-36).

4. Favorecido por su amo (39:1-6).

5. Tentado por la esposa de su amo (39:7-19).

6. Encarcelado por Potifar (39:20 a 41:13).

7. Exaltado por Faraón (41:1-44).

8. No reconocido por sus hermanos la primera vez que lo vieron (42:7 a 44:34).

9. Revelado a sus hermanos en el segundo encuentro (45:1-15).

10. Reunido con su padre, Jacob (46:28-34).

11. Su muerte (50:22-26).

La vida de José presenta algunos tipos notables de Cristo. ¿Qué tipifica el amor de su padre hacia él? (37:3; Jn 5:20). ¿El odio de sus hermanos? (Mt 27:1,22,23). ¿Su tentación? (Mt 4:1) ¿Su paciencia en el sufrimiento? (Stgo 5:11). ¿Su promoción por Faraón? (Mr 16:19). ¿Su matrimonio con una mujer gentil durante el rechazo por sus hermanos? (Hch 15:14). ¿La revelación de sí mismo a sus hermanos la segunda vez? (Zac 12:10).

2

Éxodo

Título. Éxodo viene de palabras griegas que significan "salir", y se le llamó así porque registró la partida de Israel de Egipto.

Tema. En el libro del Génesis se presenta el principio de la redención. En el libro del Éxodo el progreso de la redención. En el Génesis esa redención se efectúa para las personas; en el Éxodo, se efectúa para toda una nación, Israel. El pensamiento central del libro es redención mediante la sangre. Alrededor de ese pensamiento gira la historia de un pueblo salvado mediante la sangre, cubierto por la sangre y teniendo acceso a Dios mediante la sangre. Esa redención suple cada necesidad de la nación de Israel, oprimida por los egipcios. Israel necesita ser rescatado, y Dios lo rescata. La nación, habiendo sido salva, necesita una revelación de Dios que la guíe en su vida de adoración y conducta, y Dios le da la ley. Los israelitas, redargüidos del pecado por la santidad de la ley, ven su necesidad de limpieza, y Dios suple los sacrificios. El pueblo, teniendo una revelación de Dios siente su necesidad de culto o adoración a Dios, y Dios le da el tabernáculo y ordena un sacerdocio.

Autor. Moisés.

Época. Los acontecimientos registrados abarcan un período de doscientos dieciséis años, desde cerca de 1706 a.C., a 1490 a.C. Comienza con un pueblo esclavizado que mora en la presencia de la idolatría egipcia y termina con un pueblo redimido que vive en la presencia de Dios.

Bosquejo

   I. Israel en cautiverio (1 y 2)

  II. Israel redimido (3:1 — 15:22)

 III. Israel viaja al Sinaí (15:23 — 19:25)

 IV. Israel recibe la ley (20 — 23)

  V. Israel en adoración (24 — 40)

I. Israel en cautiverio (1 y 2)

El siguiente es el compendio de los capítulos 1 y 2:

1. La opresión de Israel (cp. 1).
2. El nacimiento de Moisés (2:1-4).
3. La adopción de Moisés (2:5-10).
4. El imprudente celo de Moisés (2:11-14).
5. La huida de Moisés (2:15).
6. El matrimonio de Moisés (2:16-22).

¿Fue profetizada la esclavitud de Israel? (Gn 15:7-16). ¿Qué hizo esta esclavitud para Israel? (Éx 2:23). ¿En qué resultaría esto? (Ro 10:13). ¿Olvidó Moisés alguna vez a su pueblo y a su Dios al ser educado en Egipto? (Heb 11:24-26). ¿Por qué no? (Éx 2:7-9). ¿Qué supuso él cuando mató al egipcio? (Hch 7:25). ¿Era éste el tiempo de Dios? ¿Qué le enseñaron a Moisés los cuarenta años de peregrinación en el desierto? (cf. Hch 7:25 con Éx 3:11).

II. Israel redimido (3 — 15)

1. El llamamiento y la comisión de Moisés (3:1 a 4:28).
2. Su partida a Egipto (4:24-31).
3. Su conflicto con Faraón (cps. 5 y 6).
4. Las plagas (cps. 7 a 11).
5. La Pascua (cp. 12).
6. La partida de Egipto (cp. 13).
7. Cruzando el Mar Rojo (14:1 a 15:21).

Nótese la grandeza y lo sobrenatural del rescate de Israel. El propósito de Dios era tener un pueblo cuyo testimonio al mundo sería: "Salvados por el poder de Dios." Él deseaba grabar el suceso en la mente de Israel de tal manera que en los días venideros cuando viniera la opresión y la prueba, pudieran siempre ver y recordar que la "salvación es del Señor". En el Antiguo Testamento, el rescate de Israel de la tierra de Egipto es la medida del poder de Dios. ¿Cuál es la medida de su poder en el Nuevo Testamento? (Ef 1:19,20; Fil 3:10).

La explicación de una dificultad está en orden aquí. Muchos han tropezado con el hecho de que Dios endureció el corazón de Faraón y luego lo castigó. Debe notarse que Faraón mismo también endureció su propio corazón (8:15,32). Dios endureció el corazón de Faraón en el mismo sentido que el evangelio endurece el corazón de los hombres cuando lo rechazan. A algunos el evangelio les da salvación, a otros muerte (véase 2 Co 2:15,16). En Hechos 19:9 hay algunos que se endurecieron después que Pablo predicó. ¿Podía culparse a Pablo por la dureza de sus corazones? No, la culpa está en quienes rechazaron el mensaje. Así sucedió en el caso de Faraón. El mensaje de Dios fue sencillamente la ocasión del endurecimiento de su corazón; su negativa de obedecer el mensaje fue la causa.

La Pascua contiene algunos tipos admirables de nuestra redención ¿Qué prefigura Egipto? (Gá 1:4; Ro 6:18). ¿El cordero? (Jn 1:29). ¿La sangre rociada en los dinteles de las puertas? (Ro 3:25; 1 P 1:18-20). ¿Los panes sin levadura? (1 Corintios 5:8). ¿Comer el cordero? (1 Co 11:24). ¿El paso del Mar Rojo? (1 Co 10:1,2).

III. Israel viaja al Sinaí (15 — 19)

En este estudio sería bueno consultar un mapa del viaje.

Resumen de los capítulos 15 a 19.

1. Mara: aguas amargas (cp. 15).

2. Elim: fuentes y árboles (cp. 15).

3. El desierto de Sin: maná (cp. 16).

4. Refidim: la roca golpeada; batalla con Amalec (cp. 17).

5. Sinaí: visita de Jetro (cp. 18).

IV. Israel recibe la ley (19 — 23)

Resumen de los capítulos 19 a 23:

1. La subida de Moisés al Sinaí (cp. 19).

2. Los Diez Mandamientos (cp. 20).

3. La ley civil (cps. 21 a 23).

Estúdiense los temas siguientes:

• La elección de Israel (19:5)

Mediante un solemne pacto se señaló a Israel como la nación sacerdotal separada de todas las naciones, para poder ser instruida en la verdad divina y finalmente llevar la luz a todas las naciones.

• La legislación de Israel (cps. 20 a 23)

Así como cualquier república es gobernada basándose en su constitución, de la misma manera Israel siendo una teocracia (un estado gobernado por Dios) tuvo como base de su gobierno los Diez Mandamientos, que podemos considerar como la Constitución de las Tribus Unidas de Israel. Los mandamientos representan la expresión de la voluntad de Jehová y el patrón por el cual gobierna a sus súbditos. Para poder aplicar esos principios a la vida diaria del pueblo, fue añadida la ley civil, que prescribía penalidades y daba direcciones para ponerse en vigor.

¿Qué se propusieron hacer los israelitas? (19:8). ¿Podían hacer esto? (Hch 13:38; Gá 2:16). ¿Por qué no? (Ro 7:14; 8:3). Si no podían guardar la ley, ¿por qué se les dio? (Ro 3:19,20; 5:20; Gá 3:24). ¿Cuáles eran las dos lecciones principales que la ley intentaba enseñar? (Mt 22:37-39). Entonces ¿cómo cumplen la ley los cristianos? (Ro 13:8-10). ¿Cómo podemos poseer el amor que cumple? (Ro 5:5; Gá 5:18). Bajo qué ley está el cristiano? (Gá 6:2; Jn 15:12).

V. Israel en adoración (24 — 40)

1. Moisés recibe el modelo para el tabernáculo (cps. 24 a 31).
2. Las tablas de la ley quebradas (cps. 32 a 34).
3. El tabernáculo bajo construcción (cps. 35 a 39).
4. El tabernáculo erigido (cp. 40).

En el monte Sinaí, Jehová y su pueblo establecieron un vínculo especial. Con la mediación de Moisés, un pueblo redimido y su Dios fueron unidos en los vínculos sagrados del pacto. Jehová llegó a ser el Dios de Israel, e Israel llegó a ser el pueblo de Jehová. Para que pudiera continuar esa comunión, Jehová ordenó la construcción del tabernáculo "Y hará un santuario para mí, y habitaré en medio de ellos" (25:8). El designio del tabernáculo se comprenderá más claramente cuando consideremos los títulos que se le aplican:

a. El tabernáculo (en hebreo "morada"). Aunque Dios mora en todas partes, señaló un lugar donde su pueblo siempre pudiera encontrarlo "en casa".

b. La tienda de reunión. Era el punto de contacto y el medio de comunicación entre el cielo y la tierra (29:42,43).

c. El tabernáculo del testimonio, o la tienda del testimonio. Se llamó de esta manera por la presencia de las dos tablas de la ley que fueron colocadas en el arca. Estas tablas fueron llamadas "el testimonio" (31:18; 34:29). Testificaban de la santidad de Dios y del pecado del hombre.

d. El santuario. Literalmente "lugar santo", un edificio separado para la morada divina.

3

Levítico

Título. Se llama así por el hecho de que es un registro de leyes pertenecientes a los levitas y su servicio.

Tema. Éxodo presenta la historia de la redención de un pueblo en cautiverio. Levítico dice cómo un pueblo redimido puede acercarse a Dios en oración y cómo puede mantenerse la comunión establecida de esa manera. El mensaje de Levítico es: El acceso a Dios es sólo mediante la sangre; y el acceso obtenido de esa manera exige santidad por parte del adorador. La mayoría de los tipos en el libro se refieren a la obra expiatoria de Cristo y se exponen en las diferentes ofrendas que allí se describen. Éxodo presenta el relato de la única ofrenda que redimió a Israel una vez y para siempre. Levítico presenta muchos cuadros de esa ofrenda con su relación a los diferentes aspectos de la redención. El mensaje del libro está muy bien expuesto en Levítico 19:2. Nótese el propósito práctico del libro: contiene un código de leyes señalado y designado divinamente para hacer a Israel diferente de todas las demás naciones, espiritual, moral, mental y físicamente. En otras palabras, Israel había de llegar a ser una nación santa, una nación separada de las costumbres de las naciones que la rodeaban y consagrada al servicio del único Dios verdadero.

Autor. Moisés.

Época: El libro abarca el período de menos de un año de la peregrinación de Israel en el Sinaí.

Bosquejo

Levítico es un libro de leyes, de modo que podemos clasificar su contenido teniendo en cuenta eso.

I. Leyes respecto a las ofrendas (1 — 7)

II. Leyes respecto al sacerdocio (8 — 10)

III. Leyes respecto la purificación (11 — 22)

IV. Leyes respecto a las fiestas (23 y 24)

V. Leyes respecto al país (25 — 27)

I. Leyes respecto a las ofrendas (1 — 7)

Se instituyeron los sacrificios como un medio por el cual el pueblo pudiera expresar su culto a Dios:

1. El holocausto significaba total consagración a Jehová.
2. La ofrenda pacífica (de paz), parte de la cual comía el sacerdote y parte el que la ofrecía, prefiguraba la comunión con su Dios.
3. La ofrenda de animal u ofrenda de alimento, que consistía en harina, panes o grano. representaba el ofrecimiento de un don al Señor en reconocimiento de su bondad.
4. Mediante la ofrenda por el pecado, los israelitas expresaban tristeza por el pecado y el deseo de perdón y limpieza.
5. La ofrenda de transgresión era traída en caso de ofensas que requerían restitución.

II. Leyes respecto al sacerdocio (8 — 10)

Estos capítulos registran la consagración de Aarón y sus hijos y su inauguración al oficio sacerdotal. Los siguientes son los temas principales de esta sección:

1. Consagración (cp. 8). Las ceremonias de consagración incluían el lavarse con agua, el vestirse con ropas sacerdotales, el ungirse con aceite, el ofrendar sacrificios y el rociar sangre.
2. El servicio (cp. 9).
3. El fracaso (cp. 10). Nadab y Abiú, los hijos de Aarón, en vez de usar fuego tomado del altar, usaron fuego común y corriente para quemar el incienso. A fin de impresionar a la nación con la santidad y la responsabilidad del sacerdocio, Dios puso a estos hombres como ejemplo destruyéndolos con fuego. Según su opinión, ¿cuál fue la causa que los indujo a cometer tal pecado? (véanse vv. 8-11). ¿No sugiere 1 Corintios 11:20-32 algunos paralelos?

III. Leyes respecto a la pureza (11 — 22)

Hagamos un resumen de esta sección de la manera siguiente. Como nación santa, Israel tiene:

1. Alimento santo (cp. 11).
2. Cuerpos santos (12:1 a 14:32).
3. Hogares santos (14:33-57).
4. Hábitos santos (cp. 15).
5. Santidad renovada anualmente (cp. 16).
6. Culto santo (17:1-16).

7. Ética santa (cp. 18).

8. Costumbres y vestiduras santas (cps. 19 a 22).

¿Qué enseña el capítulo 18 acerca del carácter de las naciones que rodeaban a Israel? (véanse los vv. 24 y 28). Muchos incrédulos han objetado el contenido de estos capítulos, tildándolos de impropios. Nótese que la Biblia al describir las ofensas morales no recurre a la gazmoñería ni a la falsa modestia, así como tampoco lo hace un libro de texto médico al tratar de las enfermedades físicas.

IV. Leyes respecto a las fiestas (23 y 24)

1. **El día de reposo** (23:1-3). Podemos considerar este día como el día de fiesta semanal de los israelitas, en el cual descansaban de todo su trabajo y en el que se reunían para el culto.

2. **La pascua y la fiesta de los panes sin levadura.** Nótese que había dos fiestas en una: la Pascua (que celebraba el paso del ángel de la muerte por las casas de los israelitas), que duraba un día; y la fiesta de los panes sin levadura (conmemorando la partida de Egipto), que duraba siete días.

3. Poco después de las fiestas últimamente mencionadas venía la de las primicias, cuando una gavilla de las primicias de la cosecha era mecida delante del Señor. Era un tipo de la resurrección de Cristo (1 Co 15:20).

4. Cincuenta días después de las primicias se celebraba la fiesta del Pentecostés (que significa "cincuenta"). En ese día, dos panes de ofrenda mecida con levadura (23:17), eran ofrecidos ante el Señor.

5. **La fiesta de las trompetas** (23:23-25). "El día de año nuevo." Búsquense las referencias siguientes y averígüese el significado simbólico de esta fiesta. (Is 27:13; 1 Co 15:52; Mt 24:31; Ap 11:15).

6. **El día de la expiación** (Lv 23:27-32). (Léase también Levítico 16 y Hebreos 9:6-12.) Este día era realmente de ayuno, en vez de fiesta. En ese día el sumo sacerdote entraba al Lugar Santísimo, portando sangre para hacer expiación por los pecados del pueblo. Esto se hacía una sola vez al año y prefiguraba a Cristo entrando al mismo cielo con su propia sangre para hacer expiación eterna por nuestros pecados. Además de los otros sacrificios de ese día había dos machos cabríos. Uno de éstos era sacrificado; sobre el otro, Aarón ponía las manos, confesando sobre él los pecados de la nación, y luego lo enviaba al desierto. Estos dos machos cabríos representaban dos aspectos de la expiación. El primero tipificaba a Cristo sufriendo la pena

por nuestros pecados, la muerte; el segundo, tipificaba a Cristo alejando nuestros pecados, para no volver a recordarlos.

7. La fiesta de los tabernáculos. Así se denomina en Juan 7:2 la fiesta que en Levítico se llama "la fiesta de las cabañas" (Lv 23:33-44). En esa fiesta los israelitas conmemoraban los días en que vivían en cabañas después de su partida de Egipto. Como esta fiesta seguía a la cosecha (23:39), podemos tomarla como tipo del regocijo de los santos en la presencia del Señor, después de esa gran reunión (cf. las referencias a las palmas en el v. 40 con Ap 7:9).

Nótese la continuación típica de las fiestas - ¡qué bien relatan la historia de la redención! No consideraremos entre esas fiestas el "día de la expiación", ya que no es fiesta sino ayuno.

La pascua - la crucifixión.

Las primicias - la resurrección de Cristo.

El pentecostés - el derramamiento del Espíritu.

Las trompetas - el arrebatamiento de los vivos y la resurrección de los creyentes muertos.

Los tabernáculos - nuestra vivienda en la presencia del Señor después de esa gran reunión.

V. Leyes respecto a la tierra (25 — 27)

1. El año del jubileo (cp. 25).

2. Recompensa y castigo (cp. 26).

3. Votos (cp. 27).

El año de jubileo era un año sabático celebrado cada cincuenta años. Comenzaba el día de la expiación. En ese tiempo se daba a la tierra descanso del cultivo, toda deuda era cancelada, todo esclavo hebreo puesto en libertad, toda propiedad era vuelta por derecho de reversión a su amo original. Las casas en las aldeas amuralladas eran una excepción. Éstas no se devolvían (25:30). El propósito del jubileo era impedir la esclavitud perpetua de los pobres y la acumulación de riquezas por los ricos, y asimismo preservar la distinción entre las tribus y sus posesiones de tribu. Fue este año el que Cristo proclamó como el "año agradable del Señor" (Lc 4:19). Pedro lo llamó "los tiempos de la restauración de todas las cosas" (Hch 3:21). Como tipo, el jubileo encuentra su cumplimiento parcial en esta dispensación del evangelio y su cumplimiento completo durante el milenio.

En el capítulo 26, ¿sobre qué condición descansa la bendición de Israel? (v. 3). ¿Cuándo se cumplieron por completo los versículos 28 y 29? (Lc 21:20-24). ¿Cuándo volverá a tornarse Jehová a Israel? (v. 40). ¿Cuándo sucederá eso? (Zac 12:10; Ap 1:7). Aun estando esparcido y bajo castigo, ¿está Israel desamparado por Jehová? (vv. 44,45). ¿De qué se acordará Él? (v. 42).

4
Números

Título. Se le llama Números porque contiene el registro de los dos censos de Israel antes de entrar en Canaán.

Tema. En Éxodo vimos a Israel redimido; en Levítico, a Israel adorando; y ahora en Números vemos a Israel sirviendo. El servicio del Señor no había de hacerse de una manera descuidada, así que el libro presenta la vista de un campamento donde todo se hace según la primera ley del cielo: el orden. Se cuenta a las personas, según las tribus y familias; a cada tribu se le asigna su lugar en el campamento; se regulan con precisión militar la marcha y el campamento del pueblo; y en el traslado del tabernáculo cada levita tiene su tarea señalada. Números es un libro de reglas en lo que respecta a servicio y orden. En él se registra la falta de confianza de Israel en las promesas de Dios para entrar en la tierra de Canaán. También cuenta cómo, por castigo, el pueblo de Israel anduvo errante por el desierto, Pero ese fracaso no frustra los planes de Dios, porque al final del libro nos deja en las fronteras de la Tierra Prometida, donde la nueva generación de israelitas espera entrar. De manera que cuatro palabras — servicio, orden, fracaso y extravío — resumen el mensaje de Números.

Autor. Moisés.

Época. Treinta y nueve años comprendidos entre 1490 a.C. y 1451 a.C. durante los cuales el pueblo de Israel anduvo errante por el desierto.

Bosquejo

Dividimos el libro de Números según los viajes principales de Israel. Se sugiere el uso de un mapa para situar los lugares mencionados en el capítulo.

    I. Israel en el Sinaí (1 — 9)

    II. De Sinaí a Cades (10 — 19)

    III. De Cades a Moab (20 — 36)

I. Israel en el Sinaí (1 — 9)

    1. El censo del pueblo (cps. 1 y 2).

2. El censo de los sacerdotes y levitas (cps. 3 y 4).
3. Las leyes (cps. 5 y 6).
4. Los dones de los príncipes (cp. 7).
5. La consagración de los levitas (cp. 8).
6. La Pascua y la nube que guiaba (cp. 9).

¿Con qué propósito fue censado el pueblo? (1:3). ¿Para qué se alistaban así? (13:30). ¿Cuál fue una de las razones? ¿Por qué era necesario que la distinción de tribus (Nm 1:2,4; Heb 7:14), y de familias (Lc 1:27) se conservara en Israel? ¿Qué tribu no se contaba con las demás? (1:49). ¿Por qué? (1:50). ¿Cómo se llevó a cabo el censo en Israel? (1:1-4). ¿Sirvieron los levitas de alguna protección a los israelitas? (1:53). ¿Quiénes debían dirigir en la marcha? (2:3; 10:14). ¿Por qué? (Gn 49:10; Heb 7:14). ¿Cuál fue el total del censo que se hizo? (2:32). ¿Cuál fue el número de los levitas? (3:39).

Debe notarse una distinción entre los sacerdotes y los levitas. Los sacerdotes eran aquellos miembros de la tribu de Leví que descendían de Aarón y sus hijos (3:2-4), y tenían a cargo las funciones sacerdotales del tabernáculo, tales como el sacrificio, el servicio en el Lugar Santo, etc. A los levitas, miembros restantes de la tribu, se les designó como ayudantes de Aarón (3:9) a fin de que cuidaran el tabernáculo y sus muebles y utensilios. Todos los sacerdotes eran levitas, pero no todos los levitas eran sacerdotes.

En 3:12 la tribu de Leví fue apartada para el Señor en vez del primogénito de Israel. En los tiempos patriarcales, el primogénito disfrutaba de muchos privilegios. Uno de ellos era el ser sacerdote de la familia. Después de la muerte de los primogénitos de la tierra de Egipto, el Señor ordenó que el primogénito de los israelitas fuera santificado para Él; es decir, para su servicio (Éx 13:12). El Señor, en vez de que le sirviera el primogénito de las diferentes tribus, apartó una tribu para ese servicio, la tribu de Leví. Pero había más primogénitos que levitas. ¿Qué se iba a hacer? (véase 3:46-51). Los que excedían al número de los levitas habían de ser redimidos del servicio pagando cierta cantidad. La ceremonia aún se ejerce entre algunos judíos ortodoxos hoy día.

La ley de los nazareos (cp. 6) expone un hermoso tipo de consagración. Un nazareo (nazareo viene de una palabra que significa separarse) era una persona que se consagraba al Señor con votos especiales, ya fuera temporalmente o por toda la vida. Como ejemplos de la última clase, mencionaremos a Samuel (1 S 1:11) y Juan el Bautista (Lc 1:13-15). Los nazareos no bebían vino (que significaba abstinencia del gozo natural), usaban el cabello largo (quizá disposición a sufrir reproche por Jehová) (véase 1 Co 11:14), y no se les permitía tocar un cuerpo muerto, ni aun de sus padres (separación de los lazos de familia). La causa de la caída de Sansón fue la infracción del voto nazareo (Jue 13:5; 16:17).

¿De qué recuerda la triple bendición pronunciada por los sacerdotes en Números 6:24-26? (véase 2 Co 13:14). Nótese la hermosa ceremonia de la imposición de manos de los israelitas sobre los levitas (8:10). ¿Sugiere alguna semejanza Hch 13:2,3? ¿Qué nueva adición a la ley de la pascua se hizo en 9:1-14? Nótese la lección que se enseña al respecto; es decir, que Dios no rebaja sus ideales sino que ayuda a los hombres a alcanzarlos.

II. De Sinaí a Cades (10 — 19)

1. El comienzo de la marcha (cp. 10).

2. Las murmuraciones y concupiscencia (cp. 11).

3. Los setenta ancianos (cp. 11).

4. La rebelión de Aarón y María (cp. 12).

5. Informe de los espías e incredulidad de Israel (cps. 13 y 14).

6. La rebelión de Coré (cps. 16 y 17).

7. Las leyes ceremoniales (cps. 18 y 19).

¿Acompañaron Hobab y sus hijos a los hijos de Israel? (Jue 1:16). ¿Permanecieron con ellos? (1 S 15:6). ¿Qué iba delante de los hijos de Israel? (10:33). ¿Qué representaba eso? (Éx 25:20-22; Jos 7:6). ¿Cuál fue una de las causas que condujo a la concupiscencia de Israel? (cf. Nm 11:4 con Éx 12:38). ¿Qué lección hay en esto para nosotros? (2 Co 6:14). ¿Quiénes fueron nombrados para ayudar a Moisés? (11:16,17). ¿De qué les recuerda la manifestación del Espíritu en 11:25? (Hch 19:6). ¿Fue contestada alguna vez la oración de Moisés en el versículo 29? (Hch 2:17; 1 Co 14:31). Nótese que las codornices no estaban amontonadas a dos codos de altura, como pudiera parecer al leer apresuradamente el versículo 11:31, sino que volaron a esa altura y así eran capturadas fácilmente.

Nótese cuán contagioso fue el espíritu de murmuración. Afectó aun a María y a Aarón. Ya que el nombre de María se menciona primero en el versículo 1 y que fue ella la que recibió el castigo, es evidente que fue ella la que inició la rebelión. Como el matrimonio con los gentiles era mal visto por la ley (Gn 24:3; Dt 7:3), María tenía razón para quejarse. Pero dejó de tomar en cuenta la gracia de Dios que puede santificar a los gentiles. Algunos han visto en la acción de

Moisés un significado dispensacional y profético. Rechazado por Israel, Moisés contrajo matrimonio con una esposa gentil (Hch 15:14). Aarón y María representaban a los judíos que se oponían a la unión de judío y gentil (Hch 11:1-3). La exclusión de María es un símbolo del rechazo temporal de Israel; y su recibimiento en el campamento representa su restauración.

Deuteronomio 1:9-22 muestra que el mandato de enviar a los espías fue dado en respuesta a la petición del pueblo. El plan de Dios era que su pueblo confiara en Él en esa cuestión; sin embargo, al ver la debilidad de su fe, permitió que se hiciera como ellos deseaban.

¿El nombre de quién fue cambiado en este tiempo? (13:16). Por lo general ¿qué significa en la Biblia el cambio de nombre? (Gn 32:28). ¿Qué clase de informe trajeron los espías? (13:26,27). ¿Qué efecto tuvo el informe sobre el pueblo? ¿Qué intentaron hacer? (14:4). ¿Cuál fue la actitud del pueblo infiel hacia los que de veras creían en Dios? (v. 10). ¿Qué revelan los versículos 14:13-19 en cuanto al carácter de Moisés? Nótese el versículo 21. A pesar del fracaso del pueblo, los planes de Dios se cumplirían. ¿De qué fue principio la incredulidad de Israel? (14:25). Nótese el versículo 28. Como la recompensa es según la fe, de la misma manera la pérdida es según la incredulidad. ¿Se perdonó el pecado del pueblo? (v. 20). ¿Les evitó eso el cosechar lo que habían sembrado por causa de su actitud impenitente? (14:29,30). ¿Qué sucedió a los hombres que trajeron informes desacreditando aquel país? (v. 37). ¿Fue el acto del pueblo en los versículos 40-45 verdadera obediencia? ¿Qué fue? (v. 44).

En 14:22, el Señor menciona el hecho de que hasta este tiempo, el pueblo lo había tentado diez veces. Busque los versículos y haga una lista de estas tentaciones: Éxodo 14; 15; 16:20,27; 17; 32; Números 11; 12; 14.

El capítulo 15:27-29 trata de pecados de ignorancia; es decir, pecados no cometidos en el espíritu de abierta desobediencia. En contraste, el versículo 30 menciona pecados cometidos presuntuosamente, por los cuales el sacrificio y los versículos siguientes dan una ilustración con el caso de un hombre que recogía leña en día de reposo. La pena severa impuesta no era por el simple acto de recoger leña, sino por el espíritu presuntuoso con que se quebrantaba la ley.

¿Por qué era necesario que el Señor les ordenara a los israelitas a usar franjas en sus vestidos (15:37-41) como un recuerdo visible de sus mandamientos? (Sal 78:11; Jer 2:32).

Nótese en el caso de Coré y su compañía cómo la murmuración, que comenzó después de la partida de Egipto, se había convertido en rebelión abierta. El pecado de Coré y su compañía consistió en rebelión contra Moisés y Aarón e intrusión en el oficio sacerdotal ¿Procuró Moisés vindicarse? (16:4). ¿En contra de quién se estaba realmente rebelando? (v. 13). ¿Cómo fue castigado? ¿Cómo fueron castigados los doscientos cincuenta hombres? ¿Qué demuestra la dureza completa del corazón del pueblo? (v. 41).

El capítulo 19 da un relato de la preparación del agua para la purificación legal. Para conocer su significado simbólico, léase Hebreos 9:13,14. Su principal propósito era para la purificación de los que habían tocado cadáveres, y se habían contaminado al tocarlos. Esa ley puede haber sido decretada por causa de la presencia de tantos muertos después del juicio de Jehová contra los rebeldes, porque no se encuentra en el Levítico.

III. De Cades a Moab (20 — 36)

1. El pecado de Moisés (cp. 20).

2. La muerte de María y Aarón (cp. 20).

3. La serpiente de bronce (cp. 21).

4. El error y la doctrina de Balaam (cps. 22 a 25).

5. El censo de la nueva generación (cp. 26).

6. Las preparaciones para entrar a la tierra (cps. 27 a 36).

Hemos llegado al final de los treinta y ocho años del extravío de Israel en el desierto y volvemos a encontrarlos en Cades Barnea, el mismo lugar de donde salieron para empezar su largo viaje en el desierto. Ese período está casi en blanco en lo que respecta al registro histórico. Fue sencillamente un tiempo de espera hasta que la generación incrédula hubiera muerto. Ya están listos para entrar a la tierra.

¿En qué consistió el pecado de Moisés? (20:12; Sal 106:32,33) ¿Qué nos enseña esto acerca de Moisés, a pesar de la nobleza de su carácter? (Stgo 5:17).

Aunque Esaú y su hermano Jacob se reconciliaron, los descendientes del primero abrigaron enemistad hacia Israel, como se ve en el capítulo 20. Nunca se olvidó esa enemistad (véanse Sal 137:7; Ez 35:1,5; Abd 10-14).

¿Qué tipos de la expiación le sugiere a usted la serpiente de bronce? (Jn 3:14; Gá 3:10; Ro 8:3).

Ahora llegamos a la historia de Balaam. El hecho de que era un profeta nos enseña que Dios algunas veces revelaba su voluntad a personas que no eran israelitas. Melquisedec y Cornelio, ambos gentiles, servirán como otros ejemplos. Es evidente que el pecado mayor de Balaam fue la codicia (2 Pedro 2:15). Podrá preguntarse por qué le permitió Dios a Balaam ir con los mensajeros y luego se enojó con él por haber ido (22:20,22). Era la voluntad perfecta de Dios que Balaam se negara a ir; pero al ver la intensidad de su propósito, le dio su permiso, pero con esta condición "pero harás lo que yo te diga" (v. 20). Ahora, al leer los versículos 22, 32 y 35, deducimos que Balaam salió con el pensamiento de violar esa misma condición.

Hasta aquí tenemos un relato del error de Balaam (Jud 11), el cual consistió en la creencia de que Dios no podía negarse a maldecir a un pueblo tan pecaminoso como Israel. Pero dejó de tomar en cuenta lo que podía borrar sus pecados, la gracia de Dios. Ahora en el capítulo 25 se presenta un relato de la doctrina de Balaam (Ap 2:14), que consistió en enseñar a Balac a corromper al pueblo, tentándolo a la inmoralidad puesto que no podía maldecirlo con hechicerías.

¿Por qué fue necesario volver a contar el pueblo? (26:64,65). ¿Qué aprendemos en 26:11 acerca de los hijos de Coré? ¿Cuál fue la actitud de Moisés hacia los israelitas hasta el fin? (27:15-17). ¿Qué concepto tenía Dios de Josué? (v. 18). ¿De qué estaba investido? (v. 20). ¿Mediante qué ceremonia se instaló en el cargo? (v. 23).

¿En contra de quién iban a pelear los israelitas? (cp. 31). ¿Por qué? (cp. 25). ¿Quién en particular pereció en esta guerra? (vv. 6-8). ¿Llegó a cumplirse la profecía de Balaam en Números 23:9,10?

Algunos se han opuesto a la matanza en general de los madianitas como algo inconsecuente con el amor de Dios. Pero recuérdese que este pueblo era un cáncer moral en medio de un país que amenazaba a la pureza de Israel. Léase en Levítico 18:24-30 y contexto, el relato de la corrupción de las naciones que rodeaban a Israel y podrá verse que la acción del Señor en destruirlos totalmente era tan necesaria desde el punto de vista natural como la acción de un cirujano en amputar un miembro enfermo del cuerpo.

Las treinta y dos mil niñas (31:18) fueron preservadas para el servicio doméstico y no para propósitos inmorales como algunos incrédulos se han imaginado. ¿No había sido Israel castigado severamente por la impureza? (v. 25). ¿No era la impureza castigada con la muerte? (Dt 25). La ley hebrea permitía a un soldado casarse con una mujer cautiva pero sólo con la condición de observar la legislación hecha a su favor, designada hasta donde era posible para hacer que la inmoralidad fuera imposible (Dt 21:10-14).

El capítulo 32 registra la selección de la tierra para las dos tribus y media; el capítulo 33 contiene un resumen de los viajes de Israel; el capítulo 34 registra los linderos de cada tribu; y por último el capítulo 35 relata la selección de las ciudades de refugio. ¿Cuál era la herencia de los levitas? ¿Para quiénes iban a ser las seis ciudades de refugio? (vv. 11,12) ¿Dónde habían de situarse esas ciudades? (v. 14) ¿Cuánto tiempo había de permanecer allí el asesino? (v. 25) ¿Quiénes estaban excluidos de esas ciudades? (vv. 20,21).

5

Deuteronomio

Título. Deuteronomio viene de dos palabras griegas que significan "segunda ley", y se llama así por el hecho de que registra la repetición de las leyes dadas en el Sinaí.

Tema. Moisés ha cumplido su misión. Ha conducido a Israel de Egipto a las fronteras de la tierra prometida. Ahora que el tiempo de su partida ha llegado, repasa ante la nueva generación, en una serie de discursos, la historia de Israel. Sobre ese repaso basa las amonestaciones y exhortaciones que hace que este libro sea un sermón exhortatorio para Israel. Les exhorta a recordar el amor de Jehová hacia ellos durante las peregrinaciones en el desierto para que puedan estar seguros de la continuación de su cuidado cuando entren a Canaán. Les exhorta a que obedezcan la ley a fin de que puedan gozar de prosperidad. Les recuerda sus apostasías y rebeliones pasadas, y los amonesta sobre las consecuencias de desobediencias en el futuro. El mensaje de Deuteronomio puede resumirse en tres exhortaciones: ¡Recuerde! ¡Obedezca! ¡Preste atención!

Autor: Moisés.

Época: Dos meses en las llanuras de Moab, 1451 a.C.

Bosquejo

Dividimos el libro de acuerdo con las tres exhortaciones mencionadas en el tema.

    I. ¡Recuerde! — Las peregrinaciones de Israel (1 — 4)

   II. ¡Obedezca! — Repaso de la ley (5 — 27)

 III. ¡Preste atención! — Profecías del futuro de Israel (28 — 34)

I. ¡Recuerde! — Las peregrinaciones de Israel (1 — 4)

Como los acontecimientos registrados en los siguientes capítulos son sencillamente una repetición, en su mayoría, de los dados en el libro de Números, no nos ocuparemos de ellos. Podemos dividir la sección en dos partes.

    1. Moisés repasa las peregrinaciones de Israel (cps. 1 a 3).

    2. Moisés hace de ese repaso una base para la amonestación (cp. 4).

¿Dónde encontramos a Israel al principio de este libro? (1:5) ¿Qué profecía se había cumplido parcialmente en Israel? (Deuteronomio 1:10 y Génesis 15:5) ¿En cuál caso fue rechazada la oración de Moisés? (3:25-28) ¿Cuál iba a ser la actitud de Israel hacia la Palabra de Dios? (4:2) ¿Qué significaba la ley para Israel? (4:6) ¿Acerca de cuáles días profetiza Moisés en 4:25-30? ¿A qué libro escrito por él mismo se refiere Moisés indirectamente? (4:32).

II. ¡Obedezca! — Repaso de la ley (5 — 27)

1. Los Diez Mandamientos (cps. 5 y 6).

2. Amonestaciones y exhortaciones (cps. 7 a 12).

3. Falsos profetas (cp. 13).

4. Leyes ceremoniales (cps. 14 a 16).

5. Un futuro rey y un futuro profeta (cps. 17 y 18).

6. Leyes civiles (cps. 19 a 26).

7. Bendiciones y maldiciones de la ley (cp. 27).

¿Cuál era el deseo sincero de Dios para su pueblo? (5:29). ¿Se cumplirá algún día? (Ez 36:26). ¿Cuál es el gran mandamiento de la ley? (6:4 y 5). ¿Fue escogido Israel por causa de su grandeza o de su justicia? (7:7; 9:4). ¿Cuáles fueron los dos motivos por los cuales fue escogido? (7:8). ¿Cuál era uno de los propósitos de Dios al conducir a Israel por el desierto? (8:2-5,16). ¿Qué era lo único que Dios requería de Israel? (10:12), ¿Cuál había de ser la diferencia entre la conducta de Israel en el desierto y su conducta en la tierra prometida? (12:8). ¿Tan sólo en qué lugar debían ofrecerse los sacrificios? (12:13 y 14), ¿Es verdad que los milagros siempre prueban la autenticidad de un profeta? (13:1 y 2; 2 Ts 2:9). ¿Cuál es la prueba? (13:2; Mt 7:15-23). ¿Qué vio Moisés de antemano? (cf. 17:14-16 con 1 S 8:5,10-18). ¿Cuál fue la gran profecía qué Moisés pronunciara en los versículos 18:15-19? Nótese que la ley de la retribución en el versículo 19:21 fue dada para ser puesta en vigor por los jueces y no por cualquiera. ¿Con qué termina el repaso de la ley? (27:26), ¿Cuál es nuestra relación a esta maldición? (Gá 3:13).

III. ¡Preste atención! — Profecías del futuro de Israel (28 — 34)

1. Bendiciones y maldiciones (cp. 28).

2. El pacto de Palestina (cps. 29 y 30).

3. Los últimos consejos de Moisés a los sacerdotes, levitas y a Josué (cp. 31).

4. El cántico de Moisés (cp. 32).

5. La bendición a las tribus (cp. 33).

6. La muerte de Moisés (cp. 34).

El capítulo 28 de Deuteronomio y el capítulo 26 de Levítico deben recordarse como los dos grandes capítulos proféticos del Pentateuco. Los versículos 1 al 14 del capítulo 28 de Deuteronomio se habrían cumplido si Israel hubiera sido obediente, pero tendrán un cumplimiento final en el milenio. Los versículos 15 al 36 del mismo capítulo se cumplieron en la apostasía de Israel bajo los reyes, la cual culminó en el cautiverio babilónico (2 Cr 36:15-20). Los versículos 37 al 68 se cumplieron durante la destrucción de Jerusalén, el año 70 d.C., y durante el período siguiente (Lc 21:20-24). Josefo, un general e historiador judío que vivió durante esos días, da algunos relatos vívidos del sufrimiento terrible de los judíos durante ese tiempo, lo cual indica cuán literalmente se cumplieron los versículos citados. Como comentario del versículo 53 citamos el siguiente incidente de la historia del sitio. Durante el período de la terrible hambre que azotó a Jerusalén, un grupo de merodeadores armados vagaban por las calles en busca de alimento. Sintieron el olor de carne asada de una casa cercana. Al entrar, ordenaron a la mujer que estaba allí que les diera alimento. Pero ¡cuál sería el horror de ellos al darse cuenta de que ella había asado a su propio hijo! Para una persona que tenga conocimiento del pueblo judío es muy fácil ver cómo las profecías de los versículos 37 al 68 han llegado a ser historia.

Los capítulos 29 y 30 registran lo que se conoce con el nombre del pacto de Palestina; es decir, un acuerdo entre el Señor e Israel en cuanto a las condiciones de tomar posesión de Palestina. Debe notarse cuidadosamente que hay dos pactos que se refieren a la posesión de la tierra por Israel. El primero es el pacto abrahámico (Gn 17:7 y 8). Este pacto era incondicional; es decir, la conducta de Israel no afectaría su cumplimiento (véanse Jer 31:35-37; Ro 11:26-29.) Pero Dios vio que Israel pecaría, de manera que los sujetó a otro pacto, el Palestino. Este pacto es condicional; depende de la obediencia de Israel, y capacita al Señor a castigarlos con destierro temporal de la tierra sin desecharlos para siempre. El pacto abrahámico era la herencia guardada para un Israel obediente; el pacto de Palestina era el látigo para traer a Israel a ese lugar de obediencia. El doctor Scofield presenta un análisis excelente de ese pacto. Dicho pacto tomaba en cuenta:

1. La dispersión de Israel por su desobediencia (Dt 30:1).

2. El arrepentimiento futuro de Israel (v. 2).
3. El retorno del Señor (v. 3).
4. La restauración de Israel a Palestina (v. 5).
5. La conversión nacional (v. 6).
6. El juicio sobre los opresores de Israel (v. 7).
7. La prosperidad nacional (v. 9).

¿Con qué frecuencia había de ser leída la ley al pueblo? (31:10-13). ¿De qué amonestó el Señor a Moisés? (31:16). En vista de esto, ¿qué iba a hacer Moisés? (vv. 19-21). ¿Qué sabía Moisés? (v. 29).

El cántico de Moisés, en el capítulo 32, puede considerarse como un resumen de todo el libro. Puede resumirse en las tres palabras de nuestro tema: recuerde, obedezca y preste atención. Se escribió en forma de cántico para que el pueblo pudiera recordarlo más fácilmente.

¿Qué se dice respecto al carácter de Dios en 32:4? ¿Del carácter de Israel en 32:5,6? ¿A qué país hizo el Señor el centro de todas las naciones? (v. 8). ¿Qué se dice sobre el cuidado que mostró Jehová hacia Israel? (vv. 10-14). ¿Mostró gratitud Israel? (vv. 15-18). ¿Quién había de provocar a celo a Israel? (cf. el v. 21 con Ro 11:11). ¿Cómo los castigaría Jehová? (vv. 22-26). ¿Qué le impediría a Jehová acabar con ellos? (v. 27). ¿Cuál era su deseo para ellos? (v. 29). ¿Cuándo volverán ellos? (v. 36). ¿Quién se regocijará finalmente con Israel? (v. 43). ¿Cuándo?

La bendición de Moisés sobre las tribus debe compararse con la bendición de Jacob que se relata en Génesis 49.

Es posible que Josué escribiera el capítulo 34, que relata la muerte de Moisés. ¿Cuál es la razón probable de por qué nunca se reveló el lugar del sepulcro de Moisés? (cf. Nm 21:8 y 2 R 18:4). ¿Qué otra referencia menciona ese entierro? (Jud 9). ¿Cuál era su condición física cuando murió? ¿Qué hizo Israel a la muerte de Moisés que debió haber hecho durante su vida? (34:8). ¿Se levantó alguna vez en Israel un profeta semejante a Moisés? (cf. Dt 34:10 y 18:15).

6
Josué

Tema. Israel ya está preparado para tomar posesión de Canaán y cumplir su divina misión de ser testigo ante las naciones del mundo de la unidad de Dios, además de ser guardián de su Palabra y ley. En los libros históricos, empezando con Josué, veremos si Israel cumplió o no con su cometido. Josué es el libro de victoria y posesión. Primero presenta el cuadro de un Israel rebelde, transformado luego en un ejército disciplinado de guerreros, subyugando naciones que le eran superiores en número y poder. El secreto de su éxito no es difícil de conocer "el Señor peleó por ellos". Tomando la fidelidad de Dios como nuestro pensamiento central, podemos hacer un resumen del mensaje de Josué en estas palabras: "No faltó palabra de todas las buenas promesas que Jehová había hecho a la casa de Israel; todo se cumplió" (21:45).

Autor: Josué. El Talmud dice que Josué escribió todo el libro con excepción de los últimos cinco versículos. Se escribió durante el tiempo en que vivió Rahab (6:25).

Época. Desde la muerte de Moisés hasta la muerte de Josué, abarcando un período de veinticuatro años desde 1451 a 1427 a.C.

Bosquejo

    I. La entrada en la tierra (1 — 5)

   II. La tierra subyugada (6 — 12)

  III. La tierra dividida (13 — 22)

I. La entrada en la tierra (1 — 5)

1. La comisión de Josué (cp. 1).
2. Rahab y los espías (cp. 2).
3. El paso del Jordán (cp. 3).
4. Dos monumentos (cp. 4).
5. La primera Pascua en Canaán (cp. 5).

¿Cuánta tierra iban a poseer los israelitas? (Josué 1:3) ¿Qué verdad espiritual ilustra esto? (Mateo 9:22) ¿Qué iba a ser el guía de Josué ahora? (1:8) Notemos que hasta ese tiempo el Señor hacía que su voluntad se conociera mediante visiones, sueños y apariciones angelicales, pero ahora es mediante la Palabra escrita. ¿Qué se les recuerda a las dos tribus y media? (1:13 al 15). ¿Qué clase de mujer era Rahab? (2:1). ¿Qué la salvó? (Heb 11:31). ¿Hizo ella algo difícil para obtener la salvación? (2:21). ¿Qué mandó Josué que se erigiera como un recuerdo del cruce del Jordán? (4:3 y 9). ¿Cuál fue el efecto sobre los cananeos de la aproximación de los israelitas? (5:1). ¿Qué cumplió esto? (Dt 2:25). ¿A qué cambio de dieta fueron sometidos los israelitas en ese tiempo? (5:11 y 12). ¿Quién era el verdadero líder de las huestes de Israel? (5:13 y 14). ¿Quién era éste? (Ap 19:11-16).

II. La tierra subyugada (6 — 12)

1. La conquista de Jericó (cp. 6).

2. El pecado de Acán (cp. 7).

3. La conquista de Hai (cp. 8).

4. Los tratos con los gabaonitas (cps. 9 y 10).

5. La conquista final de la tierra (cp. 11 y 12).

¿Qué enseña la toma de Jericó acerca de la manera de obrar de Dios? (1 Co 1:26-31). ¿Qué amonestación se le dio a Israel? (6:18). ¿Qué maldición fue pronunciada en ese tiempo? (6:26). ¿Sobre quién cayó? (1 R 16:34). ¿Qué personajes del Nuevo Testamento podemos comparar con Acán? (Hch 5). ¿Quiénes fueron castigados por el pecado de un solo hombre? (7:1). ¿Es posible que haya ocasiones en que la oración no es exactamente lo indicado? (cf. Jos 7:10 con Éx 14:15). ¿Qué había en el fondo del pecado de Acán? (1 Ti 6:1-10). ¿Cuál era el símbolo del poder de Moisés? (Éx 10:13). ¿Del poder de Josué? (8:18 y 26). ¿Qué mandamiento de Moisés cumplió Josué en este tiempo? (cf. Jos 8:30-35 con Dt 27). ¿Qué equivocación cometió Josué en sus tratos con Gabaón? (9:14). ¿Por qué fueron librados los gabaonitas? (9:19). ¿Cómo fueron castigados? (vv. 23 al 27).

Nótese la referencia a la conclusión de la campaña en Josué 11:23. ¿Cuántos reyes conquistó? (12:24) ¿Cuál fue el secreto de su éxito? (10:42).

III. La tierra dividida (13 — 22)

Como este subtítulo resume el contenido de toda la sección, será necesario un bosquejo detallado.

Según 13:1, ¿qué había dejado de hacer Israel? (1:34) ¿Qué amonestación dejó de acatar Israel? (cf. 13:13; 15:63; 16:10 con Nm 33:55 y Jos 23:12,13).

IV. La despedida de Josué (23 — 24)

¿Qué les encomendó Josué a los ancianos de Israel? (23:13). ¿Qué veía Josué de antemano? (23:13). ¿Qué elección planteó ante el pueblo? (24:15). ¿Cuál fue la promesa voluntaria que el pueblo hizo? (24:16-18). ¿Cumplieron los Israelitas esta promesa? ¿Qué hizo Josué con el pueblo? (v. 25).

7
Jueces

Tema. Josué es el libro de victoria; Jueces, el libro del fracaso. Los versículos del capítulo 2:7-19 dan un resumen de la historia del libro. Después de la muerte de Josué, la nueva generación de israelitas hizo alianza con aquellas naciones que la generación anterior había dejado en la tierra, y el resultado fue un retorno a la idolatría e inmoralidad. Esto les trajo el juicio de Dios en forma de servidumbre a aquellas naciones que ellos debieron haber subyugado. Cuando ellos clamaban a Dios, Él les daba un libertador. Mientras éste vivía, ellos permanecían fieles, pero después de su muerte, recaían en sus antiguos pecados. En los últimos capítulos del libro, el escritor presenta una descripción detallada de esos tiempos de apostasía y anarquía, y la explicación que da es que "en estos días no había rey en Israel; cada uno hacía lo que bien le parecía". La historia del libro puede resumirse en cuatro palabras: pecado, servidumbre, tristeza y salvación.

Autor. Según la tradición judía el autor fue Samuel.

Época. Abarca el período entre la muerte de Josué y la magistratura de Samuel.

Bosquejo

I. El período después de Josué (1 — 3:4)

II. Apostasías, cautiverios y rescates de Israel (3:5 — 16)

III. Anarquía de Israel (17 — 21)

I. El período después de Josué (1 — 3:4)

1. La victoria incompleta de las tribus (cp. 1).

2. La visita del ángel (cp. 2:1-5).

3. Repaso de acontecimientos que condujeron a la apostasía de Israel (cps. 2:6 al 3:4).

Nótese que el capítulo 1 registra lo que vino a ser el primer paso en la caída de Israel, su desobediencia en no conquistar a los cananeos y su alianza subsiguiente con ellos (2:12). A pesar de que los cananeos moraban en la tierra contra la voluntad de Dios, ¿de qué manera los usó Dios? (2:21-23) ¿Qué otra cosa usó Él con el mismo propósito? (Dt 8:2,16).

II. Apostasías, cautiverios y rescates de Israel (3:5 — 16)

Hágase una lista de todos los jueces, dando los siguientes hechos relacionados con cada uno:

1. ¿De manos de quién rescató a Israel?
2. ¿Cuánto tiempo sirvió como juez?
3. ¿Cuáles fueron los hechos importantes respecto a él?

Hubo doce jueces (excluyendo a Abimelec, que fue un usurpador). ¿Qué le sugiere eso a usted? (Mt 19:28; Is 1:26). Hay tres hechos importantes respecto a los jueces: eran llamados por Dios, investidos de poder especial, y la mayoría de ellos pertenecía a esa clase descrita por Pablo como "lo débil del mundo . . . lo vil del mundo" (1 Co 1:27,28).

La muerte que Jael dio a Sísara y la alabanza que recibió de Débora por esa acción, ha provocado la crítica de algunos. Aquí deben tomarse en consideración dos cosas: En primer lugar, que aunque Débora y Barac glorificaron el acto, la Biblia no lo aprueba ni lo recomienda; sencillamente lo relata. En segundo lugar, debe tomarse en consideración el hecho de que la época en que Jael vivió era diferente a la nuestra en cuanto a costumbres y normas. Citamos lo que dice un comentarista inglés:

> Mediante una acción justa y valerosa, Jael salvó su vida, defendió el honor de su esposo ausente, su propio honor y el de centenares de mujeres (5:30). Al entrar en la tienda de la mujer, Sísara cometió un acto cruel, y pagó muy mal la hospitalidad y la bondad que se le mostró. Él sabía muy bien que, según la ley del desierto, cualquier mujer sería condenada a muerte si un hombre extraño entraba en su habitación. Ella podía salvarse sólo dándole muerte a él. Esa era la ley del desierto, ¡y Jael era hija del desierto, y no de Israel!

¿Cómo se dirigió el ángel del Señor a Gedeón? (6:12). ¿Era esa la opinión de Gedeón acerca de sí mismo? (6:15). Al pedir una señal ¿estaba consciente Gedeón de su incredulidad? (6:39). ¿Por qué quería Dios rescatar a Israel con sólo unos cuantos hombres? (7:2). ¿A qué ley se refiere 7:3? (Dt 20:8). ¿Qué puede decirse acerca de la armas del bando de Gedeón? (2 Co 10:4,5; Zac 4:6).

Ahora llegamos a una pregunta que no puede pasarse por alto en el estudio del libro de los Jueces; es decir, ¿sacrificó realmente Jefté a su hija? Como las personas versadas en la materia sostienen diferentes opiniones al respecto, sólo podemos exponer los diversos puntos de vista y dejar que cada cual forme su propia opinión. Algunos creen que como los sacrificios humanos eran prohibidos por la ley (Lv 18:21; 20:2-5), Jefté sólo dedicó a su hija a una virginidad perpetua (11:36-40). Otros creen que en realidad sacrificó a su hija creyéndose sinceramente obligado por el voto que había hecho (11:31,35,39).

¿A quién vieron los padres de Sansón? (13:17,18,22, cf. Gn 32:29,30). ¿Qué era Sansón desde su nacimiento? (13:4,5). ¿A quién se asemejaba en esto? (Lc 1:13-15). ¿Había de ser él separado para servir al Señor? (13:5). ¿Permaneció siempre separado? (14:1-3). ¿Cuál era el secreto de su fuerza? (16:1-24). ¿Hasta qué punto llegó su fuerza? (14:5,6). ¿Hasta qué punto llegó su debilidad? (16:1-17). ¿Qué fue lo que causó su caída? (16:19; 13:5).

III. Anarquía de Israel (17 — 21)

1. Anarquía en la vida religiosa (17,18).

2. Anarquía en la vida moral (19).

3. Anarquía en la vida nacional (20,21).

La primera mitad del libro de los Jueces presenta un breve bosquejo de algunas de las apostasías de Israel durante los cuatrocientos cincuenta años que gobernaron los jueces. Los capítulos 17 al 21 presentan un cuadro más detallado de uno de esos períodos. El último versículo del libro da la razón por la cual hubo condiciones tan terribles durante todo ese tiempo.

8
Rut

Época. Desde el punto de vista nacional el libro de los Jueces presenta un triste cuadro de las condiciones existentes en el pueblo de Israel en aquella época. El libro de Rut presenta un cuadro más alentador de ese mismo período, al mostrar la fidelidad y la nobleza de carácter de ciertas personas. Esa historia es una de las más hermosas de la Biblia y es doblemente interesante por el hecho de que su heroína es gentil. La última palabra del libro, David, revela el propósito esencial de esta historia: el de trazar el linaje de David como el progenitor del Mesías. El punto culminante del libro se encuentra en la genealogía dada en el último capítulo.

Autor. La tradición judía lo atribuye a Samuel.

Época. El libro abarca el período de diez años probablemente durante el tiempo de Gedeón.

Bosquejo

Usaremos el bosquejo dado por el doctor Scofield.

I. Rut decide (1)

II. Rut la sierva (2)

III. Rut descansa (3)

IV. Rut recompensada (4)

I. Rut decide (1)

¿Cuándo sucedieron los acontecimientos registrados en este libro? (1:1). ¿Debía de haber habido tan grande hambre en ese tiempo? (Dt 28:1-14). ¿Si Elimelec hubiera confiado en Dios, habría ido a Moab? (Sal 37:3). ¿Qué le sucedió a esa familia en tierras de Moab? (vv. 3,4). ¿Cuál fue la decisión de Rut? (vv. 16,17).

II. Rut la sierva (2)

El capítulo 2:3 dice que Rut llegó por casualidad a un campo que pertenecía a Booz, un pariente de Elimelec. Los acontecimientos subsiguientes demostrarán que este suceso fue divinamente ordenado. Obsérvese la bendición profética de Booz a Rut (2:12).

III. Rut descansa (3)

Este capítulo requiere una explicación de algunas costumbres y leyes judías. Elimelec, por la pobreza, había perdido su propiedad. Según la ley judaica, la propiedad podía ser redimida por un pariente del primer propietario (Lv 25:25). Booz como pariente de Elimelec tenía este derecho. Otra ley requería que si un hombre moría sin hijo, su hermano debía casarse con la viuda (Dt 25:5-10). Parece, sin embargo, que en el transcurso del tiempo, la costumbre había decidido que, en la ausencia de un cuñado, el deber recaería sobre el pariente más cercano. Puesto que Noemí era la viuda de Elimelec y como ella no tenía hijos, Booz tenía una obligación moral hacia ella. Sin embargo, Noemí cedió su privilegio a su nuera Rut, y la envió a donde Booz estaba. Mediante el acto simbólico de yacer a sus pies, Rut le recordó la obligación que tenía hacia su pariente muerto (3:7-9). Booz, aun cuando estaba dispuesto a casarse con Rut, le recordó que había un pariente más cercano que él, que tenía mayor derecho.

IV. Rut recompensada (4)

A la mañana siguiente Booz lleva a sus testigos a presentar el asunto al referido pariente, dándole la oportunidad de redimir la propiedad de Noemí. Al mismo tiempo le recuerda que si compra la propiedad tendrá que casarse con Rut. El pariente se niega a hacerlo y le deja a Booz el derecho de redimir la propiedad y casarse con Rut.

El capítulo 4:18-22, aun cuando parece una lista de nombres poco interesante, es el punto culminante del libro, porque revela el propósito por el cual se escribió: el trazar el linaje de David, el progenitor del Mesías (cf. Mt 1:3-6).

9

Primer libro de Samuel

Tema. El libro de Samuel es un libro de transición. Relata cómo el gobierno de los jueces fue sustituido por el de los reyes, y cómo el gobierno de Dios, el Rey invisible, fue sustituido por el gobierno de un rey visible, que los hacía igual a las demás naciones. El libro de Samuel es historia y también biografía. El contenido puede agruparse alrededor de tres personas: (1) Samuel, un patriota y juez de corazón humilde y consagrado, sirviendo obedientemente a Dios. (2) Saúl, un rey egoísta, celoso, obstinado, inconstante e infiel a su Dios. (3) David, un hombre según el corazón de Dios, el dulce cantor de Israel, hombre de oración y alabanza, probado, disciplinado, perseguido y finalmente coronado monarca de Israel.

Autor. Por lo general se supone que Samuel escribió el libro hasta el capítulo 24. Debido a que en 1 Crónicas 29:29 se mencionan a los profetas Natán y Gad junto con Samuel como los escritores de los sucesos de la vida de David, se considera que fueron los autores de los capítulos restantes.

Época. Desde el nacimiento de Samuel hasta la muerte de Saúl, abarcando un período de ciento quince años, aproximadamente desde 1171 a.C. hasta 1056 a.C.

Bosquejo

El libro puede agruparse alrededor de tres personas: Samuel, Saúl y David.

   I. Historia de Samuel (1 — 7)

  II. Historia de Saúl (8 — 15)

 III. Historia de David (16 — 31)

I. Historia de Samuel (1 — 7)

1. El nacimiento de Samuel (1 — 2:11)

2. El llamamiento de Samuel (2:1 — 3)

3. La captura del arca (4 y 5)

4. El retorno del arca (6 y 7)

¿Cuál era el lugar de adoración en este tiempo de la historia de

Israel? ¿Cuándo llegó a ser Jerusalén el lugar de adoración? (2 S 5:6-9). ¿Qué lugar ocupaba Ana en el corazón de su esposo? (1:8). ¿Cuál era su pena? ¿Qué significaba en aquella época que una mujer hebrea no tuviera hijos? (Gn 30:23; Lc 1:25). ¿Qué clase de hijo le pidió Ana al Señor? (1 S 1:11). ¿Qué prometió ella a Dios respecto al hijo que le pedía? (cf. 1 S 1:11 con Nm 6). ¿A quién se asemeja en ese sentido? (Lc 1:13-15). ¿Por qué fue Samuel llamado por ese nombre? (1:20). ¿Cumplió Ana su voto? (24-28). ¿Qué le inspiró la bondad de Dios? (2:1-10). ¿Qué mujer israelita pronunció palabras semejantes bajo circunstancias parecidas? (Lc 1:46-55).

¿Será posible que haya personas en el ministerio que vivan en pecado? (2:12). ¿Qué se dice acerca de los hijos de Elí? ¿Cómo perjudicaron esos jóvenes la causa del Señor? (2:17). ¿Fue Ana bien recompensada por su sacrificio? (2:21). ¿Qué amonestación se le dio a Elí? (2:27-36). ¿Qué se puede decir de la revelación de Dios en aquella época? (3:1). ¿Cuál debe haber sido la condición de la gente? (Pr 29:18; Sal 74:9; Am 8:11). ¿Qué demuestra que Dios puede revelar su voluntad a un pequeñito? ¿Cómo confirmó el Señor el llamamiento de Samuel? (3:19,20).

Samuel fue el primero en la línea de profetas escritores (Hch 2:24; 13:20; 1 S 3:20). Después del fracaso del sacerdocio, Samuel llegó a ser el líder espiritual de los israelitas y el mediador entre ellos y Dios.

Los capítulos 4 y 5 relatan la captura del arca. El arca era un símbolo de la presencia de la gloria del Señor (Nm 14:43,44; Jos 3:6; 1 S 14:18,19; Sal 132:8). Iba delante de los israelitas en sus peregrinaciones por el desierto y algunas veces delante del ejército en tiempo de guerra (Jos 3:6). Era delante del arca que los jefes consultaban la voluntad de Dios (Éx 25:22; Jos 7:6-9; Jue 20:37). Israel en su condición de apostasía hizo uso supersticioso de este mueble sagrado, pensando que el simple uso formal del mismo les daría la victoria. Confiaron en el arca en vez de confiar en el poder del Señor, de quien era símbolo (1 S 4:3). Su gran aclamación en el campo fue sólo el resultado de entusiasmo natural.

Aunque el arca traía bendición al pueblo de Dios, ¿qué traía a los enemigos de Dios? (cp. 5). ¿Qué sabían los hombres sabios de entre los filisteos sobre la sanidad divina? (6:3-5). ¿Qué historia les era familiar? (6:6). ¿Cuál fue el efecto sobre los israelitas al ver que el arca retornaba? (6:13). ¿De qué acto de profanación fue culpable el pueblo? (6:19; cf. Nm 4:5,15). ¿A dónde fue llevada el arca? ¿Qué lamentaron los israelitas? (7:2). ¿Qué les dijo Samuel que hicieran?

(7:3). ¿Qué representa la acción de los israelitas mencionada en 1 Samuel 7:6? (Sal 62:8). ¿Qué lugar se da a la oración en este capítulo? (7:5,8,9). Nótese que Samuel se constituye sacerdote al ofrecer sacrificio. A pesar de que solamente los sacerdotes tenían el derecho de sacrificar, el Señor concedió a Samuel ese privilegio a causa del fracaso del sacerdocio. ¿Qué siguió al arrepentimiento de Israel? (7:10-14).

II. Historia de Saúl (8 — 15)

1. Israel exige un rey (8).
2. Saúl es escogido y ungido (9 y 10).
3. La primera victoria de Saúl (11).
4. La proclamación del reino por Samuel (12).
5. Saúl es rechazado (13 — 15).

El capítulo 8 relata el deseo de Israel de tener un rey. ¿Cuál era la razón para desear un rey? (8:5). ¿Cuál era el plan de Dios para la nación? (Dt 14:2; Nm 23:9). ¿Qué le dio al pueblo una excusa para exigir un rey? (8:3-5). ¿Hasta qué punto se identifica Dios con sus siervos? (8:7). ¿Le permitió Dios al pueblo que obrara según su propia voluntad? ¿Qué clase de rey dijo el Señor que tendrían? (8:11-17). ¿Quién había previsto que Israel iba a desear un rey? (Dt 17:14-20). ¿Desanimó al pueblo la descripción que el Señor le dio de su futuro rey? (8:19,20). ¿Qué hizo el Señor entonces? (Sal 106:15).

¿Cuál era la reputación de Samuel ante el pueblo? (9:6). ¿Cómo se le llamaba a un profeta antiguamente? (9:9). ¿Fue íntima la comunión entre Dios y Samuel? (9:15). ¿Qué señales se dieron para confirmar la fe de Saúl? (10:1-8). Observemos aquí la existencia de una escuela de profetas de la que Samuel era probablemente el líder (10:10). El capítulo 10:6-9 no muestra que Saúl se haya regenerado. En realidad, declara que el Señor le dio a Saúl un nuevo corazón; pero eso significa sencillamente que le impartió las cualidades necesarias para el desempeño de su cargo. Le dio el corazón de un rey. Se ha interpretado la acción de Saúl de esconderse entre el bagaje como una indicación de modestia de su parte. Pero era una modestia exhibida en tiempo inoportuno. El permanecer en la retaguardia a causa de una falsa modestia es un pecado tan grande como el estar en la vanguardia cuando Dios ordena permanecer atrás. ¿Estaba todo el pueblo a favor de Saúl? (10:27). ¿Qué fue lo que estableció la popularidad de Saúl? (11:11-13). Aunque Israel había rechazado a Jehová, ¿los desamparó Él? (12:14,22). ¿Cómo consideraba Samuel el dejar de orar por el pueblo? (12:23).

El capítulo 13 relata el pecado de Saúl, que fue entremeterse en los deberes de los sacerdotes. Eso constituyó una violación flagrante de Números 3:10,38. ¿Cuál fue la excusa que dio? (13:12) ¿Qué perdió por causa de su desobediencia? (13:13) ¿Qué le fue declarado a Saúl? (13:14).

¿Qué acto de desobediencia selló la suerte de Saúl? (15:1-9) ¿Qué excusa dio Saúl? (15:21) ¿Qué principio moral expuso Samuel en 15:22? ¿Fue realmente sincero el arrepentimiento de Saúl? (cf. vv. 25 y 30) ¿Cuáles fueron los sentimientos de Samuel acerca del rechazo de Saúl? (15:35) ¿Y las del Señor? (15:35).

III. Historia de David (16 — 31)

1. David es ungido rey (16).

2. La victoria de David sobre Goliat (17).

3. Las persecuciones y peregrinaciones de David (18 — 30).

4. La muerte de Saúl (31).

¿Cómo juzgó Samuel lo adecuado de una persona para que fuera rey? (16:6). ¿Cómo juzga el Señor? (16:7). ¿Qué sucedió después que David fue ungido? (16:13). ¿De qué suceso era esto una figura? (Mt 3:16,17).

El capítulo 16:14 presenta una dificultad. El Espíritu del Señor se apartó de Saúl, y un espíritu malo de parte del Señor lo atormentaba. Ha surgido la pregunta: ¿Envía Dios malos espíritus a los hombres? Para una explicación al respecto citamos las palabras del doctor Torrey:

> ¿Qué quiere decir un "espíritu malo"? El contexto lo muestra claramente. Era un espíritu de disgusto, inquietud y depresión.
>
> Las circunstancias eran éstas: Saúl había comprobado ser infiel al Señor. Él había desobedecido deliberadamente a Dios y como consecuencia Dios había retirado su Espíritu de él, y un espíritu de congoja y descontento vino sobre él.
>
> Esto no fue un acto cruel por parte de Dios. No había cosa más benigna o favorable que Dios pudiera haber hecho. Una de las provisiones más misericordiosas de nuestro Padre celestial es que, cuando le desobedecemos y andamos lejos de Él, nos hace sentir infelices y descontentos con nuestro pecado. Si Dios permitiera que continuásemos contentos en nuestro pecado, esto sería la cosa más cruel que Él pudiera hacer, pero Dios en su gran misericordia ganará de nuevo para sí a cuanto

pecador le sea posible. Por eso, si pecamos, para nuestro bien, Dios nos envía inquietud y profunda depresión en nuestro espíritu. Si hacemos el uso debido del espíritu de depresión que el Señor nos envía, esto nos vuelve a Dios y al gozo del Espíritu Santo. Saúl lo usó incorrectamente. En lugar de permitir que la inquietud de su corazón lo llevara al arrepentimiento, permitió que amargara su alma en contra del que Dios había escogido. El enviar ese espíritu de disgusto y descontento fue un acto de la misericordia de Dios. El mal uso de ese acto de misericordia resultó en la ruina de Saúl.

Es un enigma el hecho de que Saúl no reconociera a David después de su victoria sobre Goliat, cuando él mismo lo había enviado (17:55-58). El señor Parrot, misionero en Madagascar, explica esa dificultad describiendo una costumbre de ese país.

En Madagascar, cuando un hombre ha llevado a cabo alguna gran hazaña, el clamor no es "¿Quién es éste?", sino "¿De quién es hijo?", pasando así la gloria a su progenitor. Además, la costumbre en Madagascar es fingir ignorancia del parentesco a fin de expresar mejor la sorpresa.

¿Quién se hizo amigo de David en ese tiempo? (18:1). ¿Qué causó la envidia de Saúl? (18:6,7). ¿Por qué le temía Saúl? (18:12). ¿Cuán popular era David en Israel? (18:16). ¿Cómo intentó Saúl destruir la vida de David? (18:20-30; 19:1-17). ¿Cómo el Señor protegió a David? (19:18-24). ¿A dónde huyó David? (19:18). ¿Qué era lo que originaba la enemistad de Saúl contra David? (20:31).

Hágase una lista de los lugares a donde David fue durante sus peregrinaciones, anotando lo que ocurrió en cada lugar.

Hemos estado leyendo el relato de las peregrinaciones y persecuciones del que había sido ungido rey sobre Israel ¿Cuáles eran sus sentimientos durante todo ese tiempo? ¿Cuáles sus experiencias religiosas? La lectura de los siguientes Salmos, los cuales se refieren a este período de su vida, contestarán esas preguntas.

Léanse Salmo 59 (cf. con 1 S 19:11), Salmo 56 (cf. con 1 S 21:10,11), Salmo 34 (cf. con 1 S 21:13), Salmo 57 (cf. con 1 S 22:1), Salmo 52 (cf. con 1 S 22:9), Salmo 54 (cf. con 1 S 23:19).

10

Segundo libro de Samuel

Tema.
Todo el libro gira alrededor de la figura de David; no hay otro de suficiente importancia que atraiga la atención. Nuestros ojos son dirigidos a la descripción que Dios nos ofrece de su ungido. Es el cuadro del "hombre según el corazón de Dios" el cual somos llamados a estudiar. Y comenzamos nuestro estudio con la pregunta, ¿Qué hay en David que merezca título tan honorable? No se le señala desde una distancia, de modo que sólo se pueda contemplar al rey en su elevada eminencia rodeado de todas las insignias de la realeza, sino que se nos invita a un trato de cerca con el hombre. No solamente lo vemos sobre el trono, sino también en el hogar. Lo observamos en sus tristezas más profundas, tanto como en la hora de sus triunfos más grandes; escuchamos sus oraciones y sus alabanzas, su justa indignación, sus palabras de bondad, ternura y generosidad. Somos testigos de su pecado y de su arrepentimiento, de sus momentos de impaciencia, de su dignidad real; y todo el cuadro, a pesar de algunas sombras oscuras, muestra a un hombre en cuya vida Dios ocupó el primer lugar, y que, sobre todas las demás cosas, era una gloriosa realidad, un hombre profundamente consciente de su propia debilidad, fracaso y pecado; pero que conocía a Dios y confiaba en Él con todo su corazón.[1]

Autor. Los acontecimientos registrados en el libro Segundo de Samuel fueron probablemente agregados a dicho libro (1 Cr 29:29) por Natán o Gad. En el hebreo original, los dos libros de Samuel formaban un sólo libro. Fueron divididos por los traductores de la versión de los Setenta (alrededor de 285 a.C.), cuando tradujeron el Antiguo Testamento a la lengua griega.

Época. Desde la muerte de Saúl hasta la compra del sitio para el templo, abarcando un período de treinta y siete años.

---

1 Markham.

Bosquejo

I. La ascensión de David (1 — 10)

II. La caída de David (11 — 20)

III. Los últimos años de David (21 — 24)

I. La ascensión de David (1 — 10)

1. La muerte de Saúl (1).
2. David llega a ser rey sobre todo Israel (2 — 5).
3. Se lleva el arca a Jerusalén (6).
4. El pacto davídico (7).
5. Las conquistas de David (8 — 10).

Algunos eruditos creen que la historia del amalecita (2 S 1:4-10) fue un invento. Su objetivo al ir a llevarle a David la noticia de la muerte de Saúl fue para ganar favor ante sus ojos. Se imaginó que el rey se agradaría con las noticias de la muerte de su enemigo. David, viendo el motivo malvado del joven, lo castigó justamente. Al hacerlo de esta manera, David actuó según el principio que había seguido en todos sus tratos con Saúl; es decir, reverencia hacia el ungido del Señor. Deseaba evitar toda apariencia que lo pudiera identificar como cómplice de la muerte de Saúl.

¿Cuál fue la primera tribu en reconocer a David como rey? (2 S 2:1-4). ¿Cómo demostró David otra vez su bondad a Saúl? (2:5-7). ¿Quién instigó la guerra entre Judá y las once tribus? (2:8-11). ¿Cuál fue el resultado de la guerra? (3:1). ¿Quién hizo alianza con David en este tiempo? (3:12-26). ¿Qué es revelado en el capítulo 3 respecto al carácter de Joab? ¿Cuál fue la actitud de David hacia el asesinato de Abner por manos de Joab? Nótese la continua fidelidad de David para con Saúl y su casa en el capítulo 4. ¿Dónde y cuándo fue nombrado rey sobre todo Israel? (5). ¿Qué ciudad vino a ser la capital del reino en este tiempo? (5:6-9). ¿Quién le edificó casa a David en este tiempo? (5:11). ¿Qué salmo compuso David en esa ocasión? (Sal 30).

El llevar el arca fue un acto encomiable por parte de David; pero la manera como la trajeron fue una violación de la ley de Dios. En vez de llevarse el arca en un carro, debió haber sido llevada por los sacerdotes (Nm 4:14,15; 7:9). ¿A dónde fue llevada el arca después de esto? (6:10,11). ¿Qué trajo la presencia del arca a esa familia? ¿Fue digna la conducta de David ante el arca? ¿A quién le pareció mal? ¿Con qué comparó ella a David? (v. 20). ¿Con qué palabras justificó David su conducta? (v. 21). ¿Cuál fue el resultado de la crítica de Mical contra David? (v. 23).

¿Qué se propuso David hacer? (7:1-3). ¿Quién lo animó en eso? ¿Fue la voluntad de Dios que David le edificara un templo? (1 Cr 22:8).

El capítulo 7:8-17 relata que Dios hizo un pacto con David, por medio del cual le promete a él y a sus descendientes el trono y el reino para siempre. Citamos al doctor Scofield:

Este pacto, sobre el cual el glorioso reino de Cristo de la simiente de David "según la carne" será fundado, asegura: (1) Una "casa" de David; es decir, posteridad, familia. (2) Un "trono", es decir, autoridad real. (3) Un reino; es decir, una esfera de gobierno. (4) En perpetuidad; "para siempre". (5) Y este pacto cuádruple tiene sólo una condición: la desobediencia en la familia de David será visitada con castigo, pero no se abrogará el pacto (2 S 7:15; Sal 89:20-37; Is 55:3).

El castigo vino; primero en la división del reino bajo Roboam, y finalmente durante los cautiverios (2 R 25:1-7). Desde esa época sólo se ha coronado a un rey de la familia davídica, y fue coronado de espinas. Pero es inmutable el pacto davídico confirmado a David por el juramento de Jehová y renovado a María por el ángel Gabriel (Sal 89:30-37), y el Señor Dios aún dará a Aquel coronado de espinas "el trono de David su padre" (Lc 1:31-33; Hch 2:29-32).

Nótese la hermosa oración de acción de gracias de David después que se hizo este pacto (7:18-29).

¿Cómo estableció plenamente David su reino? (cp. 8) Hágase una lista de las naciones que él subyugó. ¿Cómo vuelve David a demostrar su bondad a la familia de Saúl? (cp. 9).

II. La caída de David (11 — 20)

1. El gran pecado de David (11 y 12).

2. La rebelión de Absalón (13 — 20).

El dicho de Natán de que David había dado ocasión a que los enemigos de Jehová blasfemaran (12:14), se ha cumplido en los sarcasmos de los incrédulos que se burlan del hecho de que David haya sido llamado "un hombre según el corazón de Jehová". Que David fuera un hombre según el corazón de Jehová no quiere decir que era sin falta, pero sí significa que era un hombre en cuyo corazón siempre había un sincero deseo de hacer la voluntad de Dios y de buscar su justicia, en contraste con Saúl, quien siempre estaba haciendo su propia voluntad. David cometió uno de los pecados más viles; sin embargo, con una verdadera comprensión de la justicia de Jehová y de su propia culpa, se arrepintió en saco y en ceniza. Hay muchas lecciones importantes que podemos aprender del pecado de David.

1. Por más fuerte y espiritual que sea un hombre, si quita los ojos de Dios, está propenso a caer.

2. El relato presenta en términos claros el pecado del héroe más grande de Israel sin procurar disculparlo. Eso es una gran prueba del origen divino de la Biblia. Lo natural, humanamente hablando, hubiera sido poner un velo sobre ese suceso desagradable (12:12).

3. La gracia de Dios puede perdonar el más negro de los pecados si hay verdadero arrepentimiento (12:13).

4. Todo lo que el hombre sembrare eso también segará. El niño de la unión pecaminosa de David, murió. Sus dos hijos lo siguieron en adulterio y uno cometió asesinato.

5. Dios no pasará por alto ni perdonará ni por un instante el pecado cometido por sus hijos más amados.

No fue mucho tiempo después de ese incidente que David comenzó a segar lo que había sembrado. Su hijo Amnón cometió un acto de inmoralidad que condujo a que Absalón lo asesinara (cp. 13). David amaba a su hijo, pero el temor a la opinión pública lo hacía vacilar en llamarlo del destierro a que fue sentenciado. Sabiendo la lucha que había en el corazón del rey, Joab luchó entre el afecto y el deber, y recurrió a la estratagema descrita en el capítulo 14. La sabia mujer que empleó, en una plática habilidosa, obtuvo una promesa del rey, consistiendo en que el hijo de ella, quien supuestamente había asesinado a su hermano, sería perdonado. Entonces ella insinuó que al perdonar a Absalón, él no estaría haciendo más de lo que había hecho por ella, y por lo tanto, no se le podría acusar de parcialidad. La treta tuvo éxito. Sin embargo, los acontecimientos subsiguientes demostraron que David se había equivocado al perdonar a Absalón, pues éste se rebeló contra él.

La pronta decisión de David de salir de Jerusalén y colocarse al otro lado del Jordán, fue el acto de un soldado diestro. En conexión con la huida de David, debe leerse el Salmo 3.

Nótese la paciencia y humildad de David ante el insulto de Simei. Él ve la mano de Dios en todo (16:5-12).

Ahitofel aconseja a Absalón a cometer un acto que eliminaría toda esperanza de reconciliación con su padre y obligaría a todos en Israel a manifestar su parecer (16:21-23). Este acto fue el cumplimiento de 2 Samuel 12:12. Ahitofel luego aconseja a Absalón a tomar una milicia pequeña y capturar a su padre antes que éste pudiera reunir un gran ejército. Husai derrotó ese consejo, sugiriendo a Absalón que hiciera una movilización general de todo su ejército. Esto, desde luego, le daría tiempo a David a pasar el Jordán y reunir un ejército grande. Ahitofel, previendo la victoria de David y su propia desgracia, se suicidó.

La represión insolente de Joab hacia David demuestra que no lo amaba (19:1-7). En su corazón era un rebelde. El haber asesinado a Absalón había hecho que David se pusiera completamente en contra de él (19:13, cf. 1 R 2:5).

Este capítulo (19) como un espejo, refleja algunos hechos tristes. Tal parece que David había olvidado el uso y el significado de la oración. En medio del movimiento incesante de este capítulo no se menciona ni una sola vez que "David consultara al Señor". El resultado fue que permitió que el afecto egoísta y excesivo para su hijo rebelde apagara el afecto que debía haber mostrado para sus valientes y fieles soldados; perdonó a Simei, jurándole por Jehová, un juramento que no debió haber hecho (1 R 2:8,9) cuando lo debió haber juzgado; condenó a Mefi-boset cuando debió haberle hecho justicia; recompensó a Seba cuando lo debió haber castigado; y se apresuró a ir a Jerusalén sin dar tiempo a los jefes y soldados de las tribus del norte a que asistieran a la restauración, ocasionando de esa manera el derramamiento de sangre y la miseria que siguió en el próximo capítulo.

¿Cuál tribu debió haber sido la primera en darle la bienvenida a David a su regreso? (19:11). ¿Por qué? (v. 12). ¿Llegará el tiempo en que Israel y Judá darán la bienvenida al Hijo de David? (Zac 12:10; Mt 23:39). ¿Quién condujo a David de regreso a la ciudad? (19:40). ¿Cuál fue el resultado de la preferencia de David hacia la tribu de Judá? (19:41 — 20:1,2). ¿De qué fue el principio esta división entre Judá e Israel? (1 Reyes 12:16-24) ¿Qué otro crimen agregó Joab a su vida en este tiempo? (cp. 20).

III. Los últimos años de David (21 — 24)

1. Los tres años de hambre (21).

2. El cántico de David (22).

3. Las últimas palabras de David (23).

4. El pecado de David de contar al pueblo (24).

¿Cuál fue la causa del hambre mencionada en el capítulo 21? (cf. Jos 9). ¿Qué castigo sufrió la familia de Saúl por la violación de este juramento?

Spurgeon le llamó al capítulo 22 "recuerdos de gratitud". Hacia el final de su vida, David mira hacia el pasado y recuerda las vicisitudes y pruebas de su vida y con toda gratitud reconoce la gracia y la fidelidad de Jehová.

Los primeros siete versículos del capítulo 23 registran las últimas palabras de David. En conexión con eso debe leerse el Salmo 72, cuyo último versículo parece indicar que fue la última oración de David. ¿Qué tres cosas se dicen respecto a David en el versículo 1? ¿Qué reclamaba David en el versículo 2? ¿Quién dio testimonio de eso? (Mt 22:43). ¿Qué dijo David que era el ideal de Dios con respecto a un gobernante? (23:3,4). ¿Sintió David que él y su casa habían vivido a la altura de ese ideal? (v. 5). Aunque David había experimentado muchas dificultades y fracasos, ¿qué hecho lo confortaba? (v. 5). ¿Qué dice él respecto a sus enemigos? (vv. 6,7). El resto del capítulo da una lista de los hombres poderosos de David y de sus hazañas. En los versículos 16 y 17 se observa la devoción de esos hombres por David y del aprecio de éste del valor de ellos.

El capítulo 24 registra el pecado de David en contar al pueblo. Una comparación con 1 Crónicas 21:1-6 revela que fue Satanás quien instigó eso.

Dios, aun cuando no puede tentar a nadie (Stgo 1:13), a menudo se le describe en las Escrituras como haciendo Él mismo lo que ha permitido que se haga; y así, en este caso, Él permite que Satanás tiente a David. Satanás fue quien tomó la parte activa, mientras que Dios sólo retiró su sostenedora gracia y el gran tentador prevaleció en contra del rey. La orden fue dada por Joab, quien aunque generalmente hablando, no era hombre de escrúpulos, no dejó de manifestar en términos fuertes (1 Cr 21:3) el pecado y peligro de esta medida, y usó todo argumento a su alcance para disuadir al rey de su propósito . . . El hecho de contar al pueblo no era en sí pecaminoso, pues Moisés lo hizo por la autoridad expresa de Dios; pero David no sólo actuó de una manera independiente de tal orden o sanción, sino que actuó por motivos indignos del rey de Israel; por orgullo y vanagloria, por confianza en sí mismo y falta de confianza en Dios, y sobre todo, por deseos ambiciosos de conquista, para lo cual estaba decidido a obligar al pueblo al servicio militar. Quería estar seguro de que podría reunir un ejército bastante grande para la magnitud de la empresa que pensaba efectuar. Este acto constituía una violación de la constitución, una infracción de las libertades del pueblo y se oponía a esa política divina que requería que Israel continuara como una nación separada.[1]

---

1 James, Fausset y Brown.

11

Primer libro de los Reyes

Tema. En los dos libros de Samuel leímos cómo la nación judía exigió un rey para poder ser como las demás naciones. Aun cuando eso era contrario a su perfecta voluntad, Dios le concedió la petición. En este libro aprendemos cómo le fue a Israel bajo los reyes. Aunque hubo algunos reyes que gobernaron con rectitud, la historia de la mayoría de ellos es una de desgobierno e iniquidad. De acuerdo con su promesa en 1 Samuel 12:18-24, el Señor no dejó de bendecir a su pueblo mientras éste lo buscaba, pero por otra parte, nunca dejó de castigarle cuando se apartaba de Él.

Autor. El autor humano es desconocido. Se cree que Jeremías compiló los datos escritos por Natán y Gad (1 Cr 29:29) y otros.

Época. Desde la muerte de David hasta el reinado de Joram sobre Israel, abarcando un período de ciento dieciocho años; desde 1015 hasta 897 a.C.

Bosquejo

I. El establecimiento del reino de Salomón (1 y 2)

II. El reinado de Salomón (3 — 11)

III. La ruptura y decadencia del reino (12 — 22)

I. El establecimiento del reino de Salomón (1 y 2)

1. La conspiración de Adonías (1:1-38).

2. Salomón escogido por David (1:39-53).

3. La muerte de David (2:1-11).

4. La ascensión de Salomón (2:12-46).

¿Cuál era la condición física de David para este tiempo? ¿Quién intentó apoderarse del reino? ¿Qué debió haber constituido una amonestación para él? (2 S 15:14) ¿Quiénes fueron sus cómplices? ¿Cómo fue frustrada la conspiración? ¿Por qué Adonías no podía ser rey? (1 Cr 22:9,10).

Respecto al último encargo de David a Salomón (2:1-9), citamos del comentario de Bahr:

> En las cuestiones referentes a personas, David se comunica, no

como hombre privado, sino como rey de Israel. El doble asesinato de Joab había pasado sin ser castigado. Para el tiempo en que se cometieron tales crímenes, David no estaba en condición de castigar a Joab; pero sentía todo el peso de tal obra, y horrorizado de eso, pronunció una imprecación en contra de Joab (2 S 3:29). Ante la vista del pueblo, sin embargo, la falta de castigo tiene que haber sido considerada como un insulto contra la ley y la justicia, y la culpa recaía sobre el rey. Era una mancha en su reinado que aun no había sido borrada. Aun en su lecho de muerte piensa que es su deber como el de un juez supremo, dar a su sucesor una orden definitiva acerca del caso. Pesaba sobre su conciencia y deseaba que de alguna manera ("harás conforme a tu sabiduría") la mancha fuera quitada. Además, la participación de Joab en la rebelión de Adonías debió parecer muy peligrosa para el trono de Salomón.

Así como el castigo de Joab era para él una cuestión de conciencia, también lo era la recompensa de Barzilai. Lo que Barzilai había hecho, lo había hecho a David como rey, como el ungido de Jehová. Debía recompensarse y reconocerse tal fidelidad y devoción a la casa reinante después de la muerte del rey. En contraste directo con la acción de Barzilai estaba la de Simei. Éste no maldijo a David como una persona privada, sino que lo maldijo con la mayor maldición, como el ungido de Jehová, y por lo tanto, indirectamente maldecía a Jehová mismo. La blasfemia en contra del rey estaba al mismo nivel que la blasfemia contra Dios (2 R 21:10). Ambas eran castigadas con la muerte (Lv 24:14; Éx 22:27), de aquí, que Abisai pensara que Simei debía morir (2 S 19:22). Pero David deseaba mostrar misericordia en el día que Dios le había mostrado a él gran misericordia, y por ese motivo le salvó la vida. Pero no era cuestión para ignorarse el permitir que el infiel pasara su vida cerca de él (no se habló de destierro). Y permitirle pasar sus días tranquilamente bajo el reinado siguiente (lo cual nunca se le había prometido) hubiera sido una bondad de la cual pudiera haber abusado, como un precedente de crímenes no castigados. En efecto, Simei era un hombre peligroso, capaz de repetir lo que había hecho con David. En cuanto a los demás, David dejó que Salomón escogiera la manera y el tiempo de su castigo, sólo que no iban a permanecer sin castigo.

II. El reinado de Salomón (3 — 11)

1. La sabiduría de Salomón (3 y 4).
2. La construcción del templo (5 — 7).
3. La dedicación del templo (8).
4. La gloria y fama de Salomón (9 y 10).
5. La caída de Salomón (11).

¿Con quién se casó Salomón? ¿Dónde sacrificaban Salomón y el pueblo por falta de un santuario? (3:2-4). ¿Qué petición hizo Salomón en este tiempo? (3:9). ¿Qué le dio el Señor además de lo que pidió? ¿Qué versículo de la Biblia revela eso? (Ef 3:20). ¿Qué incidente se registra que muestra la sabiduría de Salomón? ¿Cuál era la condición de Israel y Judá durante el reinado de Salomón? (4:20,24,25). ¿Cuáles eran las fronteras de los dominios de Salomón? (4:21,24).

¿Quién suplió a Salomón con materiales para construir el templo? ¿En qué año después de la partida de Israel de Egipto empezó la construcción del templo? ¿Qué mensaje recibió Salomón en este tiempo? (6:11-13) ¿Cuánto tiempo se tomó para terminar la construcción del templo? (6:38). ¿Cuánto tiempo se tomó la construcción de la casa de Salomón? ¿Qué se hizo después que el templo estuvo terminado? (8:1-19). ¿Qué contenía el arca? ¿Cómo manifestó Dios su presencia en esta ocasión? Nótese cuidadosamente el sermón de Salomón (8:12-21); la oración de dedicación de Salomón (8:22-53); la bendición de Salomón sobre el pueblo (8:54-61). ¿Cómo se celebró la dedicación? (8:62-66) ¿Cuándo fue contestada la oración de Salomón? (9:1-9). ¿Qué elección puso el Señor ante Salomón y su pueblo? (9:4-9). ¿Qué escogió Israel al fin? Descríbase las actividades de Salomón (9:10-28). Descríbase su riqueza (10:1-29). ¿Quién causó la caída de Salomón? (11:1,2) ¿A qué lo condujeron? (11:54). ¿Cómo dijo Dios que le castigaría? (11:11). ¿Cuándo tendría lugar eso? (11:12). ¿Cuánto quedaría de su reino? ¿Qué profeta es introducido aquí? (11:29). ¿Qué oportunidad se le presentó a Jeroboam? (11:38).

III. La ruptura y decadencia del reino (12 — 22)

La manera más provechosa de estudiar esta sección será haciendo una lista de los reyes de Judá y de Israel, anotando brevemente los hechos siguientes: el carácter del rey; la duración de su reinado; los nombres de los profetas mencionados en conexión con su reinado; los acontecimientos principales de su reinado. Por ejemplo:

JUDÁ	ISRAEL
Roboam	Jeroboam
Insensato e injusto. Reinó diecisiete años. El reino dividido. El pueblo comete idolatría. Invasión realizada por el rey de Egipto.	Idólatra, etc.

La lista de reyes de Judá e Israel, arreglada hasta donde ha sido posible en orden cronológico, servirá de guía.

JUDÁ	ISRAEL
Roboam	Jeroboam
Abiam	
Asa	Nadab
	Baasa
	Ela
	Zimri
	Omri
Josafat	Acab
Joram	Ocozías

¿Qué petición llevaron a Roboam los ancianos del pueblo? A pesar de la prosperidad exterior del reinado de Salomón, ¿cuál era la condición del pueblo? (12:4). ¿Cómo demostró Roboam su insensatez? ¿Qué perdió por eso? ¿Había habido ya el principio de una separación entre Judá e Israel? (2 S 2:8-11; 19:41 al 20:1,2). ¿Qué procuró hacer Roboam para impedir la separación de las otras tribus? ¿Qué lo detuvo?

¿Qué temía Jeroboam? (12:26). ¿Qué hizo para impedirlo? (12:27,28). ¿Deseó desde el principio destruir por completo el culto de Jehová, o quería dirigirlo de otra manera? ¿Qué acontecimiento le sugirió el poner los becerros de oro? (Éx 32:1-4). ¿Dónde los colocó? ¿Qué mandamiento quebrantó respecto al sacerdocio? ¿Respecto a las fiestas? ¿Quién denunció su pecado? (13:1,2). ¿El nacimiento de quién profetizó trescientos cincuenta años antes? (cf. 2 R 23:15). ¿Qué versículo de la Biblia muestra la desobediencia del hombre de Dios? (cf. 13:18 y Gá 1:8,9). ¿Qué juicio se pronunció sobre Jeroboam? ¿Qué profecía respecto a Israel se pronunció? (14:15-16).

Vamos a considerar los acontecimientos principales del ministerio de Elías. Para poder dar un relato completo de su vida, vamos a citar también del Segundo libro de los Reyes.

1. Su mensaje a Acab (17:1).

2. Su huida al arroyo de Querit (17:2-7).

3. Alimentado por la viuda de Sarepta. Resucita a su hijo de los muertos (17:8-24).

4. Su reto a los sacerdotes de Baal en el Monte Carmelo (cp. 18).

5. Su huida al Monte Sinaí de delante de Jezabel (19:1-18).

6. El llamamiento de Eliseo.

7. Su denuncia de Acab por el asesinato de Nabot (21:17-29).

8. Su mensaje a Ocozías (2 R 1:3-16).

9. Su traslado al cielo (2 R 2:1-11).

Se mencionan juntos en el Nuevo Testamento Elías y Juan el Bautista. Éste llevando a cabo el ministerio de aquél con relación al primer advenimiento del Mesías (Lc 1:17; Mt 17:10-13). Elías es el Juan Bautista del Antiguo Testamento y Juan el Bautista es el Elías del Nuevo Testamento. Sus ministerios ofrecen una comparación interesante.

1. Ambos ministraron en tiempos en que Israel se había apartado del verdadero culto espiritual de Dios.

2. Se asemejaban el uno al otro en apariencia (2 R 1:8; Mt 3:4).

3. Ambos predicaron arrepentimiento nacional (1 R 18:21; Mt 3:2).

4. Ambos reprendieron a reyes malvados (1 R 18:18; Mt 14:3,4).

5. Ambos fueron perseguidos por reinas malvadas (1 R 19:1; Mt 14:8).

6. El sacrificio de Elías en el Monte Carmelo y el bautismo de Juan marcaron un tiempo de arrepentimiento nacional.

7. Eliseo, el sucesor de Elías, recibió su poder para el servicio en el río Jordán; Jesús el sucesor de Juan, recibió la unción del Espíritu en el mismo río.

8. Ambos, hacia el final de su ministerio, se sintieron desanimados (1 R 19:4; Mt 11:2-6).

12

Segundo libro de los Reyes

Tema. Continuación de la historia de la caída de Judá e Israel, culminando en el cautiverio de ambos. Tenemos aquí la misma historia de fracaso por parte del rey y del pueblo, una historia de apostasía e idolatría. A pesar de que éste fue el gran período profético de Israel, el mensaje de los profetas no fue escuchado. Las reformas que tuvieron lugar bajo tales reyes como Ezequías y Josías fueron superficiales. El pueblo pronto volvió a sus pecados y continuó en ellos hasta que "no hubo remedio" (2 Cr 36:15,16).

Autor. Se desconoce el autor humano. Se cree que Jeremías compiló los registros hechos por Natán, Gad y otros.

Época. Desde el reinado de Joram sobre Judá y Ocozías sobre Israel, hasta el cautiverio, que abarca un período de trescientos ocho años, desde 896 hasta 588 a.C.

Bosquejo

I. Final del ministerio de Elías (1 — 2:13)

II. Ministerio de Eliseo (2:14 — 13:21)

III. Decadencia y caída de Israel (13:22 — 17:41)

IV. Decadencia y caída de Judá (18 — 25)

I. Final del ministerio de Elías (1 — 2:13)

1. Elías y Ocozías (1:1-18).

2. El traslado de Elías al cielo (2:1-13).

¿Quién se enfermó en ese tiempo? ¿Qué clase de hombre era él? ¿Cuál era su gran pecado? (Éx 20:3; Dt 5:7). ¿Qué juicio fue pronunciado contra él? ¿Cómo se describe a Elías? (1:8).

Toda apariencia de crueldad en la suerte de los capitanes y sus hombres será eliminada al considerar plenamente las circunstancias. Siendo Dios el Rey de Israel, Ocozías estaba en el deber de gobernar el reino de acuerdo con la ley divina; detener al profeta de Dios por desempeñar un deber ordenado era el acto de un notorio y rebelde impío. Los capitanes ayudaron al rey en su rebelión, y se excedieron en su deber militar usando insultos peyorativos. Al emplear el término "varón de Dios", hablaron ya sea burlonamente, pensando que no era un verdadero profeta; o si lo consideraban como un verdadero profeta, la exigencia de que se rindiera y se sometiera al rey, era un insulto aún más flagrante, ya que el lenguaje del segundo capitán era peor que el del primero. El castigo fue infligido, no para vengar un insulto personal a Elías, sino un insulto a Dios en la persona de su profeta; y el castigo tampoco fue infligido por el profeta, sino por la mano de Dios.

¿Qué se había propuesto hacer el Señor? (2:1). ¿Quiénes sabían acerca de esto? (2:3). ¿Qué milagro hizo Elías en el Jordán? ¿Qué petición hizo Eliseo? ¿Con qué condición se le concedió?

II. Ministerio de Eliseo (2:14 — 13:21)

Los acontecimientos principales del ministerio de Eliseo:

1. Separación de las aguas del Jordán (2:14).
2. La sanidad de las aguas malas (2:19-22).
3. La maldición de los jóvenes irreverentes (2:23-25).
4. Su reprensión por la alianza de Josafat y Joram (3:10-27).
5. El aumento del aceite de la viuda (4:1-7).
6. La resurrección del hijo de la mujer sunamita (4:8-37).
7. La sanidad de la olla mortífera (4:38-41).
8. La alimentación de los 100 hombres (4:42-44).
9. La sanidad de Naamán (5:1-27).
10. El hacha perdida recobrada (6:1-7).
11. Eliseo y el ejército sirio (6:8-23).
12. La promesa de Eliseo de alimento (7:1-20).
13. Su predicción de siete años de hambre (8:1,2).
14. La visita de Eliseo a Ben-adad (8:7-15).
15. Su envío de un profeta para ungir a Jehú como rey (9:1-10).
16. Enfermedad y muerte de Eliseo (13:14-21).

Nótese la referencia de los "hijos de los profetas" (2:3). Nos damos cuenta de que en aquella época había escuelas en las que se preparaban a los jóvenes israelitas para el ministerio profético (cf. 1 S 10:5-10; 2 R 6:1).

El capítulo 2:23 ha presentado dificultades a muchas personas. Citamos de diferentes comentaristas:

Los muchachos mencionados aquí eran los infieles o jóvenes idólatras de aquel lugar, quienes al parecer no creían el informe del traslado de su maestro (Elías), y lo instaban sarcásticamente a que lo siguiera en su gloriosa carrera. La expresión "calvo" era un calificativo peyorativo en el Oriente, aplicado aun a personas con mucho cabello.

Las personas de quienes se trataba no eran pequeñuelos traviesos, sino jóvenes que sabían lo que decían y hacían. Ni tampoco debemos pasar por alto el hecho de que esos jóvenes pertenecían a una ciudad que era el centro y asiento principal de la apostasía, y que, por esta razón, era llamada "Ben-avén", es decir, la casa del ídolo, en vez de "Bet-el" (Casa de Dios). Así que eran literalmente del linaje de los apóstatas y representaban en general la casta de los apóstatas que se estaba desarrollando. Los antiguos expositores suponen que los mayores habían incitado a los jóvenes, y que el objeto era ridiculizar y despreciar desde el comienzo de su carrera al nuevo jefe de la clase de los profetas. De manera que, cuando Eliseo amenazó con castigo divino a los jóvenes imprudentes que despreciaban en la persona del santo profeta el sagrado oficio al cual Jehová lo había llamado, no era inmoralidad ni era indigno de él. Más bien hizo lo que le correspondía a su oficio profético. Sin embargo, él mismo no ejecutó el castigo; dejó eso en las manos de Aquel que dice: "Mía es la venganza; yo pagaré." Fue el juicio de Dios el que recayó sobre esos jóvenes, e indirectamente sobre toda la ciudad de donde venían, y este juicio divino se apoyaba en la amenaza de la ley, que dice: "Y si anduviereis conmigo en oposición, y no me quisiereis oír, yo añadiré sobre vosotros siete veces más plagas según vuestros pecados. Enviaré también contra vosotros bestias fieras que os arrebaten vuestros hijos, y destruyan vuestro ganado, y os reduzcan en número, y vuestros caminos sean desiertos" (Lv 26:21,22).

III. Decadencia y caída de Israel (13:22 — 17:41)

¿Qué naciones fueron enviadas en contra de Israel? (13:22; 15:19,29). ¿Cuáles eran los sentimientos de Jehová hacia Israel? (13:23; 14:26,27). ¿Bajo qué reinado tuvo lugar el cautiverio de Israel? (cp. 17). ¿Cómo apresuró éste el juicio de Israel? (17:4). Veamos la acusación de Dios sobre Israel en 17:7-23.

La emigración forzada de las tribus para Asiria fue el resultado del despótico principio que había sido aceptado por todo el Oriente, es decir, que era correcto impedir una sublevación de las naciones subyugadas. En este caso no era un simple traslado a otro país, sino también el comienzo de la disolución de las diez tribus como una nación. Ninguna provincia en particular de la Asiria les fue asignada como su morada, sino varias, las cuales estaban muy separadas unas de las otras de manera que, aun cuando ésta o aquella tribu hubiera podido permanecer más o menos junta, las diferentes tribus fueron esparcidas por todo el territorio de una nación extranjera, sin la más mínima conexión orgánica la una con la otra. Nunca más volvieron a unirse; por el contrario, gradualmente se disolvieron en las naciones vecinas, de tal manera, que hoy día nadie sabe lo que sucedió con ellas, y todo intento por descubrir los restos de estas tribus ha sido en vano. En este sentido el exilio de las diez tribus difiere del de Judá y Benjamín. El destierro en Babilonia fue temporal; duró un período definido que había sido predicho por los profetas (2 Cr 36:21; Jer 29:10). No fue como el exilio en Asiria, que fue un período de disolución nacional. Judá no pereció en el exilio; antes ganó fuerzas y finalmente volvió a la tierra prometida, mientras que de las diez tribus sólo algunas que se habían unido a Judá, y que habían llegado a ser parte de la misma, pudieron regresar. Las diez tribus, mediante la violenta separación del resto de la nación, quebraron la unión del pueblo escogido, y para poder mantener esa separación del pueblo de Dios, se rebelaron contra el pacto nacional con Jehová. El rompimiento del pacto fue la piedra angular de su existencia como una nación separada. De esta manera, también habían abandonado el destino del pueblo de Dios en la historia del mundo. Era el fragmento más grande de la nación, pero fueron sólo un miembro que fue arrancado de la estirpe; una rama separada del tronco que necesariamente tenía que marchitarse. Después de doscientos cincuenta años de existencia separada, cuando todas las pruebas de la gracia y fidelidad divinas habían resultado en vano, fue la suerte natural de las diez tribus perecer y dejar de ser una nación independiente. El Señor los quitó de su vista. Sólo quedó la tribu de Judá (17:18). El caso fue diferente con Judá. Aun cuando había pecado frecuente y profundamente en contra de su Dios, nunca se rebeló ni en forma ni en principios contra el pacto, mucho menos fue su existencia edificada sobre el hecho del quebrantamiento real del pacto. Siguió siendo la que sostenía y preservaba la ley, y por lo tanto la promesa. Su deportación fue un castigo duro y merecido; pero no pereció por eso ni desapareció de la historia como nación, sino que fue preservada hasta que vino Aquel de quien se dijo: "Y le dará el Señor Dios el trono de David su padre: Y reinará en la casa de Jacob por siempre; y de su reino no habrá fin" (Lc 1:32,33).[1]

Para tomar el territorio de los israelitas, el rey de Asiria envió colonos de sus dominios. La idolatría de ellos les trajo el juicio de Dios en forma de la aparición de leones en medio de ellos. Entonces el rey de Asiria envió un sacerdote israelita para instruir a los colonos en la religión de Jehová. Ellos aceptaron esta religión, pero continuaron adorando ídolos. Se mezclaron con el residuo de las diez tribus que quedaron en la tierra y de esta unión surgieron los samaritanos. Más tarde abandonaron la idolatría y llegaron a ser celosos adherentes de la ley de Moisés. Después del cautiverio, ansiosos por llegar a ser israelitas, procuraron unirse con las dos tribus, Judá y Benjamín, pero fueron rechazados por Esdras y Nehemías (Esdras 4:1-3). Eso dio principio al odio. Los samaritanos más tarde construyeron un templo rival en el monte Gerizim y afirmaban que era el verdadero lugar de adoración (Jn 4:20). Más tarde este templo fue destruido por un rey judío. Los judíos los odiaban y con desprecio se referían a ellos como los "conversos de los leones", por las circunstancias de su conversión.

¿Quién en su opinión fue el mejor rey de Israel? ¿El peor?

IV. Decadencia y la caída de Judá (18 — 22)

El reino de Judá duró unos ciento cincuenta años más que el de Israel. Su historia es mucho más brillante que la de Israel. Mientras que Israel sufrió muchos cambios de dinastía, el linaje real de David fue conservado intacto en Judá. Mientras que la historia de Israel presenta una sucesión de revueltas y usurpaciones, la historia de Judá es comparativamente pacífica. La preservación de Judá puede ser explicada por el hecho de que por medio de ellos el Mesías vendría.

Los capítulos 24 y 25 registran el cautiverio de Judá. Hay tres épocas de ésta:

1. La primera invasión de Nabucodonosor (24:1,2).

---

1 Bahr.

2. La primera deportación a Babilonia (24:11-16).

3. El sitio y la destrucción de Jerusalén y la deportación final (cp. 25).

Nótese que como en el caso de las diez tribus, fue la rebelión del rey de Judá contra la nación invasora lo que causó la deportación final (24:20). Véase la acusación o condena de Dios sobre Judá (2 Cr 36:15,17).

¿Cuál fue en su opinión el reinado o la edad de oro de Judá? ¿Cuál fue el peor reinado?

REYES Y PROFETAS DE JUDÁ Y DE ISRAEL

Reyes de Judá	Profetas de Judá	Reyes de Israel	Profetas de Israel
	Sedequías		
Ocozías			
Atalía			
Joás		Joram	Eliseo
Amasías		Jehú	
Azarías (Uzías)			Jonás
	Isaías	Joacaz	
		Joás	
	Amós	Jeroboam II	
	Oseas	Zacarías	Joel
		Salum	
		Manahem	
Jotam		Pekaía	
Acaz		Peka	
Ezequías	Miqueas	Oseas	
Manasés	Nahúm		
Amón			
Josías			
	Sofonías		
Joacaz	Jeremías		
Joacim			
Joaquín	Habacuc		

13

Primero y segundo de Crónicas

Considerando que los libros de Crónicas abarcan, en su mayoría, el material que se encuentra en 2 Samuel y en 1 y 2 Reyes, creemos necesario sólo presentar una introducción.

Tema. Los traductores griegos de la Biblia se refieren a estos libros como "las cosas omitidas", porque suplen mucha información que no se encuentra en los libros de los Reyes. Aunque Reyes y Crónicas muestran gran similitud en su contenido, están escritos desde diferentes puntos de vista. El primero desde el punto de vista humano, y el segundo desde el divino. Por ejemplo: 1 Reyes 14:20, al relatar la muerte de Jeroboam, dice que "durmió con sus padres". Ese es el punto de vista humano. Segundo de Crónicas 13:20, al referirse el mismo suceso, dice que "Jehová lo hirió, y murió". Ese es el punto de vista divino. Un escritor ofrece la interesante comparación que sigue, para demostrar la diferencia entre Reyes y Crónicas.

1. Se escribieron los libros de Reyes poco después del principio del cautiverio en Babilonia. Se escribieron los de Crónicas poco después del regreso del cautiverio.

2. Un profeta, Jeremías, compiló los libros de Reyes; un sacerdote, Esdras, compiló los de Crónicas.

3. Los libros de Reyes dan énfasis al trono de los reyes terrenales; los de Crónicas, al trono terrenal (el templo) del Rey celestial.

4. Los libros de Reyes tratan de Judá e Israel; los de Crónicas, de Judá, mencionándose incidentalmente a Israel.

5. Los de Reyes son libros políticos de la realeza; los de Crónicas, eclesiásticos y sacerdotales.

Autor.

No se sabe con certeza quién fue el escritor de Crónicas, pero es probable que sea correcta la prevaleciente creencia de los judíos como se encuentra en el Talmud. Allí se declara a Esdras como el revisor de los registros que fueron escritos y preservados por hombres dignos de confianza. Esos registros escritos por hombres como Samuel, Natán, Gad, Iddo, etc., fueron inspirados por Dios y Esdras fue inspirado además para escoger de entre ellos y juntar sus selecciones en una narración continua. Puede haber muy poca duda de que la historia en Crónicas la escribió Esdras al volver del cautiverio babilónico a fin de animar al pueblo en la reconstrucción del templo.

Época. Desde la muerte de Saúl hasta el decreto de Ciro, que abarca un período de quinientos veinte años desde 1056 hasta 536 a.C.

14

Esdras

Como los libros de Esdras, Nehemías y Ester están tan íntimamente relacionados y tratan del mismo período, ofrecemos aquí los acontecimientos principales que relatan estos libros a fin de tener una idea de la historia del período que siguió al cautiverio.

1. El regreso de los desterrados bajo Zorobabel, 536 a.C.
2. La reconstrucción del templo, 536 a.C.
3. El ministerio de los profetas Hageo y Zacarías, 520 a.C.
4. La dedicación del templo, 515 a.C.
5. Los acontecimientos relatados en el libro de Ester, 478 a 473 a.C.
6. Esdras visita a Jerusalén 458 a.C.
7. Nehemías enviado a Jerusalén como gobernador; reconstruye el muro, 446 a.C.
8. Malaquías profetiza.

Tema. La clave de Esdras es restauración. Una comparación con los libros de Reyes y de Crónicas revelará eso. Los de Reyes y de Crónicas registran la destrucción del templo de Israel; Esdras, su reconstrucción. Los primeros dan un cuadro oscuro de una nación corrompida por la idolatría; el segundo muestra una nación completamente purificada del culto idólatra. Los primeros registran el descuido de la ley; el otro, su restauración al lugar que corresponde en el corazón del pueblo. Los primeros registran la mezcla de Israel con los paganos; el otro, la separación completa de Israel de la influencia y las costumbres paganas. Esdras expresa una lección admirable de la fidelidad de Dios. Fiel a su promesa (Jer 29:10-14), levanta la mano para restaurar a su pueblo a su tierra y, al hacerlo, usa a los reyes paganos Ciro, Darío, Artajerjes como sus instrumentos.

Autor. El hecho de que el libro está escrito en la primera persona singular, por Esdras (cps. 7 y 9) indica que él fue el autor. Esdras fue el primero de esa clase conocida como los escribas, quienes eran los redactores oficiales e intérpretes de las Escrituras. Esdras se dedicó al estudio de la Palabra de Dios con el propósito de exponerla al pueblo (7:10). Se le ha atribuido la obra de arreglar el canon del Antiguo

Testamento; es decir, de compilar en un libro los escritos que fueron inspirados por Dios.

Época. Desde el retorno de Babilonia hasta el establecimiento en Palestina, que abarca un período de setenta y nueve años, de 536 a 457 a.C., más o menos.

Bosquejo

I. El regreso bajo Zorobabel (1 — 6)

II. El regreso bajo Esdras (7 — 10)

I. El regreso bajo Zorobabel (1 — 6)

1. El decreto de Ciro (1).

2. El regreso del remanente (2).

3. La colocación del fundamento del templo y la restauración del culto antiguo (3).

4. La oposición de los samaritanos (4 y 5).

5. La dedicación del templo (6).

Ciro fue el rey de Persia que derrotó el imperio babilónico, en cumplimiento de la profecía divina (Is 14:22; Jer 27:7; Dn 5:28). Isaías había profetizado su decreto permitiendo el regreso de los judíos. Llamó a Ciro por su nombre doscientos años antes del nacimiento de éste, refiriéndose a él como el libertador del pueblo de Dios y el reconstructor del templo (Is 44:28; 45:1-4). Josefo, historiador judío, dice que Daniel le reveló esas profecías a Ciro, y el monarca fue afectado de tal manera por ellas y tuvo tan buena disposición hacia el pueblo cautivo, que publicó un decreto permitiéndoles volver a su país.

¿A quién usó Dios para efectuar el regreso de su pueblo? (1:1). ¿El mandamiento de quién decía Ciro que estaba obedeciendo? (1:2). ¿Dónde encontró él ese mandato? (Is 44:28). ¿Cuáles tribus regresaron? (1:5). ¿Quién fue su jefe? (1:8). ¿Por cuál otro nombre es conocido? (2:2). ¿Cuántos regresaron en esta ocasión? (2:64). ¿Qué fue la primera cosa que hizo el remanente? (3:1-3). ¿Cuánto tiempo después de su regreso fue iniciada la construcción del templo? (3:8). ¿Qué efecto produjo esto en el pueblo? (3:10-13). ¿Quiénes deseaban ayudar en la construcción del templo? (4:2; cf. 2 R 17:24-41). ¿Aceptó el gobernador la ayuda de esta gente medio pagana? ¿A qué condujo ese rechazo? (4:4). ¿Cuánto tiempo ha durado la enemistad originada de esta manera? (Jn 4:9). ¿Qué forma activa tomó la oposición? ¿Cuál fue el resultado de esta oposición?

(6:1-14). ¿Cómo fue celebrada la dedicación del templo (6:17). ¿Cuántas de las tribus estaban representadas en esta ocasión? (6:17).

II. El regreso bajo Esdras (7 — 10)

1. La comisión de Esdras (7:1-28).
2. Los compañeros de Esdras en el regreso (8).
3. El pecado confesado (9).
4. El pecado abandonado (10).

¿En el reinado de quién volvió Esdras a Jerusalén? ¿De quién descendía Esdras? (7:5). ¿Cómo es descrito él? (7:6,12). ¿Cuál fue su propósito en ir a Jerusalén? (7:10). ¿Qué comisión se le había dado? (7:25,26). ¿Con qué inició Esdras su regreso? (8:21). ¿Cómo demostró su fe absoluta en Dios? (8:22). ¿Qué ley respecto a sus relaciones con el pueblo pagano habían quebrantado los judíos? (9:1; cf. Éx 34:15,16; Dt 7:3). ¿A qué conducía siempre esta infracción de la ley? (1 R 11:4). ¿Qué efecto tuvo en Esdras esta infracción? ¿Cuáles fueron los sentimientos del pueblo al comprender su pecado? (10:1). ¿Qué pacto hicieron con Dios? ¿Qué proclamación hizo Esdras? (10:7). ¿Fue grande la convicción del pueblo?

Nótese que la acción de los judíos en abandonar a sus esposas e hijos paganos era algo severa, pero debe recordarse que anteriormerte el matrimonio con los paganos había conducido al pueblo al pecado y a la idolatría, y era necesario que la tribu de Judá se mantuviera pura, porque a través de ella vendría el Mesías.

15
Nehemías

Tema. Este libro gira alrededor de una persona, Nehemías. Es la autobiografía de un hombre que sacrificó una vida de lujo y facilidad para poder ayudar a sus hermanos necesitados en Jerusalén. Describe a un hombre que combinó la espiritualidad con lo práctico, uno que sabía tanto orar como trabajar. Absolutamente valeroso, se negó a hacer arreglos con los enemigos por fuera o con el pecado por dentro. Después de reconstruir el muro de Jerusalén y de efectuar muchas reformas generales entre el pueblo, humildemente le dio la gloria a Dios por todo lo que se había hecho. La lección principal que enseña su vida es que la oración y la perseverancia vencerán todos los obstáculos.

Autor. Nehemías.

Época. Desde el viaje de Nehemías a Jerusalén hasta la restauración del culto del templo, que encierra un período de alrededor de doce años, desde 446 a 434 a.C.

Bosquejo

I. La construcción del muro de Jerusalén (1 — 6)

II. El avivamiento de la religión y la restauración del culto (7 — 13:3)

III. La corrección de los abusos (13:4-31)

I. La construcción del muro de Jerusalén (1 — 6)

1. La oración y la comisión de Nehemías (1 y 2).

2. Los constructores del muro (3).

3. La oposición de los samaritanos (4).

4. Los nobles reprendidos por su opresión al pueblo (5).

5. La conclusión de la obra de edificación (6).

¿Qué noticias recibió Nehemías? (1:1-3) ¿Qué efecto produjo esto en él? ¿Con cuánta frecuencia oraba por Israel? (1:6) ¿Qué puesto ocupaba Nehemías?

En las antiguas cortes orientales, siempre el copero era una persona de rango e importancia. Por lo confidencial de sus obligaciones y su acceso frecuente a la presencia real, poseía una gran influencia. Jenofonte, historiador griego, ha señalado particularmente la manera tan agraciada y pulida que los coperos de los monarcas medos y persas desempeñaban su deber de presentar el vino a sus amos reales. Habiendo lavado la copa en la presencia del rey y vaciado en su mano izquierda un poco del vino el cual tomaba en su presencia, luego le daba la copa al rey; no la sostenía fuertemente, sino con las puntas de los dedos.

¿Qué causó indirectamente que Nehemías fuera enviado a Jerusalén? (2:1,2). Nótese que el temor de Nehemías se explica por el hecho de que se consideraba muy impropio aparecer en la presencia del rey con señales de tristeza o de llanto. ¿Qué hizo Nehemías antes de hacer su petición al rey? (2:4). ¿Quiénes se sintieron mal por su venida a Jerusalén? (2:10,19). ¿Cuál fue el primer intento por desanimar a Nehemías? (4:1-3). ¿Cómo afrontó tal intento? (vv. 4-6). ¿Qué segundo intento se hizo para desanimarlo? (4:7,8). ¿A qué recurrió él entonces? (v. 9). ¿Qué otro desaliento vino en este tiempo? (4:10,16). ¿Qué precauciones tomó Nehemías contra un ataque por sorpresa? (4:16-23). ¿A qué se había visto obligado el pueblo por causa de su pobreza? (5:1-3). ¿Quiénes eran los culpables de esta opresión? (v. 7). ¿Qué ejemplo había puesto Nehemías ante los nobles? (5:14-19). ¿Qué otros intentos fueron hechos para estorbar la obra de Nehemías? (cp. 6). ¿Qué revela 6:11 sobre el carácter de Nehemías? ¿Qué hecho desanimó a sus enemigos? (6:16). ¿Cuánto tiempo se tomó para edificar el muro? (6:15).

II. El avivamiento de la religión y la restauración del culto (7 — 13:3)

1. El censo del pueblo (7).

2. La lectura de la ley (8).

3. El arrepentimiento y la nueva consagración del pueblo (9 y 10).

4. La repoblación de Jerusalén (11).

5. La dedicación del muro y la restauración del servicio del templo (12 — 13:3).

¿A quién dejó Nehemías encargado de Jerusalén mientras él volvió al rey de Persia? (7:2). ¿Qué precauciones debía de tomar el pueblo en contra de los ataques por sorpresa? (7:3).

Antes de salir, Nehemías hizo otro censo del pueblo, basado en el que había tomado Esdras. Se hizo con el propósito de distribuir la tierra de acuerdo con el orden del linaje de cada familia, y para asegurar con exactitud a quién le pertenecía legalmente el deber de ministrar ante el altar y conducir los diferentes servicios del templo. El capítulo 7:73 ofrece el resultado de ese censo; es decir, que todas las familias estaban en sus propias ciudades.

¿Quién se unió a Nehemías más tarde? (8:1). ¿Con qué propósito? ¿Cuál fue el mandato de Moisés respecto a la lectura pública de la ley? (Dt 31:9-13). ¿Cuántos del pueblo se congregaron para escuchar la lectura de la ley? (8:2). ¿Quiénes explicaban su significado? (8:7,8). ¿Qué efecto produjo en el pueblo? (8:9). ¿Qué otro efecto produjo? (8:12). ¿Por cuántos días continuó esta lectura? (8:18). ¿Qué siguió a la lectura de la ley? (9:1-3). ¿Qué acontecimientos históricos fueron repasados en la oración de los levitas? ¿Qué hicieron entonces? (9:38). ¿Cuántos firmaron ese pacto? (10:28-39). ¿Qué se comprometieron a hacer mediante ese pacto? (10:28-39).

El capítulo 11 registra el establecimiento del pueblo en Jerusalén. Como esa ciudad era la metrópoli del país, era necesario que el asiento del gobierno y una población adecuada estuviera allí para su defensa y para custodiar sus edificios. En efecto, se escogió a uno de cada diez hombres de Judá y Benjamín por suerte para que viniera a ser un habitante permanente de esa ciudad.

III. La corrección de los abusos (13:4-31)

1. La violación de la santidad del templo (13:4-9).

2. La violación de la ley sobre los levitas (vv. 10-14).

3. La violación del día de reposo (vv. 15-22).

4. La violación de la ley de separación (vv. 23-31).

Después de sus primeras reformas, Nehemías había vuelto a la corte del rey de Persia (13:6). A su regreso a Jerusalén, encontró que el sacerdocio y el pueblo habían vuelto a caer en sus antiguos pecados. El sumo sacerdote estaba tolerando que un gobernador pagano viviera dentro de los límites sagrados del templo. Se había descuidado el sostenimiento del sacerdocio y el espíritu mercantilista estaba amenazando la santidad del día de reposo. Muchos se habían unido ilegalmente con los paganos. Con su celo y energía característicos, pronto Nehemías corrigió esos abusos.

16

Ester

Tema. El libro de Ester tiene una peculiaridad que lo distingue de cualquier otro libro de la Biblia; es decir, el nombre de Dios no se menciona ni una sola vez, ni tampoco hay referencia a la ley o a la religión judía. Pero si el nombre de Dios no se menciona, hay abundantes evidencias de su obra y de su cuidado para con su pueblo. El libro registra el rescate del pueblo por parte de Dios de una destrucción que los amenazaba. Al igual que salvó a su pueblo del poder de Faraón, rescató a Israel de manos del malvado Amán. En el primer caso se efectuó el rescate mediante una manifestación de su poder y una revelación de sí mismo; pero en el segundo caso permaneció invisible para su pueblo y para sus enemigos, efectuando la salvación por medio de conductos humanos y por medios naturales.

La ausencia misma del nombre de Dios en este libro constituye su principal hermosura y no debe considerarse como una mancha sobre él. Mathew Henry dice: "Si el nombre de Dios no está aquí, su dedo sí está." Este libro es, como lo llama el doctor Pierson, "el romance de la providencia". Por providencia queremos decir que en todos los problemas y acontecimientos de la vida humana, sean individuales o nacionales, participa Dios. Pero ese predominio es uno secreto y oculto. De aquí que, en esta admirable historia que enseña la realidad de la divina providencia, el nombre de Dios no aparece. Sólo según el ojo de la fe se ve el factor divino en la historia humana; pero para el observador atento, toda la historia es una zarza ardiente inflamada por la misteriosa presencia divina. La tradición judía da Deuteronomio 31:18 como otra razón por la cual el nombre de Dios no se menciona. Por causa del pecado de ellos, Dios había escondido su rostro de Israel. No obstante, aunque escondió su rostro, no se olvidó de su pueblo ni dejó de interesarse por él, aunque lo hizo tras un velo.[1]

---

1 Lee.

El mensaje del libro puede resumirse así: La realidad de la divina providencia.

Autor. Desconocido. Probablemente Mardoqueo (véase 9:20). Algunos creen que lo escribió Esdras.

Época. Entre los capítulos 6 y 7 de Esdras. antes que Esdras saliera para Jerusalén.

Bosquejo

Siguiendo la sugerencia de Roberto Lee, de la Escuela Bíblica Mildmay, centralizamos el contenido del libro alrededor de las tres fiestas que menciona.

   I. La fiesta de Asuero (1 y 2)

  II. La fiesta de Ester (3 — 7)

 III. La fiesta de Purim (8 — 10)

I. La fiesta de Asuero (1 y 2)

1. La desobediencia de Vasti (1).

2. La coronación de Ester (2:1-20).

3. Mardoqueo salva la vida del rey (2:21-23).

El hecho de que Vasti se negara a obedecer una orden que requería que se expusiera de una manera indecorosa ante un grupo de borrachos desordenados, correspondía a la modestia de su sexo y a su rango como reina, pues según las costumbres persas, la reina, más que las esposas de otros hombres, estaba excluida de la vista del público; y si la sangre del rey no hubiera estado alterada con el vino, o su razón ofuscada por la fuerza de su orgullo ofendido, habría comprendido que su propio honor, tanto como el de ella, estaba protegido por la conducta digna de ella. Es probable que los sabios a quienes el rey consultó fueran los magos, sin cuyo consejo en cuanto al tiempo propicio de hacer algo, los reyes persas nunca daban ningún paso; y las personas mencionadas eran los "siete consejeros" que formaban el ministerio del estado. Parece que la sabiduría combinada de todos fue puesta de acuerdo para consultar con el rey qué medidas debían tomarse después de una actitud sin precedente, como la desobediencia de Vasti a la orden real. Casi nos es posible imaginar el asombro producido por esta negativa en un país donde la voluntad del soberano era absoluta. Los grandes que se habían reunido estaban petrificados de horror ante la atrevida afrenta. Gran alarma se apoderó de su mente por las consecuencias que pudieran venir sobre cada uno de ellos; el ruido de la orgía bacanal se acalló y se tornó en una consulta profunda y ansiosa acerca de cuál sería el castigo que se le infligiría a la reina.[1]

Nótese lo que se dice en el versículo 19 respecto a la ley de los medos y persas. Parece que los persas alardeaban de poseer un grado tan alto de sabiduría en la elaboración de sus leyes, que nunca podían enmendarse o abrogarse; y en esto se basaba el dicho "la ley de los medos y los persas que no puede abrogarse". Evidentemente a Asuero le pesó el trato dado a Vasti (2:1), pero según la ley que hacía que la palabra de un rey persa fuera irrevocable, no podía retractarse por la ley.

El capítulo 2:3,4 se refiere a una desagradable costumbre del Oriente. Cuando llegaba la orden de la corte del rey para que una joven se presentara ante el rey, no importa cuán disgustados estuvieran los padres, no se atrevían a negarse. Así que Ester fue obligada a entrar en la corte de Asuero. Debe tenerse en cuenta que en el Oriente, donde prevalecía la poligamia, no se consideraba una desgracia que una joven perteneciera al harén de un gobernante. Cada una de ellas se consideraba una esposa del rey.

Nótese que Mardoqueo había dicho a Ester que ocultara su nacionalidad (2:10). Si Ester hubiera dado a conocer esto, habría interferido con su promoción al rango de reina, pues los judíos eran generalmente despreciados. En este mandato de Mardoqueo a Ester, vemos una indicación de la dirección divina, pues ¿no fue por causa de ser la reina que Ester pudo salvar a su pueblo?

El capítulo 2:21 menciona otro eslabón en la cadena de la providencia de Dios. Mardoqueo protege la vida del rey contra los conspiradores y eso quedó registrado en las crónicas del reino. Ese incidente tuvo un lugar importante en el rescate de los judíos, como veremos más adelante.

II. La fiesta de Ester (3 — 7)

1. La intriga de Amán (3).
2. Lamento de los judíos (4).
3. Petición de Ester (5).
4. Exaltación de Mardoqueo (6).

---

1 James, Fausset y Brown.

5. Muerte de Amán (7).

Las citas dadas en la sección siguiente se han tomado del comentario de James, Fausset y Brown:

> El zalamero homenaje de postración, no del todo extraño en las costumbres del Oriente, no había sido reclamado por los visires (visir: primer ministro) anteriores; pero Amán requería que todos los oficiales subordinados de la corte se postraran ante él con el rostro hacia la tierra. Pero para Mardoqueo tal actitud de profunda reverencia era debida sólo a Dios. Siendo Amán un amalecita, uno de la raza maldecida y condenada, era indudablemente otro elemento que coadyuvaba en la negativa de Mardoqueo; y cuando aquél supo que el ofensor era un judío, cuya falta de conformidad se basaba en escrúpulos religiosos, la magnitud de la afrenta le pareció mucho mayor, porque el ejemplo de Mardoqueo sería imitado por sus compatriotas. Si el homenaje hubiera sido una sencilla muestra de respeto civil, Mardoqueo no se habría negado a hacerlo; pero los reyes persas exigían una especie de adoración, que hasta los griegos consideraban una degradación expresarla, y que para Mardoqueo hubiera sido una violación del segundo mandamiento.

Amán estaba tan enfurecido porque Mardoqueo se negaba a adorarlo que resolvió destruir toda la raza judía, y para señalar un día para la ejecución de su propósito, echó pur: es decir, echó suerte (3:7).

Al recurrir a ese método de asegurar el día más propicio para poner en acción su proyecto atroz, Amán hizo lo que los reyes y nobles de Persia siempre hacían: nunca tomaban parte en ninguna empresa sin consultar a los astrólogos y estar satisfechos en cuanto a la hora propicia. Haciendo voto de venganza, y no contento con poner las manos sobre una sola víctima, meditaba en la eliminación de todos los judíos, que él sabía eran enemigos acérrimos de sus compatriotas. Haciendo aparecer artificialmente a los judíos como un pueblo que era extraño en sus costumbres y enemigo del resto de los súbditos del reino, procuró obtener la aprobación del rey para la matanza. Un motivo usado para instar en su punto fue dirigido hacia el amor del rey hacia el dinero. Temiendo que su amo dijera que la extirpación de un cuerpo numeroso de sus súbditos rebajara mucho las contribuciones públicas, Amán prometió hacer retribución por la pérdida (3:9).

Aun cuando no hay referencias directas a la religión judía, el hecho de que Ester y Mardoqueo ayunaran, implica oración a Dios. Nótese también, que aunque el nombre de Dios no es mencionado, el versículo 4:14 enseña claramente la fe en el cuidado y protección de Dios. Parece que Mardoqueo tenía una plena seguridad de que Dios libraría a su pueblo, y que en la providencia de Dios, Ester había llegado al trono con el propósito de rescatar a su pueblo.

Según las circunstancias naturales, ¿había esperanza de que el rey oyera a Ester? (4:11). ¿Qué esperaba Ester? (4:16). ¿Cómo se manifestó la influencia de Dios en su favor? (5:3). ¿Rogó ella de inmediato por el rescate de su pueblo? ¿Qué debía suceder antes que ella hiciera esto? (6:1,10). ¿Qué versículo de la Biblia se ilustra en 7:10? (Pr 26:27 Sal 9:15).

III. La fiesta de purim (8 — 10)

1. El decreto del rey permitiendo que los judíos se protegieran (8).

2. La venganza de los judíos (9:1-19).

3. La institución de la fiesta de purim (9:20-32).

4. La grandeza de Mardoqueo (10:1-3).

Puesto que las leyes de los medos y persas eran irrevocables (1:19; Daniel 6:8), el mandato del rey de destruir a los judíos no podía cambiar. Pero para poder contrarrestar esta orden, el rey les dio permiso a los judíos de defenderse. Con el apoyo del rey y del gobierno y de un primer ministro judío, la victoria fue asegurada. Pero detrás de todos esos medios naturales, estaba el Dios invisible que estaba protegiendo a los suyos.

¿Cuáles fueron los sentimientos de los judíos al oír el decreto del rey? (8:16,17). ¿Qué efecto produjo en los paganos? (8:17). ¿A cuántos de sus enemigos mataron los judíos? (9:16). ¿Cómo celebraron los judíos su victoria?

Ellos llamaron estos días "Purim", siguiendo el nombre de "Pur" (9:26). "Pur" en la lengua persa significa "suerte" y la fiesta de "Purim" o "Suertes" tiene referencia al tiempo que había señalado Amán mediante la decisión de las suertes (3:7). En consecuencia del notable rescate nacional que les concedió Dios contra las maquinaciones del infame Amán, Mardoqueo les ordenó a los judíos que conmemoraran el acontecimiento mediante festival de aniversario que duraría dos días, de acuerdo con los dos días de guerra de defensa que tuvieron que sostener. Había una pequeña diferencia en el tiempo de ese festival, pues los judíos en las provincias, habiéndose defendido en el día trece, dedicaron el catorce a la festividad; mientras que sus hermanos en Susa, habiendo extendido la obra dos días, no observaron su fiesta de dar gracias hasta el día quince. Pero eso fue remediado por la autoridad que señaló el día decimocuarto y el decimoquinto del mes de Adar. Llegó a ser una temporada de gratas memorias al cuerpo universal de judíos: y por las cartas de Mardoqueo distribuidas por todas partes del imperio persa, fue establecida como una fiesta anual, cuya celebración aún se guarda. En ambos días de la fiesta, los judíos modernos leen el libro de Ester en sus sinagogas. La copia no debe ser impresa, sino escrita en pergamino (piel de ternera) en forma de rollo: y los nombres de los diez hijos de Amán están escritos en ésta de una manera peculiar, siendo arreglados como muchos cuerpos en la horca. El lector debe pronunciar todos los nombres en una sola aspiración. Siempre que se pronuncia el nombre de Amán, hacen un ruido terrible en las sinagogas. Algunos golpean el suelo con los pies y los muchachos tienen martillos con los cuales hacen ruido. Se preparan de antemano para su carnaval con un ayuno, que debe continuar por tres días, imitando al de Ester; pero por lo general ya lo han reducido a un día.

Lecciones del libro de Ester.

1. Aun cuando algunas veces los buenos sufren y los malos prosperan, Dios al fin invertirá el orden. Amán, un cruel tirano, proyectó la destrucción de Mardoqueo y de su nación; pero al final, Amán fue degradado y Mardoqueo exaltado.

2. El cuidado de Dios por su pueblo tal vez no sea siempre un hecho manifiesto; sin embargo, se está efectuando. El nombre de Dios no se menciona en este libro, pero las evidencias de su cuidado y protección abundan. Un escritor ilustra esa verdad mediante la figura de un director teatral, quien aun cuando está oculto detrás de las escenas, tiene una parte importante en la representación de la obra.

El gran Vengador parece indiferente; la historia en sus páginas sólo señala una lucha mortal en las tinieblas entre los sistemas antiguos y la Palabra: la verdad siempre en un cadalso, la maldad siempre en el trono. Sin embargo, ese cadalso al futuro domina, y, tras el ocaso ignoto de la maldad, está Dios entre la sombra, velando por los suyos.[1]

3. Dios ve de antemano y provee para cada emergencia; con Él, nada sucede por casualidad. Dios previó desde el principio la destrucción que se intentaría contra su pueblo, y proveyó lo necesario para esa emergencia. Una pobre muchacha judía llega a ser reina y de esta manera fue capacitada para salvar a su pueblo. Dios vio de antemano que Amán procuraría destruir a Mardoqueo; por lo tanto, ordenó los acontecimientos de modo que un insomnio condujera al rey a la exaltación de Mardoqueo. Dios previó que como los decretos de los medos y persas eran inmutables, los judíos tendrían que luchar por salvar su vida; así que puso temor sobre el pueblo y permitió que los judíos hallaran gracia ante los gobernantes.

4. La providencia de Dios emplea detalles. El accidente del insomnio del rey, su ocurrencia de que se le leyera el libro de las memorias, que el lector de dicho libro fuera a leer accidentalmente el relato del acto de Mardoqueo en salvar la vida del rey y el hecho de que el rey recibiera a Ester sin ser llamada, sucesos al parecer accidentales e insignificantes, fueron usados por Dios para rescatar a su pueblo.

---

1 Lowell.

SEGUNDA PARTE

EL ANTIGUO TESTAMENTO
POESÍA Y PROFECÍA

17

Job

Tema. El libro de Job trata de uno de los grandes misterios: el sufrimiento. La pregunta que resuena por todo el libro es: ¿Por qué sufren los justos? Job, un hombre descrito como perfecto, es despojado de su riqueza, de sus hijos y de su salud. Él soporta esas aflicciones con fortaleza. No comprende la causa de estas calamidades, pero se resigna con el pensamiento de que Dios envía el mal a los hombres, así como también el bien, y que siendo Dios, tiene derecho de hacer lo que desee con sus propias criaturas. De manera que los hombres deben aceptar el mal sin murmurar, así como aceptan el bien de la mano de Dios. Los amigos de Job argüían que, como el sufrimiento era resultado del pecado, y siendo Job el más afligido de los hombres, debiera ser el más impío de los hombres. Job se indigna y niega la acusación de haber pecado y lleva su negación hasta el punto de justificarse. En la conclusión de la discusión entre Job y sus amigos, Eliú habla, condenando al primero por su justificación propia y a los otros por su áspera condena de Job. Luego procede a explicar que Dios tiene un propósito al enviar el sufrimiento a los hombres; que Él castiga al hombre con el propósito de acercarlo más a Él. Dios usó las aflicciones para probar el carácter de Job, y como un medio de revelarle un pecado del cual hasta entonces no se había dado cuenta: la justificación propia.

Autor. Se desconoce el autor del libro de Job. Se cree que pudo haberlo escrito Eliú (32:16).

Bosquejo

I. El ataque de Satanás contra Job (1:1 — 2:10)

II. Job y sus amigos (2:11 — 31:40)

III. El mensaje de Eliú (32 — 37)

IV. La respuesta de Jehová a Job (38 — 42:6)

V. Conclusión (42:7-17)

I. El ataque de Satanás contra Job (1:1 — 2:10)

¿En qué otro lugar de las Escrituras es Job mencionado?

(Ez 14:14; Stgo 5:11). ¿Qué se dice acerca de su carácter? ¿De su prosperidad? ¿De su piedad?

Los "hijos de Dios" mencionados en 1:6 evidentemente son los ángeles que venían ante Dios en ciertas ocasiones, probablemente para dar un informe de su ministerio en la tierra (Heb 1:14). Como Judas entre los apóstoles, Satanás aparece con los ángeles. Es un misterio el por qué tenía acceso a la presencia de Dios; pero Apocalipsis 12:10 enseña claramente que tiene admisión al cielo y que allí actúa como el "acusador de nuestros hermanos" (véase también Lc 22:31). Nótese en el versículo 7 lo que Satanás dice acerca de su actividad con relación al mundo (cf. 1 P 5:8).

Dios apoya a Job como un hombre perfecto y temeroso de Dios, uno que ha escapado de la corrupción del mundo. Satanás admite el hecho, pero impugna el motivo de Job. Su argumento es que Job sirve a Dios por conveniencia, porque esto le trae prosperidad. Al atacar a Job, Satanás también ataca a Dios, pues sus palabras conllevan la insinuación de que Dios no es capaz de ganar el amor desinteresado del hombre. Dios, queriendo vindicar su propio carácter y el de su siervo, no tiene otra alternativa sino la de someter a Job a una prueba. Es un consuelo saber que la aflicción causada por Satanás a los hijos de Dios sucede sólo con el permiso divino. En los versículos 1:21 y 2:10 vemos que Job justificó la confianza que Dios tenía en él.

II. Job y sus amigos (2:11 — 31:40)

Hemos visto la causa de las aflicciones de Job desde el punto de vista divino. Ahora escucharemos las opiniones de sus amigos acerca de sus dificultades. Debe recordarse que las palabras de ellos no son en sí inspiradas, pues el Señor mismo los acusó de error (42:8). Es el registro de esas palabras lo que es inspirado. Aunque estos hombres dijeron muchas cosas ciertas, no dijeron la verdad completa.

Resumen de los discursos de los amigos de Job:

1. Afirman que el sufrimiento es resultado del pecado. De modo que, si una persona está afligida, debe darse por seguro que ha pecado.

2. La medida de la aflicción indica el grado del pecado. Arguyen que Job es el hombre más afligido; por lo tanto, debe ser el mayor de los pecadores.

3. Le dicen a Job que, si se arrepiente de sus pecados, Dios lo restaurará a su felicidad. Le advierten que, si procura justificarse, eso demoraría su restauración.

4. Admiten que algunas veces los impíos prosperan, pero afir-

man que esta prosperidad es sólo transitoria, pues pronto pasará y la retribución les llegará.

Podemos resumir las respuestas de Job a sus amigos de la manera siguiente:

1. Job sostiene que es muy posible que un hombre justo sea afligido. Considera una crueldad por parte de sus amigos que lo acusen de pecado por causa de sus aflicciones. Él mismo no comprende el propósito de Dios al afligirlo. Toma por un hecho que Dios al distribuir el bien y el mal, no considera el mérito ni la culpa, sino que en su soberanía obra como Él desea. Cree que hay épocas en que el que sufre tiene el derecho de justificarse y quejarse por el decreto de Dios.

2. Más tarde Job se retracta de algunas de sus extravagantes aseveraciones y admite que por lo general Dios aflige a los impíos y bendice a los justos. Insiste en que hay excepciones a la regla como, por ejemplo, cuando un hombre piadoso es afligido. Por causa de estas excepciones, es injusto llegar a la conclusión de que un hombre es pecador por el hecho de sus sufrimientos.

3. Cree que es nuestro deber adorar a Dios aun cuando estemos sufriendo calamidades no merecidas; pero debemos abstenernos de juzgar duramente a los que, cuando están en angustia, se quejan contra Dios.

III. El mensaje de Eliú (32 — 37)

Puede resumirse el discurso de Eliú de la manera siguiente:

1. Dice a Job que hace mal en hacer alarde de su integridad (33:8-13). y de hacer aparecer que Dios le debe recompensas. Dios no es deudor de ningún hombre (35:7). Por muy justo que fuera Job, no tiene derecho de reconvenir a Dios, porque todos los hombres son pecadores ante su vista.

2. Admite que las calamidades son castigos por pecados cometidos, pero al mismo tiempo son para corregir. Pueden ser infligidas en los que son comparativamente más justos que otros. Si el objeto de la aflicción era alcanzado y el afligido reconocía su falta, Dios lo bendeciría con mayor felicidad de la que antes tenía (33:14-33). Luego expone la majestad y la perfección de Dios en la creación, y reprocha a Job por procurar razonar con Él, en vez de humillarse y confesar que es culpable (cps. 36 y 37).

IV. La respuesta de Jehová a Job (38 — 42:6)

Dios trata con Job sólo al entrar en discusión. No arguye

con Job, sino que le da las revelaciones por las cuales confronta a Job y sus propios argumentos erróneos. Primero reprende a Job por el error de haber introducido a Dios en el debate. Al juzgar a Dios, Job estaba suponiendo una especie de igualdad con la Persona y conducta que estaba midiendo, es decir, al Eterno, al Creador de todas las cosas. En los capítulos 38 y 39, Dios pone en tela de juicio la capacidad de Job para juzgar desde el punto de vista de uno familiarizado directa y personalmente con todas las cosas en su origen. Esto hace callar a Job, un hombre de tan breve existencia y original conocimiento. Dios entonces revela a Job su sorprendente destreza en modelar y gobernar los monstruos más espantosos del mundo antiguo, el behemot y el leviatán, el hipopótamo y el cocodrilo del Nilo. Todo esto, evidentemente, Dios lo hace como una ilustración de su poder para crear, por decirlo así, y para gobernar de manera benévola las más espantosas dificultades que un Padre todo sabio y amoroso pueda permitir al "león rugiente" infligir. Esto saca a Job de su silencio a una humillación y adoración hacia Dios. Confiesa que lo que antes había aprendido teóricamente, es decir, la certidumbre de una sabiduría y bondad divinas, es ahora para él una bendita realidad, que satisface y regocija su corazón de tal manera que todo pensamiento de argüir sobre lo que uno merece bajo cualquier dispensación de Dios, queda excluido para siempre.[1]

V. Conclusión (42:7-17)

Los últimos versículos de Job ilustran Santiago 5:11: "Habéis oído de la paciencia de Job, y habéis visto el fin del Señor, que el Señor es muy misericordioso y compasivo." (Es decir, habéis visto en la manera de obrar de Dios con Job, el ejercicio de su compasión y ternura.)

---

1 Steven.

18

Salmos

Tema. El libro de los Salmos es una colección de poesía hebrea inspirada, exponiendo la adoración y describiendo las experiencias espirituales del pueblo judío. Es la porción más personal del Antiguo Testamento, dándonos una revelación del corazón del judío santo, y recorriendo todas las escalas de sus experiencias con Dios y el hombre. En los libros históricos vemos a Dios hablando acerca del hombre, describiendo sus fracasos y sus éxitos; en los libros proféticos vemos a Dios hablando al hombre, reprendiendo a los impíos y consolando a los justos a la luz del porvenir. Pero en los Salmos vemos al hombre hablando a Dios, derramando su corazón en oración y alabanza; hablando acerca de Dios, describiéndolo y exaltándolo por la manifestación de sus glorioso atributos. Y cuando el santo del Antiguo Testamento habla de esta manera a su Dios, cualquiera que sea su experiencia, ya sea de prosperidad o adversidad, bendición o castigo, de éxtasis más elevado o de desaliento más profundo, predomina una nota a través de toda su adoración: la de alabanza. Él puede alabar a Dios en todas las circunstancias, porque su fidelidad en el pasado es una garantía de su fidelidad en el futuro. Además, es esta comparación del pasado y del futuro lo que ha dado ocasión para introducir el elemento profético en los Salmos. Pues cuando el escriba o profeta veía el fracaso del reino y del rey terrenal de Israel, prorrumpía en palabras inspiradas acerca del glorioso reino de Dios y de su glorioso Rey venidero, el Mesías. Podemos resumir de esta manera el tema de los Salmos: Dios ha de ser alabado en toda circunstancia de la vida, y esto, por causa de su fidelidad en el pasado, lo cual es una garantía de su fidelidad en el futuro.

Autores. Muchos de los Salmos son anónimos y todavía hay dudas en cuanto a los autores de algunos. Los siguientes son los autores generalmente reconocidos:

David, considerado el autor de los setenta y un salmos que llevan su nombre.

Asaf, director del servicio del coro en el templo en el tiempo de David, y también un profeta (1 Cr 6:39; 2 Cr 29:30).

Salomón, rey de Israel.

Moisés, jefe y legislador de Israel.

Etán, un cantor (1 Cr 15:19).

Hemán, un cantor y vidente del rey (1 Cr 6:33; 15:19; 25:5,6).

Esdras, un escriba que enseñó la ley a los judíos después del cautiverio.

Ezequías, rey de Judá.

Los hijos de Coré, directores de la adoración de Israel.

Jedutún, un director de música en el tabernáculo (1 Cr 25:10).

Bosquejo

En la Biblia hebrea los Salmos se dividen en cinco libros:

Libro I — Comienza en el Salmo 1

Libro II — Comienza en el Salmo 42

Libro III — Comienza en el Salmo 73

Libro IV — Comienza en el Salmo 90

Libro V — Comienza en el Salmo 107

Se ha sugerido la siguiente clasificación de los Salmos:

1. Salmos de instrucción: Sobre el carácter de los hombres buenos y malos, su felicidad y su miseria (Salmo 1); sobre la excelencia de la ley divina (19, 119); sobre la vanidad de la vida humana (90) sobre el deber de los gobernantes (82); sobre la humildad (131).

2. Salmos de alabanza y adoración: Reconocimiento de la bondad y el cuidado de Dios (23, 103); reconocimiento de su poder y de su gloria (8, 24, 136, 148).

3. Salmos de acción de gracias: Por las misericordias hacia las personas (18, 34); por las misericordias hacia los israelitas en general (81, 85).

4. Salmos devocionales: Los siete salmos penitenciales (6, 32, 38, 51, 102, 130, 143); expresivos de confianza bajo la aflicción (3, 27); expresivos de extrema melancolía, aunque no sin esperanza (13, 77); oraciones en tiempo de angustia severa (4, 28, 120); oraciones cuando privados del culto público (42); oraciones en tiempo de aflicción y persecución (44); oraciones de intercesión (20, 67).

5. Salmos mesiánicos: 2, 16, 22, 40, 45, 72, 110, 118.

6. Salmos históricos: 78, 105, 106.

19

Proverbios

Tema. El libro de Proverbios es una colección de declaraciones cortas y eficaces exponiendo lecciones morales. El propósito del libro se declara desde el principio; es decir, el impartir sabiduría a los jóvenes (1:1-7). Es el libro práctico del Antiguo Testamento, aplicando los principios de justicia, pureza y piedad a la vida diaria. La sabiduría que enseña no es simplemente sabiduría y prudencia carnales, sino sabiduría basada en el temor del Señor (1:7). Así que podemos resumir su tema de esta manera: La sabiduría práctica que descansa en el carácter religioso y surge de él. "El principio de la sabiduría es el temor de Jehová."

Autores. Salomón mismo escribió la mayoría de los proverbios (1 Reyes 4:32; Eclesiastés 1:13; 12:9). Por las referencias en algunos lugares de las "Palabras de los sabios", se cree que además de sus propios proverbios, Salomón coleccionó algunos de los que estaban en boga en su tiempo, y los incorporó con los suyos. Los Proverbios en los últimos dos capítulos fueron escritos por Agur y Lemuel, de quienes la Biblia no dice nada.

Bosquejo

I. Un discurso coordinado sobre el valor y la adquisición de la verdadera sabiduría (1 — 9)

II. Proverbios encabezados "Los Proverbios de Salomón" (10:1 — 22:16)

III. Amonestaciones renovadas sobre el estudio de la sabiduría, intituladas "Las palabras de los sabios" (22:17 — 24:34)

IV. Proverbios de Salomón coleccionados por los hombres de Ezequías (25 — 29)

V. Las sabias instrucciones de Agur a sus discípulos Itiel y Ucal, y las lecciones enseñadas al rey Lemuel por su madre (30 y 31)

20

Eclesiastés

Título. La palabra "Eclesiastés" significa "el predicador". Puede haberse llamado así por el hecho de que Salomón, después de su triste experiencia de apostasía, enseñó públicamente sus experiencias y las lecciones aprendidas de éstas.

Tema. En Proverbios aprendemos acerca de esa sabiduría que tiene su origen en Dios. En Eclesiastés leeremos acerca de aquella sabiduría natural que, apartada de Dios, procura encontrar la verdad y felicidad. Ambos libros fueron escritos por Salomón; el primero, durante la primera parte de su reinado, cuando anduvo con Dios; el segundo, durante la última parte de su reinado cuando el pecado lo había separado de su Hacedor. En los Proverbios se oye de sus labios una nota de gozo y contentamiento cuando medita en las bendiciones de la sabiduría divina; en Eclesiastés escuchamos una nota de tristeza, desaliento y perplejidad al ver el fracaso de la sabiduría natural para resolver los problemas humanos y obtener la felicidad perfecta. Después de su alejamiento de Dios (1 Reyes 11:1-8), Salomón aún retuvo riquezas y sabiduría. Teniendo éstas, comienza su investigación de la verdad y la felicidad aparte de Dios. El resultado de esa investigación se expresa en la repetida frase, "todo es vanidad". (Aquí vanidad significa "vacuidad, indignidad, sin ningún valor".) Salomón aprendió la siguiente verdad que resume el tema de su libro: Sin la bendición de Dios, la sabiduría, la posición y las riquezas no satisfacen, antes por el contrario, traen fatiga y decepción.

Autor. Salomón (Véanse 1:1,16; 12:9).

Bosquejo

I. La vanidad del placer y sabiduría humanas (1 y 2)

II. La felicidad terrenal. Sus obstáculos y medios de progreso (3 — 5)

III. La verdadera sabiduría práctica (6:1 — 8:15)

IV. La relación de la verdadera sabiduría a la vida del hombre (8:16 — 10:20)

V. Conclusión (11:1 — 12:14)

En Eclesiastés hay junto con la sana enseñanza mucho que no está de acuerdo con otras enseñanzas de la Biblia (1:15; 2:24; 3:3,4,8,11,19,20; 7:16,17; 8:15). Debe recordarse que el libro es el registro inspirado de las palabras no inspiradas de un hombre natural, quien razona acerca de la experiencia humana y la providencia divina. De esta misma manera la Biblia contiene muchas palabras de hombres impíos; las palabras no son inspiradas, pero el registro es inspirado.

I. La vanidad del placer y la sabiduría humanas (1 y 2).

En el capítulo 1:1-3 Salomón expone el tema de su discurso: la vanidad de todo esfuerzo y lucha humanos. Todo esfuerzo es vano, porque la mente que procure encontrar los secretos de la vida, nunca será satisfecha. Los hombres van y vienen sin descubrir la solución de los problemas de la vida; pero el mundo continúa existiendo con sus misterios no resueltos (1:4-18). De modo que fracasa la sabiduría teórica del hombre. Salomón ahora aplica su sabiduría práctica al problema de encontrar la felicidad (cp. 2). Hace la prueba con la alegría y la risa (vv. 1 y 2); con el vino (v. 3); edificando (v. 4); con la riqueza y la música (vv. 5 al 8). El resultado de su investigación es declarado en el versículo 11: decepción. Se desespera y fatiga al ver que, con toda su sabiduría, no está más adelantado que un necio en su tentativa por resolver los problemas de la vida (vv. 12-19). Al considerar que las riquezas que él ha acumulado por medio de mucho trabajo y que no le han dado satisfacción, las tendrá que dejar a uno que no ha trabajado por ellas, es abrumado con el sentimiento de lo vacío y falto de valor que es el esfuerzo (vv. 20-23). Llega a la conclusión de que lo mejor para el hombre natural, es obtener el placer mayor posible de esta vida, y al mismo tiempo hacer lo mejor por vivir una vida moral (vv. 24,25).

II. La felicidad terrenal. Sus obstáculos y medios de progreso (3 — 5)

Salomón razona que para poder alcanzar la felicidad, uno debe regocijarse en sus bendiciones y hacer uso recto de ellas (cp. 3). Cuando más, la felicidad humana es limitada, porque toda acción y esfuerzo humanos están restringidos y dependen de una ley más elevada e inalterable. En otras palabras, todo lo que venga, ya sea bueno o malo, tiene que venir, pues todas las cosas tienen su tiempo. El hombre no puede cambiar ese orden, así que debe someterse a eso y derivar toda la felicidad que pueda de la vida (vv. 1-15). La felicidad humana está restringida por causa de la ignorancia del hombre natural de las cosas de la vida futura. Es tan incierta para él la esperanza de una vida futura, que piensa si acaso será mejor que los animales en este sentido (vv. 16 al 21). Por causa de esta incertidumbre de una vida más allá, no hay nada mejor que él pueda hacer que gozar de la vida actual (v. 22).

Luego menciona los obstáculos de la felicidad (4:1-16), mencionando el infortunio personal de muchos hombres (vv. 1 al 6), los males de la vida social (vv. 7 al 12), y los males de la vida civil (vv. 13 al 16).

Sugiere que la felicidad debe alcanzarse mediante la devoción al culto de Dios (5:1-7), absteniéndose de la injusticia, la avaricia y la violencia (vv. 8 al 17), y mediante el disfrute moderado de los placeres y tesoros de la vida concedida por Dios (vv. 18 al 20).

III. La verdadera sabiduría práctica (6:1 — 8:15)

La verdadera sabiduría consiste en el desprecio del mundo y de sus necias concupiscencias (7:1-7), en un espíritu quieto y resignado (vv. 8-14), y en el fervoroso temor de Dios y un sincero reconocimiento del pecado (vv. 15-22).

Esta sabiduría debe ser conservada a pesar de las concupiscencias del mundo (7:23-29), a pesar de las tentaciones, la deslealtad y la rebelión (8:1-8), y a pesar de las opresiones e injusticias (vv. 9-15).

IV. La relación de la verdadera sabiduría a la vida del hombre (8:16 — 10:20)

La manera de obrar de Dios con el hombre es a veces misteriosa (8:18 al 9:6), pero eso no debe desanimar al hombre sabio de tomar una parte activa en la vida; debe de disfrutar de esta vida y usarla de una manera provechosa (9:7-10). Aun cuando el resultado de la labor humana es a veces incierto, el hombre no debe desanimarse en su búsqueda de la sabiduría (vv. 11-16).

En presencia de la insolencia, orgullo y violencia de los insensatos afortunados, el hombre sabio debe conservar su mente en paz mediante el silencio y la modestia (9:17 — 10:20).

V. Conclusión (11:1 — 12:14)

Después de sus razonamientos, algunos de ellos verdaderos, algunos parcialmente ciertos y algunos falsos, Salomón llega a sus conclusiones. Estas conclusiones representan las mejores que el hombre natural puede dar aparte de la revelación, para alcanzar felicidad y favor con Dios. Son las siguientes:

1. La fidelidad en la benevolencia y en el llamamiento de uno (11:1-6).
2. Gozar de esta vida de una manera tranquila y feliz (11:7-10).
3. El temor de Dios para los jóvenes y ancianos en vista de un juicio venidero (12:1-7).
4. El temor de Dios y la observancia de sus mandamientos (12:13,14).

21

Cantar de los cantares

Título. El nombre de este libro en la Biblia hebrea es Cantar de los cantares, llamado así evidentemente por el hecho de que, de todos los cánticos de Salomón (1 R 4:32), éste es el principal.

Tema. Los cantares de Salomón son una historia de amor, que glorifica el afecto puro y natural y señala la simplicidad y la santidad del matrimonio. Que esta historia tiene un significado típico puede inferirse del hecho de que bajo la figura de la relación matrimonial se describe el amor de Jehová por Israel (Os 1 — 3; Is 62:45), y el amor de Cristo por la Iglesia (Mt 9:15; 2 Co 11:2; Ef 5:25; Ap 19:7; 21:2). Así que el tema siguiente se sugiere por sí mismo: El amor del Señor para su pueblo prefigurado por el amor de la esposa y el esposo.

NOTA. Al leer este libro, debe recordarse que es poesía oriental, y que los orientales son dados a una claridad de expresión aun en las más íntimas de las cuestiones. Es un lenguaje llano, extraño y a veces desagradable para la mayoría de los lectores occidentales. Tan delicado e íntimo como es el lenguaje en algunos lugares, debe notarse que no hay nada aquí que ofendería al más modesto oriental. El doctor G. Campbell Morgan dice:

> Ante todo, éste era indudablemente un canto de amor terrenal, pero era muy puro y muy hermoso. Hay hombres y mujeres que encontrarían indecencias en el cielo, si acaso llegaran allá, pero las llevarían en sus almas corrompidas. Para los que llevan una vida de pureza sencilla, estos cantares están llenos de hermosura que expresan el lenguaje del amor humano. Por último, en las experiencias espirituales, expresan el vínculo de los que han sido ganados por Dios en Cristo, y de esa manera han llegado a amarlo y a conocerlo.

Autor. Salomón (1:1).

De todos los libros del Antiguo Testamento, el Cantar de los cantares de Salomón es probablemente el más difícil de interpretar y analizar. En este estudio vamos a limitarnos a dar un breve bosquejo de la historia contenida en el cántico, y de los diálogos entre Salomón y su desposada.

La historia en la cual está entrelazado este libro parece ser ésta: El rey Salomón visita su viña en el monte Líbano. Llegó de improviso a donde está una hermosa doncella sulamita. Ella huye y él la visita, disfrazado de pastor, y la conquista. Pronto viene a reclamarla como reina. Se dirigen al palacio real. Aquí comienza el poema y relata la historia de amor.[1]

I. La desposada en los jardines de Salomón (1:2 — 2:7)

1. La desposada pide una promesa de amor y alaba al amado (1:1-4).

2. Hace una súplica a las hijas de Jerusalén para que no desprecien su humilde origen, y pregunta dónde podrá encontrar a su amado. Las doncellas responden en coro (1:5-8).

3. Entonces sigue una conversación afectuosa entre Salomón y su desposada (1:9 al 2:73. Salomón habla, 1:9-11; la desposada, 1:12-14; Salomón, 1:15; la desposada, 1:16 al 2:1; Salomón, 2:2; la desposada, 2:3-7).

II. Los recuerdos de la desposada (2:8 — 3:5)

1. Recuerda la visita de su amado una primavera (2:8 — 17).

2. Recuerda un sueño respecto a él (3:1 — 5).

III. El desposorio (3:6 — 5:1)

1. Los habitantes de Jerusalén describen el encuentro del rey y la desposada (3:6 — 11).

2. Luego sigue una conversación. Habla Salomón, 4:1-5; la desposada, 4:6; Salomón, 4:7-16a; la desposada, 4:16b; Salomón, 5:1.

IV. En el palacio (5:2 — 8:4)

1. La desposada relata un sueño que tuvo sobre Salomón. Soñó que él había partido, y que al buscarlo, ella había sido tratada bruscamente por los guardas de la ciudad. En su sueño preguntó a las hijas de Jerusalén acerca de él, y describió su hermosura (5:2 al 6:3).

2. Salomón entra y la alaba (6:4-9).

3. Diálogo entre el coro de doncellas y la desposada. Habla el coro, 6:10; la desposada, 6:11,12; el coro y la desposada alternativamente; 6:13; el coro 7:1-5.

4. Entra Salomón y alaba a la desposada (7:6-9).

---

1 Doctor Haas.

5. La desposada invita a su amado a visitar su hogar (7:10 al 8:4).

V. El hogar de la desposada (8:5-14)

Los habitantes del país hablan, 8:5a; Salomón, 8:5b; la desposada, 8:6,7; sus hermanos, 8:8,9; la desposada, 8:10,12; Salomón, 8:13; la desposada 8:14.

22

Isaías

Tema. De todos los escritos proféticos Isaías es el más hermoso y sublime. En ninguno de los otros libros obtenemos una vista tan gloriosa del Mesías y de su reino. Debido a su énfasis en la gracia de Dios y en su obra redentora con relación a Israel y a las naciones, se le ha llamado al libro de Isaías "el quinto evangelio", y a su autor, "el evangelista del Antiguo Testamento". Las dos divisiones principales del libro nos ayudarán a encontrar su tema. La clave de la primera división (cps. 1 al 39) es "condena". Al leer esa sección escuchamos el rumor de la ira de Dios contra el apóstata Israel y contra las naciones idólatras circunvecinas. En esos capítulos están profetizados el cautiverio de Israel por los babilonios y la tribulación y juicios de los últimos días. La clave de la segunda sección (cps. 40 al 66) es "consuelo". Esta sección contiene profecías del regreso de Israel del cautiverio babilónico y de su restauración y recogimiento final en Palestina en los últimos días. Con estas dos divisiones ya mencionadas retenidas en la mente, podemos resumir el tema de Isaías de la manera siguiente: La ira de Dios que da como resultado la condena y tribulación de Israel; la gracia de Dios que da como resultado su salvación y exaltación.

Autor. Isaías. Isaías, el más grande de los profetas, fue llamado al ministerio en el reinado de Uzías (Isaías 6). Su nombre, que significa "salvación de Jehová", describe bien su ministerio y mensaje. Profetizó durante los reinados de Uzías, Jotam y Ezequías y tal vez durante el reinado de Manasés, entre 757-697 a.C. Isaías era un estadista a la vez que un profeta, porque lo encontramos hablando y actuando en conexión con los asuntos públicos de la nación. La tradición dice que fue condenado a muerte por el impío Manasés, siendo aserrado en pedazos.

Época. Los acontecimientos históricos registrados en Isaías abarcan un período de casi sesenta y dos años, desde el año 760 a 698 a.C.

Isaías se divide naturalmente en tres secciones:

- Sección condenatoria, que contiene en la mayor parte reprensiones por los pecados de Israel (cps. 1-35).

* Sección histórica, que contiene el relato de la invasión asiria y el misericordioso rescate de Jerusalén por Dios, y la sanidad de Ezequías (cps. 36-39). Estos capítulos forman un eslabón entre la primera y la última sección. Sirven como un apéndice a la primera sección, porque registran la profecía acerca del cautiverio babilónico (39:5-8), que fue el castigo por los pecados de Israel denunciados en los capítulos del 1 al 35. Por causa de esa misma profecía los capítulos 36 al 39 forman una introducción a la última sección, que trata de la restauración de Israel del cautiverio.

* Sección consolatoria, que contiene palabras de consuelo al castigado Israel y promesas de restauración y bendición (cps. 40 al 66).

Bosquejo

I. Profecías respecto a Judá y Jerusalén (1 — 12)

II. Profecías de juicios sobre las naciones (13 — 23)

III. Profecías de los juicios del mundo que terminan en la redención de Israel (24 — 27)

IV. Profecías de juicio y misericordia (28 — 35)

V. Invasión y rescate de Judá (36 — 39)

VI. Rescate del cautiverio por medio de Ciro (40 — 48)

VII. Redención mediante sufrimiento y sacrificio (49 — 57)

VIII. La gloria futura del pueblo de Dios (58 — 66)

SECCIÓN I: CONDENATORIA

Debe leerse 2 Crónicas 26:1 — 32:33, que presenta el antecedente histórico del libro.

I. Profecías respecto a Judá y Jerusalén (1 — 12)

Isaías comienza su profecía con una vigorosa denuncia de los pecados de Judá y Jerusalén. En el primer capítulo fija las claves principales de todo el libro. Describe la total apostasía de Israel, una apostasía tan grande, que a no ser por el hecho de que Jehová en su gracia había conservado un remanente, la nación hubiera sido exterminada como fueron Sodoma y Gomorra (vv. 1 al 9). El Israel apóstata tiene aun la forma de piedad, pero es simplemente una formalidad vacía que es mal olor al olfato de Jehová (vv. 1 al 15). Luego sigue una promesa de perdón (vv. 16 al 23), y una promesa de restauración por medio de juicio (vv. 24 al 31).

Los capítulos 2 al 4 contienen tres cuadros de Sion:
(1) Su exaltación en los últimos días (2:14), después de la introducción del reino milenario.
(2) Su condición actual de impiedad, orgullo e idolatría (2:5 al 4:1).
(3) Su purificación por medio de los fuegos del juicio en los últimos días (4:2-6).

Isaías continúa su condena de los pecados de Judá e Israel (cp. 5). El siguiente es un breve resumen del capítulo 5:

1. En la parábola de la viña es mostrado el castigo de Israel por su fracaso en cumplir con las responsabilidades que sus bendiciones y privilegios peculiares le habían impuesto (5:1-7; cf. Mt 22:23-46).

2. Seis "ayes" son pronunciados en contra de la nación (5:8-24); en contra de los rico avaros (vv. 8,9); en contra de lo amadores del placer (vv. 11,12); en contra de los escépticos (vv. 18,19); en contra de los predicadores de doctrinas falsas (v. 20); en contra de los que se justifican a sí mismos (v. 21); en contra de los jueces injustos (vv. 22,23).

3. El juicio en contra de la nación es profetizado en la forma de la invasión extranjera (5:26-30).

El capítulo 6 contiene el relato del llamamiento de Isaías al ministerio.

1. La visión — la gloria de Cristo (cf. Jn 12:41).

2. El efecto de la visión — el conocimiento interior de sus propios pecados (vv. 5).

3. Su limpieza y su llamamiento (vv. 6 al 8).

4. Su mensaje — la ceguera judicial de Israel por su rechazo voluntario de la luz (vv. 9,10; cf. Mt 13:14,15; Jn 12:39,40; Hch 28:25-28).

5. Su exclamación "¿Hasta cuándo?" (v. 11), es decir, ¿hasta cuándo durará la ceguera de Israel? El sentido general de la respuesta en los versículos 12 y 13 es que esa condición durará hasta que haya habido un cautiverio y exilio largos, y el regreso del remanente fiel (véase también Mt 23:39; Lc 21:24; Ro 11:25).

Los capítulos del 7:1 al 9:7 contienen una advertencia para el rey de Judá en contra de formar alianza con el rey de Asiria. Los reyes de Israel (de las diez tribus) y de Siria se habían unido para invadir a Judá (7:1), y estaban haciendo planes para colocar a un rey extraño en el trono de David. Acaz, temiendo por la seguridad de Judá y por la continuación del trono de David se estaba preparando para hacer una alianza con el rey de Asiria (1 Reyes 16). Fue en este punto que Isaías fue enviado a Acaz para asegurarle y exhortarle a que confiara en Jehová en vez de confiar en el rey de Asiria, porque los planes de sus enemigos serían frustrados (7:1-9). Acaz temía que el linaje de David cesaría si sus enemigos tenían éxito en capturar a Jerusalén (7:6). Así que Jehová mismo le da una señal de que la casa de David perdurará para siempre. Esta señal es el nacimiento de un niño de una virgen (7:14; cf. Mt 1:21), un niño que sería una luz para aquellos israelitas que estaban asentados en tinieblas (9:1,2), y que reinaría sobre la casa de David para siempre (9:6,7).

Los capítulos 9:8 al 10:4 contienen un relato de las calamidades que Jehová había enviado sobre las diez tribus, pero que habían pasado sin ser advertidas. Estas calamidades eran: invasión extranjera (9:8-17), anarquía (9:18-21), y amenazante cautiverio (10:1-4).

El capítulo 10:34-35 describe a la nación asiria como el instrumento del juicio de Dios sobre Judá. La nación con la cual Judá contaba para que le ayudara (Acaz buscó la alianza con Tiglat-Pileser, rey de Asiria) ha venido a ser ahora un azote en contra de ellos. Aun cuando Jehová ha comisionado a la nación asiria para castigar a Israel, Él juzgará a la primera por su orgullo y arrogancia en contra de Aquel que la ha usado (10:5-19). Israel entonces aprenderá a no poner su confianza en naciones idólatras (v. 20). Por más severos que sean los castigos de Israel en cualquier época, Dios en su misericordia dejará siempre un remanente fiel que formará la simiente de una nación nueva (vv. 20-23). Los judíos no han de temer al rey de Asiria que marchará sobre Jerusalén, porque Jehová lo destruirá de una manera sobrenatural (10:24-34; cf. 2 R 18 y 19).

Cuando el profeta predice el rescate de Israel por Jehová de manos de los asirios, su perspectiva profética alcanza hasta el fin de los tiempos, cuando Israel será rescatado del antitipo asirio, el anticristo, y cuando el Mesías, el Hijo de Isaí, establecerá a todo Israel en su tierra e introducirá el reino milenario (cps. 11 y 12).

II. Profecías de juicios sobre las naciones (13 — 23)

Los acontecimientos profetizados respecto a las naciones en los capítulos 13 al 23 fueron compilados algunas generaciones después de su predicción. Aun cuando estas profecías tuvieron un cumplimiento casi total por el regreso de Israel del cautiverio, debe recordarse que muchas de ellas tendrán un cumplimiento futuro en los últimos días. El fin de la perspectiva profética era el milenio, la época que traerá la restauración final y la exaltación subsiguiente a Israel. Al consolar y exhortar a la nación, los profetas generalmente señalaban a este acontecimiento lejano, porque aparte de esto, no podían prometer una bendición permanente para la nación. Con ese pensamiento en la mente, de la restauración final de Israel, el profeta, por la inspiración del Espíritu, predecía el futuro a la luz del presente; es decir, hacía de los sucesos actuales e inminentes un tipo de los acontecimientos futuros y remotos. Por ejemplo, al profetizar una inmediata tribulación nacional y su restauración, generalmente veía más allá de estos acontecimientos hacia el futuro, y predecía la tribulación final de Israel y la restauración final de los últimos días. El principio que acabamos de mencionar es conocido como la "ley de doble referencia", y se ve que su aplicación es eficaz en toda la profecía en general. Las siguientes son las naciones mencionadas en esta sección:

1. Babilonia (13:1 al 14:27). La destrucción del imperio babilónico por los medos y persas es predicha. Para el profeta ese acontecimiento es una figura o sombra de la destrucción del imperio del anticristo, junto con su emperador e inspirador, Satanás (14:9-17). Esto será seguido por la restauración de Israel (14:1-6).

2. Filistea (14:28-32). A los filisteos se les advierte que no se regocijen por la invasión de Israel por los asirios, porque tal será su suerte también. El versículo 32 mira hacia la restauración futura de Israel.

3. Moab (cps. 15 y 16). La destrucción de Moab por los asirios es profetizada dentro de tres años desde el tiempo del anuncio de la profecía. Nótese la referencia a los últimos días en 16:5.

4. Damasco, o sea, Siria (cp. 17). Al dirigir a Siria una advertencia del juicio venidero, el profeta menciona también a su aliado, Efraín (las diez tribus del norte). Para Israel se vislumbra un rayo de esperanza de restauración en los últimos días (vv. 6,7,13).

5. Etiopía (cp. 6). Este capítulo describe a Etiopía como estado en gran conmoción, que envía embajadores aquí y allá buscando ayuda en contra del esperado invasor asirio. Isaías les dice a esos embajadores que vuelvan y observen quietamente cómo Jehová traerá a la nada el intento de los asirios de conquistar a Judá.

6. Egipto (cps. 19,20). Aquí están profetizados los juicios de Jehová sobre Egipto: guerra civil, servidumbre bajo un yugo opresor y decadencia nacional. Proyectándose hacia el futuro, a los días

milenarios, el profeta ve a Egipto restaurado y junto con Asiria, formando una alianza con Israel (20:18-25).

7. "El desierto del mar", es decir, Babilonia (21:1-10). Otra profecía acerca de la servidumbre de Babilonia por lo medopersas.

8. Duma, es decir, Edom (21:11,12). Edom se ve en gran ansiedad inquiriendo acerca del futuro; pero la respuesta le causa desengaño.

9. "El valle de la visión", es decir, Jerusalén (cp. 22). El profeta hace una pausa en sus condenas de las naciones paganas para pronunciar una advertencia en contra de los habitantes de Jerusalén, quienes estaban complaciéndose en el lujo y en el placer mientras que el enemigo estaba a su puerta.

10. Tiro (cp. 23). Isaías predice que Tiro será desolada, su gloria comercial humillada, sus colonias se independizarán de ella, y ella misma será olvidada por setenta años. Sin embargo, hay una promesa de su restauración.

III. Profecías de los juicios del mundo que terminan en la redención de Israel (24 — 27)

En el capítulo 24 el profeta anuncia un juicio general de la tierra de Palestina y de los reyes y las naciones de la tierra, que será seguido por la restauración de Israel.

El capítulo 25 registra el canto que Israel cantará después de su restauración, un cántico celebrando el poder de Jehová al destruir las ciudades de sus enemigos, y su fidelidad en defender a Jerusalén. Jehová hará una fiesta a todas las naciones en el Monte de Sion, quitará las escamas de la ceguera espiritual de sus ojos, eliminará la muerte, y enjugará toda lágrima. Serán destruidos todos sus enemigos, de los cuales Moab es un tipo y representante.

El capítulo 26:1-19 registra el cántico de Israel de alabanza y testimonio después de su restauración a Palestina.

Jehová llama al remanente fiel de Israel a esconderse en el albergue que Él ha preparado para protegerlo de la gran tribulación (26:20 al 27:1). Después de la tribulación, la verdadera viña de Jehová será protegida en contra de las espinas y cardos de la invasión extranjera (27:24). Los castigos de Israel habrán sido leves, comparados con los de las demás naciones (vv. 7:11). Después de su castigo se volverán a recoger (vv. 12,13).

IV. Profecías de juicio y misericordia (28 — 35)

Los capítulos antes mencionados contienen una serie de "ayes" en contra de Samaria, Jerusalén y Edom, entremezclados, y terminado con consoladoras promesas de restauración y bendición para Israel.

¡Ay de los soberbios, escarnecedores y borrachos jefes espirituales y civiles de Samaria y Jerusalén! (cp. 28).

2. ¡Ay de Jerusalén por el formalismo y falta de sinceridad en su culto! (cp. 29:1-14).

3. ¡Ay de los que intentan hacer planes en secreto, pensando esconderlos de Dios! (29:15-24).

4. ¡Ay de los que van a Egipto por ayuda, en vez de confiar en el Señor! (cps. 30 y 31).

5. En este punto el profeta presenta un cuadro del reino milenario, donde prevalecerá la justicia, administrada por el Rey justo, el Mesías (cp. 32).

6. ¡Ay de los asirios, por su trato traicionero con el pueblo de Dios! (cp. 33).

7. ¡Ay de Edom, el implacable enemigo de Israel, y un tipo de sus enemigos de los últimos días (cp. 34).

8. La gloriosa restauración de Israel a la tierra santa (cp. 35).

SECCIÓN II: HISTÓRICA

V. Invasión y rescate de Judá (36 — 39)

Esta sección forma un apéndice a los capítulos 1 al 36 en que se registra el cumplimiento de las predicciones respecto a la invasión de Judá por los asirios y su rescate por el Señor (cps. 8; 10:5-34; 31:5-9). Esta misma sección sirve como introducción a los capítulos del 40 al 66, en que se registra la profecía acerca del cautiverio babilónico (35:5-8), preparando de esta manera el camino para las promesas de restauración.

Podemos resumir el contenido de esta sección de la manera siguiente:

1. Invasión de Senaquerib (cp. 36).

2. La oración de Ezequías y la respuesta de Jehová (cp. 37).

3. La enfermedad de Ezequías y su restablecimiento (cp. 38).

4. La necedad de Ezequías (cp. 39).

SECCIÓN III: CONSOLATORIA

VI. Rescate del cautiverio por medio de Ciro (40 — 48)

La sección anterior predice el rescate de Israel de Babilonia por medio de Ciro, el rey de los persas, que derribó el imperio babilónico (véase también Esd 1:4). El pensamiento principal en estos capítulos es: la grandeza de Jehová en contraste con los dioses de las naciones.

El siguiente es un resumen de su contenido:

1. El capítulo 40 es el capítulo clave de la sección. Se le exhorta al profeta a consolar a Israel en vista del Libertador venidero (vv. 1-11). La grandeza de Jehová (vv. 12-26), y de su poder para dar fuerzas a los fatigados (vv. 13-31).

2. El pensamiento central del capítulo 41 es: El poder de Jehová demostrado por su habilidad en predecir los acontecimientos futuros (véanse vv. 1-4,22,23).

3. Jehová había profetizado el rescate temporal de Israel por medio de Ciro. Ahora en los capítulos 42:1 — 43:13, Él promete rescates espirituales por medio de su Siervo, el Mesías.

4. Este rescate espiritual ha de efectuarse mediante la remisión de los pecados de Israel por la gracia de Dios. Ese es el mensaje de los capítulos 43:14 al 44:23.

5. Los capítulos 44:24 al 45:25 presentan una descripción de la misión del libertador de Israel, Ciro, rey de los persas, que aquí es un tipo del Mesías. Debe tenerse en cuenta que Ciro fue comisionado y el Señor le puso nombre ciento cincuenta años antes de su nacimiento (45:1-4).

6. Los capítulos 46 y 47 describen los juicios de Dios sobre Babilonia, la apresadora y opresora de Israel.

7. El argumento del capítulo 48 es como sigue: Como Jehová, ciento cincuenta años antes, había predicho la restauración de Israel de la servidumbre de Babilonia por medio de un príncipe pagano, los desterrados no podrían reclamar que fue el poder de los ídolos lo que indujo a Ciro a libertarlos.

VII. Redención mediante sufrimiento y sacrificio (49 — 57)

Los capítulos antes mencionados describen al autor de la salvación espiritual de Israel, el Siervo de Jehová. El tema principal es: redención mediante el sufrimiento.

El siguiente es un breve resumen de los capítulos:

1. El ministerio del Mesías, el Siervo de Jehová (cp. 49).

2. La humillación del Mesías por el rebelde Israel (cp. 50).

3. Estímulo para el remanente fiel de Israel para confiar en Dios para su rescate de su largo destierro babilónico y de su dispersión actual (cps. 51:1 al 52:12).

4. El rechazo, humillación, muerte, resurrección y exaltación del Mesías (cps. 52:13 a 53:12).

5. El arrepentimiento de Israel por su rechazo del Mesías será seguido por su restauración (cp. 54).

6. El resultado de la restauración de Israel, el llamamiento a todas las naciones a tener fe en el Mesías (cps. 55 y 56).

7. Promesas consoladoras al remanente fiel en Israel, y condena de los impíos de la nación (cp. 57).

VIII. La gloria futura del pueblo de Dios (58 — 66)

El pensamiento prevaleciente de esta división es: el establecimiento del reino universal de Dios y su triunfo sobre toda forma de pecado.

El siguiente es un breve resumen de su contenido:

1. Una exhortación hacia la religión práctica, en oposición a la mera formalidad (cp. 58).

2. Una exhortación a Israel a abandonar sus pecados que han hecho separación entre ellos y Dios (59:1-15). Viendo la incapacidad de Israel en su iniquidad y la incapacidad de todos sus líderes para prestarle ayuda, Dios mismo, en la persona del Mesías, viene a rescatarlos de sus pecados y de sus enemigos, después de lo cual hace un pacto eterno con ellos y pone su Espíritu dentro de ellos (59:16-21).

3. Luego sigue un cuadro de la gloria de Israel después de su aflicción (cp. 60).

4. El capítulo 61 expone la comisión doble del Mesías de traer la misericordia del evangelio en su primera venida, y el juicio sobre los incrédulos y consuelo a Sion en su segunda venida.

5. El establecimiento de oraciones intercesoras para la restauración de Sion (cp. 62).

6. Los capítulos 63:7 al 64:12 registran las oraciones intercesoras del remanente fiel judío. Le recuerdan a Jehová su misericordia y gracia hacia su nación en el pasado, y ruegan por esa misma misericordia y gracia para el perdón de sus pecados y la restauración de su tierra.

7. En su respuesta a la oración de su pueblo (cp. 65:1-16), Jehová justifica su manera de obrar con relación a su pueblo. Por causa de la apostasía, Él los ha desechado y se ha vuelto a un pueblo que no lo

buscaba ni era llamado por su nombre, los gentiles. En Israel, Jehová distinguía dos clases: sus propios siervos y los apóstatas. Solamente los primeros serán rescatados, mientras que los últimos perecerán.

8. Isaías cierra sus profecías con una gloriosa profecía acerca del reino milenario venidero (65:17 al 66:24). La gente llegará a la edad de los patriarcas; disfrutará de la posesión de casas y viñas (65:17-24). Aun la naturaleza de las bestias fieras será cambiada (65:25).

La religión llegará a ser espiritual y universal, y los cultos místicos e idolátricos desaparecerán y sus adherentes serán castigados (66:1-5). La población de Sion aumentará maravillosamente y el pueblo se regocijará (66:6-14). Después de juzgar a aquellas naciones que se habrán consagrado en contra de Jerusalén (vv. 15 al 18), Jehová enviará a sus siervos a predicarles las buenas nuevas (v. 19). Los que en un tiempo persiguieron a Israel, trasladarán a los israelitas a Palestina (v. 20), y de los que una vez eran enemigos de la verdadera religión, Jehová escogerá ministros que le sirvan (v. 21) como representantes de un culto que será universal (vv. 22 al 24).

23

Jeremías

Tema. Isaías y Jeremías, ambos llevaron mensajes de condena al Israel apóstata. Pero mientras el tono de Isaías era vigoroso y severo, el de Jeremías era moderado y suave. El primero lleva una expresión de la ira de Jehová en contra del pecado de Israel; el último, una expresión de su pesar por causa de eso. Al reprender a Israel, Isaías mojó su pluma en fuego; Jeremías la suya en lágrimas. Después de su denuncia de la iniquidad de Israel, Isaías prorrumpió en exclamaciones de gozo al ver la perspectiva de la restauración venidera. También Jeremías vislumbró el mismo suceso feliz; pero no fue suficiente para enjugar sus lágrimas o despejar la niebla de su pesar por el pecado de Israel. Por causa de este último hecho, a Jeremías se le ha conocido como "el profeta de las lágrimas". El siguiente servirá como tema de su libro: El amor inmutable de Jehová hacia su pueblo apóstata y su tristeza por la condición de ellos.

Autor. Jeremías. Era hijo de Hilcías, un sacerdote de Anatot, en tierra de Benjamín. Fue llamado al ministerio cuando aún era joven (1:6), en el año decimotercero del rey Josías, como setenta años después de la muerte de Isaías. Más tarde, probablemente por causa de la persecución de parte de su pueblo y hasta de su propia familia (11:21; 12:6), salió de Anatot y vino a Jerusalén. Allí y en otras ciudades de Judá, sirvió en su ministerio alrededor de cuarenta años. Durante los reinados de Josías y Joacaz se le permitió continuar su ministerio en paz, pero durante los reinados de Joacim, Joaquín y Sedequías sufrió severa persecución. En el reinado de Joacim fue encarcelado por su valor al profetizar la desolación de Jerusalén. Durante el reinado de Sedequías, fue arrestado como desertor y permaneció en la cárcel hasta la toma de la ciudad, en cuyo tiempo fue puesto en libertad por Nabucodonosor, y se le permitió volver a Jerusalén. A su regreso procuró disuadir al pueblo de que volviera a Egipto para escapar de lo que creían un peligro amenazante. No hicieron caso de sus apelaciones y emigraron a Egipto llevando consigo a Jeremías. En Egipto continuó sus esfuerzos para que el pueblo se volviera a Dios. La tradición antigua dice que, enojados por sus continuas advertencias y reprensiones, los judíos le dieron muerte en Egipto.

Época. Desde el año 13 de Josías hasta la primera parte del cautiverio en Babilonia, que abarca un período de unos cuarenta años.

Bosquejo

Por causa de la falta de orden cronológico en las profecías de Jeremías, es difícil hacer un análisis satisfactorio.

I. Llamamiento y comisión de Jeremías (1)

II. Mensaje general de reprensión a Judá (2 — 25)

III. Mensajes más detallados de reprensión, juicio y restauración (26 — 39)

IV. Mensajes después del cautiverio (40 — 45)

V. Profecías respecto a las naciones (46 — 51)

VI. Retrospección: el cautiverio de Judá (52)

Antes de continuar el estudio de Jeremías, léase 2 Reyes 22 al 25, que presenta el antecedente histórico del libro.

I. Llamamiento y comisión de Jeremías (1)

Este capítulo abarca lo siguiente:

1. El origen de Jeremías, de una familia sacerdotal que vivía en Benjamín (v. 1).

2. El tiempo de su ministerio, desde el reinado de Josías hasta el principio del cautiverio babilónico (vv. 2,3).

3. Su llamamiento para ser un profeta a las naciones (vv. 4,5).

4. Su investidura inspirada por Jehová (vv. 6-9).

5. Su comisión de profetizar la caída y la restauración de las naciones (v. 10).

6. Su mensaje a Israel, profetizar la venidera invasión babilónica (simbolizada por una olla hirviente) y la inminencia de ese acontecimiento (simbolizada por una vara de almendro) (vv. 11-16).

7. Las palabras de ánimo a Jeremías, protección en contra de la persecución (vv. 17-19).

II. Mensaje general de reprensión a Judá (2 — 25)

Lo siguiente es el contenido de esta sección:

1. El primer mensaje de Jeremías a Judá (2:1 al 3:5). En este mensaje Dios repasa el pasado de Israel, le recuerda sus bendiciones y liberaciones pasadas, lo reprende por su apostasía actual, su justificación propia e idolatría y le ruega que se vuelva a Él.

2. Segundo mensaje de Jeremías (3:6 al 6:30). Jehová le recuerda a Judá el hecho de que Él arrojó de su vista a las diez tribus por causa de su idolatría, y que en lugar de recibir amonestación de la suerte de las diez tribus, ellos han continuado en los mismos pecados (3:6-10). El Señor entonces apela al Reino del Norte (en cautiverio) para que se arrepientan, expresando su amor hacia ellos y haciendo promesas de restauración es los últimos días (3:11 al 4:2). Luego dirige a Judá una exhortación al arrepentimiento, y al fracasar esta apelación, pronuncia sobre ellos el juicio de la invasión (4:3 al 6:30).

3. Mensaje a la puerta del templo (cps. 7 al 10). El tema de este mensaje es como sigue: Debido al formalismo de Israel en el culto, de su idolatría, su quebrantamiento de la ley de Dios, su rechazo de sus mensajeros, su general e incurable apostasía, Jehová dará la tierra de Judá para ser invadida y esparcirá a sus habitantes entre las naciones.

4. El mensaje del pacto violado (cps. 11 y 12). La ocasión de este mensaje fue el hallazgo del libro de la ley durante el reinado de Josías (2 R 22:8-23). El tema principal de este mensaje es como sigue: La maldición de Jehová sobre Judá por causa de la violación del pacto mosaico.

5. El mensaje del cinto de lino (cp. 13). Por las acciones simbólicas de que el profeta se pusiera el cinto, lo enterrara en las riberas del Éufrates y luego lo desenterrara, se prefigura la elección de Israel por Jehová para que fuera su pueblo, su rechazo de ellos por su rebelión, y su humillación mediante el cautiverio en Babilonia.

6. Profecías motivadas por una sequía en Judea (cps. 14 y 15). Jeremías, reconociendo esta sequía como un juicio de Dios hace intercesión por el pueblo (cp. 14). Pero la iniquidad de Israel ha llegado a ser tan incurable, que ya la intercesión no era de ningún valor, aun cuando Moisés y Samuel, dos de los más grandes intercesores de Israel, hubieran rogado por ellos (15:1-10). Aun cuando toda la nación ha de ser entregada a juicio, Dios preservará un remanente, del cual Jeremías es representante (15:12-21).

7. La señal del profeta que no había de casarse (16:1 — 17:18). Se le ordena a Jeremías que no se case, como una señal de la inminencia de los juicios de Dios, lo terrible de los cuales haría que el estado de soltero fuera preferible al de casado. Como más señales del mismo acontecimiento se le ordena que no lamente ni haga luto (v. 5), porque como Dios ha quitado la paz de su pueblo, sólo podría darse un consuelo falso. También se le ordena que no participe de los goces legítimos porque, en vista del juicio, eso sería una burla

(v. 9). A través de las calamidades profetizadas en estos capítulos, se vislumbran algunos rayos de esperanza para Israel (16:15-21).

8. El mensaje respecto al día de reposo (17:19-27). El día de reposo era una señal del pacto de Dios entre Él y los hijos de Israel (Éx 31:16,17). De modo que la violación del día del día de reposo sería equivalente a la violación del pacto de Dios, y traería el castigo profetizado por Jeremías (cps. 17:27).

9. La señal de la casa del alfarero (18:1 — 19:13). El poder de Dios para tratar con las naciones según su soberana voluntad es simbolizado por la formación de los vasos por el alfarero. Dios puede amoldar a Israel de la misma manera que un alfarero puede modelar un vaso. Si son rebeldes, los puede desfigurar; si se arrepienten, puede volver a hacerlos (cp. 18). Como Israel persiste en su apostasía, Dios lo desechará. Esto es prefigurado por el rompimiento del vaso del alfarero (19:1-13).

10. La primera persecución de Jeremías (19:14 — 20:18). La predicción de Jeremías respecto a la destrucción de Jerusalén llena de ira al hijo de un sacerdote llamado Pasur, quien había estado profetizando la seguridad de Jerusalén (20:6). Descarga su ira sobre el profeta infligiéndole el doloroso castigo de ponerle los pies en el cepo. Por este acto de persecución Jehová pronuncia juicio sobre Pasur, repitiendo al mismo tiempo la profecía acerca del cautiverio en Babilonia. La última parte del capítulo 20 revela el efecto de esta persecución en la naturaleza tímida de Jeremías. Él fue tentado a cerrar sus labios y abstenerse de profetizar; pero el fuego que tenía adentro era más poderoso que el fuego de afuera; así que continuó predicando (20:9).

11. El mensaje de Sedequías (cps. 21 y 22). Se pronunció en respuesta a la pregunta de Sedequías sobre la invasión de Nabucodonosor. Es evidente que, al buscar consejo del Señor, no tenía la más mínima intención de prestar atención al consejo o a los mandamientos que se le hubiera dado, pues la respuesta a su pregunta es un mensaje de juicio severo para él (vv. 1-7). Jehová luego se dirige al pueblo, ofreciendo a los que estén dispuestos a escucharlo un medio de escape de la destrucción venidera (21:8-10). Luego ofrece a la casa real un medio de escape del juicio venidero. Un escape que puede efectuarse por medio de que ellos hagan juicio y justicia (21:11-14). Como ejemplo de la certidumbre de la retribución divina, Jehová recuerda a Sedequías la suerte de los tres reyes que le precedieron, probablemente repitiendo el mensaje que se les había dirigido; Salum o Joacaz (22:11); Joacim (22:18); Jeconías o Joaquín (22:24).

12. Jehová ha estado hablando acerca de los impíos reyes de Israel. Ahora promete la venida del Rey justo, el Mesías, quien restaurará a Judá e Israel (23:5,6). El capítulo 23 contiene en su mayoría una denuncia de los falsos profetas, quienes en lugar de exhortar al pueblo al arrepentimiento por las advertencias del juicio venidero, lo estaban adormeciendo con una seguridad falsa de promesas de paz y seguridad.

13. La señal de los higos (cp. 24). Bajo la figura de higos buenos y malos se muestra el futuro de aquello judíos de la primera deportación en el reinado de Jeconías y de aquellos del cautiverio en el reinado de Sedequías. Los primeros serían restaurados y vueltos a establecer en Palestina; los últimos serían dados a la espada y esparcidos entre los paganos.

14. El capítulo 25:1-4 contiene una profecía acerca de los setenta años de cautiverio de Judá, la cual será seguida por la destrucción de Babilonia, el opresor de Israel.

15. Bajo la figura de un vaso de vino de furor se expone el juicio de Dios sobre las naciones (25:15-38).

III. Mensajes más detallados de represión, juicio y restauración (26 — 39)

Lo siguiente es el contenido de esta sección:

1. La repetición de Jeremías de su mensaje respecto a la destrucción de Jerusalén pone en peligro su vida. Sin embargo, es protegido de la furia de los sacerdotes y del pueblo por los jueces de la ciudad (cp. 26).

2. Bajo la figura del yugo se expone la servidumbre de Judá y de las naciones que la rodean por parte de Nabucodonosor, rey de Babilonia (cps. 27, 28). Este mensaje, que fue dado en los reinados de Joacim y Sedequías, fue dirigido en contra de aquellos falsos profetas que estaban animando al pueblo a rebelarse contra Nabucodonosor, y que estaban prometiendo un regreso rápido de los desterrados de la primera deportación.

3. El mensaje a los cautivos de la primera deportación (cp. 29). Se escribió esta carta para instruir a los exiliados a que se prepararan para hacer su hogar en Babilonia por un período de setenta años, y para exhortarlos a no escuchar a aquellos profetas que falsamente predecían un regreso rápido.

4. Después de contemplar el cautiverio actual de Israel y el rescate venidero, el profeta mira hacia el futuro y ve a Israel rescatado

de la tribulación final al fin de la época, restaurado a su tierra, bajo el Mesías el hijo de David, lavado de sus pecados y disfrutando de las bendiciones del nuevo pacto que Dios hará con él (cps. 30 y 31).

5. Como una señal de la restauración venidera de la tierra, Jeremías es instruido por el Señor a comprar una porción de tierra de uno de sus parientes (cp. 32). Al ver la condición de la ciudad rodeada por los caldeos, la fe de Jeremías parece fallar respecto a la promesa de restauración. Por lo cual en su perplejidad va al Señor en oración (vv. 16-25). Se le asegura a Jeremías que no hay nada demasiado difícil para el Señor, quien es poderoso para perdonar y purificar la iniquidad de Israel y restaurarlo a su tierra (vv. 26-44).

6. El capítulo 33 continúa el tema de la restauración de Israel. Su restauración final es asegurada por la promesa de Jehová (vv. 1-14), por medio del Vástago de Jehová, el Mesías (vv. 15-18), y por la fidelidad de Jehová en guardar su pacto (vv. 19-26).

7. El capítulo 34 contiene una profecía acerca del cautiverio de Sedequías y una denuncia del pueblo de Jerusalén por la violación de un pacto. La ley de Moisés requería que los esclavos hebreos fueran puestos en libertad después de siete años de servicio. Ese mandamiento había sido quebrantado por mucho tiempo. Parece que la predicación de Jeremías y el temor del cautiverio había conmovido la conciencia del pueblo hasta el punto de estar dispuestos a firmar un convenio para libertar a sus esclavos. Pero cuando Nabucodonosor retiró sus ejércitos por un tiempo, y el peligro de invasión parecía haber pasado, el pueblo demostró lo superficial de sus motivos quebrantando su acuerdo. De la misma manera que habían hecho cautivos a otras naciones, ellos también serían cautivos, fue el decreto de Jehová.

8. El mensaje sobre los recabitas (cp. 35). Los recabitas descendían de Hobab, el suegro de Moisés. Eran ceneos y emigraron con Israel a Canaán (Nm 10:29; Jue 1:16; 4:11-17; 1 S 15:6). Ellos son puestos como ejemplo a los judíos; y la desobediencia de la ley divina por parte de estos últimos es puesta en contraste con la obediencia decidida de los recabitas a las leyes de vida sencilla dadas por sus antepasados.

9. La escritura de las profecías de Jeremías en los días de Joacim (cp. 36). En un esfuerzo final por llevar a Israel al arrepentimiento, el Señor le ordena a Jeremías que escriba todas las profecías que había dicho desde el principio de su ministerio, para que así pudieran ser repetidas al pueblo. La manera en que Joacim recibió esa escritura fue típico de la actitud de la nación en general, y selló su juicio.

10. El encarcelamiento de Jeremías (cp. 37). El ejército caldeo que estaba cercando a Jerusalén levantó el sitio para poder encontrarse con los ejércitos del rey de Egipto que avanzaban para atacarlos. Temiendo que, en caso de que los caldeos vencieran al rey de Egipto, volvieran y cercaran a Jerusalén, Sedequías mandó a consultar a Jeremías acerca del asunto. La respuesta de Jehová fue que de seguro los caldeos regresarían y destruirían la ciudad. Jeremías, aprovechando la partida del ejército que los había sitiado, se preparó para visitar su pueblo natal, y al hacerlo fue arrestado como desertor al enemigo. Cuando regresaron los caldeos, como previamente lo había profetizado Jeremías, Sedequías volvió a preguntarle. De nuevo se le dio una respuesta desalentadora. Su manera de tratar a Jeremías (v. 21) demuestra cómo una reprensión sincera es de más valor que la adulación.

11. Mientras Jeremías estaba en el patio de la cárcel (37:21) una delegación fue a ver a Sedequías para pedirle que se le diera muerte a Jeremías por causa de la persistencia del profeta en predicar que Jerusalén estaba sentenciada a la destrucción y que sólo quienes se rindieran a los caldeos escaparían. Ese mensaje, decían ellos, estaba debilitando el valor y ánimo del pueblo. Entonces Jeremías fue arrojado a la mazmorra, pero fue trasladado al patio de la cárcel por la intercesión de Ebed-melec. Allí tuvo una entrevista secreta con Sedequías en la cual le aseguró a ese monarca que su única oportunidad de escape era rendirse a los caldeos (cp. 38).

12. El capítulo 39 registra la caída de Jerusalén, el cautiverio final de Judá, la muerte de Sedequías, la liberación de Jeremías por Nabucodonosor y la recompensa de Ebed-melec.

IV. Mensajes después del cautiverio (40 — 45)

1. Habiéndosele ofrecido la elección de ir a Babilonia con la perspectiva de prosperidad terrenal o volver a su propio pueblo, Jeremías noblemente escogió lo último. Él volvió y moró con Gedalías, a quien el rey de Babilonia había puesto por gobernador de la tierra. A este último (Gedalías) le trajeron noticias de una conspiración en contra de su vida, de la cual no hizo caso, mostrando en esto poca sabiduría (cp. 40).

2. La conspiración de que se le había notificado a Gedalías fue llevada a cabo y fue asesinado por Ismael, hijo de Netanías. Este último reunió el remanente del pueblo que estaba en Mizpa y se preparó para huir a Moab, pero su intento fue frustrado por Johanán y los capitanes de la milicia que estaba con él. Temiendo que los caldeos to-

maran venganza del remanente por el asesinato de Gedalías, Johanán se preparó para conducir al pueblo a Egipto (cp. 41).

3. Aunque los jefes habían decidido acerca de sus planes, buscaron al Señor para saber qué curso debieran seguir. Dios respondió que su seguridad dependía de que permanecieran en Judea, y que el ir a Egipto significaría su destrucción (cp. 42).

4. Como ese consejo era contrario a sus planes e intenciones, no le hicieron caso los caudillos, y desafiaron la prohibición de Dios yendo a Egipto, y llevaron consigo el remanente del pueblo. Mientras estaban en Egipto, Jeremías predijo mediante un tipo la conquista de Egipto por Nabucodonosor (cp. 43).

5. El capítulo 44 contiene el último mensaje de Jeremías para Judá. Las profecías restantes del libro tienen que ver con los gentiles. El remanente no tardó en ceder a la seducción de la idolatría egipcia, y cuando eran reprendidos por Jehová imprudentemente expresaban su intención de sacrificar a la reina del cielo, es decir, Venus. Por causa de esta actitud de su parte, su destrucción es profetizada y como una señal de esto, se predice la invasión de Egipto por Nabucodonosor.

6. El capítulo 45 contiene un mensaje a Baruc dirigido como dieciocho años antes de la caída de Jerusalén. La razón del mensaje se declara en los versículos del 1 al 3. Las persecuciones que surgieron por la escritura y la lectura de las profecías de Jeremías en el reinado de Joacim evidentemente habían desanimado (v. 3), y tal vez habían frustrado algunos de sus planes y ambiciones que había acariciado (v. 5).

Jehová le dice que como Él está trayendo mal sobre toda la tierra de Judá, Baruc no debe de buscar ningún progreso o bien para sí mismo allí, sino que debía regocijarse en el hecho de que su vida será protegida dondequiera que fuera.

V. Profecías respecto a las naciones (46 — 51)

Se dirigen a las naciones siguientes:

1. Egipto (cp. 46). Este capítulo contiene tres profecías distintas. La derrota de Faraón Necao, rey de Egipto, por el rey de Babilonia en la batalla de Carquemis en el Éufrates (vv. 1 al 12). Fue en su camino a Babilonia que este rey egipcio encontró y mató al rey Josías (2 Cr 35:20-24). La conquista de Egipto por el rey de Babilonia (vv. 13-26). La restauración de Israel (vv. 27,28).

2. Filistea y Tiro (cp. 47). La invasión de esos países por Nabucodonosor, es predicha.

3. Moab (cp. 48; cf. Is 15 y 16). Sobre Moab es pronunciado juicio en la forma de invasión y devastación por los caldeos, por las siguientes razones: su confianza en sus obras y tesoros (v. 7); su vida de lujo y facilidad (v. 11); su regocijo por los infortunios de Israel (v. 27); su engrandecimiento contra Jehová (v. 42). Su restauración en los últimos días es profetizada (v. 47).

4. Amón (49:14). Amón ha de ser juzgado por tomar la tierra de Gad cuando las diez tribus fueron al cautiverio (2 Reyes 17), cuando era Judá y no Amón la heredera de ese territorio (v. 1); también por su orgullo por la tierra y riquezas, y su seguridad carnal (v. 4). Esta misma nación ayudó a los caldeos en sus ataques contra Judá (2 Reyes 24:2), y más tarde se regocijó en sumo grado por su caída (Sal 83:1-7). A Amón se le promete la restauración en los últimos días (v. 6).

5. Edom (49:7-22). Jehová pronuncia la sentencia de destrucción completa sobre una nación que siempre fue el enemigo implacable de Israel (Números 20:18; Ezequiel 25:12-14; 35; Amós 1:11; Abdías 1).

6. Damasco, capital de Siria (49:23-27). Esta ciudad fue invadida por Nabucodonosor cinco años después de la destrucción de Jerusalén.

7. Cedar y Hazor (49:28-33). Cedar era el país de los árabes; Hazor, un país vecino.

8. Elam (49:34-39). El juicio de dispersión es pronunciado contra esta nación, tal vez por ayudar a Nabucodonosor contra Judá. Se promete su restauración en los últimos días; dicha promesa puede haber tenido un cumplimiento parcial en el día de Pentecostés, cuando algunos elamitas oyeron el evangelio (Hch 2:9).

9. Babilonia (cps. 50 y 51; cf. Is 13, 14, 47). En los capítulos anteriores aprendimos que Jehová usó a Babilonia como un azote para Israel y para las naciones que la rodeaban. Pero el hecho de haber sido usada por Jehová no la salvará del juicio por sus pecados (Jer 27:7). Compárese la manera de obrar de Dios con la nación asiria. (Is 10:4-37; 37:36-38). Para el registro del cumplimiento de las profecías que se encuentran en Jeremías 50 y 51, léase Daniel 5. Recordando lo que se dijo respecto a la "ley de doble referencia", podemos considerar la caída de Babilonia como típica de la derrota del reino del anticristo y su capital, probablemente una Babilonia reconstruida. Compárense Jeremías 50 y 51 con Apocalipsis 17 y 18.

VI. Retrospección: el cautiverio de Judá (52)

El relato de la destrucción de Jerusalén registrado en 2 Reyes 24 y 25; 2 Crónicas 36; y Jeremías 39, es repetido aquí. Es adecuado que el registro del acontecimiento que hizo derramar tantas lágrimas a Jeremías y que casi desgarró su corazón, forme la conclusión de su libro.

24
Lamentaciones

Tema. El libro de Lamentaciones es un apéndice a la profecía de Jeremías, respirando la aguda y dolorosa tristeza del profeta por las miserias y desolaciones de Jerusalén, que fueron el resultado de su sitio y destrucción. El pesar y las lamentaciones expresadas en la profecía de Jeremías encuentran aquí su culminación; el río de lágrimas que corrió allí, llega a ser un torrente en este libro de Lamentaciones. El objetivo principal del libro fue enseñar a los judíos a reconocer la mano castigadora de Dios en sus calamidades y a volverse a Él con sincero arrepentimiento. La endecha triste de Jeremías ha sido asimilada por la nación judía, pues cantan este libro todos los viernes en el lugar de lamento de Jerusalén, y lo leen en la sinagoga en el ayuno del día nueve de agosto, el día apartado para lamentar las cinco grandes calamidades que han venido sobre la nación. Resumiremos el tema de Lamentaciones de la manera siguiente: Las desolaciones de Jerusalén como el resultado de sus pecados, y el castigo de un Dios fiel para conducirlos al arrepentimiento.

Autor. Jeremías.

Bosquejo

Presentaremos el bosquejo sugerido por Roberto Lee. El libro consta de cinco poemas.

    I. Primer poema: La ciudad representada como una viuda llorando (1)

   II. Segundo poema: La ciudad representada como una mujer enlutada, llorando en medio de las ruinas (2)

  III. Tercer poema: La ciudad representada por el profeta, llorando ante Jehová el Juez (3)

  IV. Cuarto poema: La ciudad representada como el oro deslustrado, cambiado, degradado (4)

   V. Quinto poema: La ciudad representada como suplicante rogando al Señor (5)

Todavía los judíos usan este libro para desahogar su pesar por los sufrimientos y dispersión de Israel. Las Lamentaciones todavía se leen anualmente para conmemorar el incendio del templo. Cada viernes los israelitas, ancianos y jóvenes, de ambos sexos, se congregan en el lugar de las lamentaciones en Jerusalén, cerca de la esquina suroeste del patio del antiguo templo, donde todavía se reverencia un antiguo muro, de unos 47 metros de largo y 17 metros de alto, como memoria del santuario de la raza. Escribe el doctor Geikie:

Es una escena conmovedora observar la fila de judíos de muchas naciones, vestidos con sus negros gabanes como señal de luto, lamentando en voz alta la ruina de aquella Casa cuya memoria es todavía tan querida para su raza, y recitando los tristes versículos de las Lamentaciones y Salmos adecuados, entre lágrimas, mientras besan fervorosamente las piedras. El día nueve del mes Ab, alrededor de nuestro mes de julio, esta endecha, compuesta alrededor de seiscientos años antes de Cristo, se lee en voz alta en cada sinagoga por todo el mundo.

25

Ezequiel

Tema. Ezequiel profetizó en Babilonia durante todo el período de su ministerio, que comenzó siete años antes de la destrucción de Jerusalén, y que terminó unos quince años después de ese acontecimiento. Como el de Isaías, su mensaje fue de denuncia y consuelo.

El punto central de las predicciones de Ezequiel es la destrucción de Jerusalén. Antes de ese acontecimiento su objetivo principal era llamar al arrepentimiento a los que vivían en una seguridad descuidada; advertirles en contra de abrigar la esperanza de que, con la ayuda de los egipcios, se quitarían el yugo de Babilonia (17:15-17); y asegurarles que la destrucción de su ciudad y templo era inevitable y se acercaba rápidamente. Después de ese acontecimiento su cuidado principal era consolar a los judíos desterrados por medio de promesas de rescate futuro y restauración a su tierra; y animarlos con la seguridad de bendiciones futuras.[1]

Un resumen del tema sería: El alejamiento de la gloria de Dios de Israel es indicativo de juicio venidero, y el retorno de su gloria es indicativo de restauración futura.

Autor. Ezequiel. Como Jeremías, Ezequiel era a la vez un sacerdote y profeta. Fue llevado cautivo junto con el rey Joaquín por Nabucodonosor como diez años antes de la destrucción de Jerusalén. Su hogar fue en Tel-abib, en Babilonia. Allí ministró a los desterrados, quienes en su mayoría resistían a sus palabras, adhiriéndose a la esperanza falsa de un regreso rápido. La tradición dice que fue asesinado por uno de los desterrados a quien había reprendido por idolatría.

Época. Los acontecimientos históricos registrados en este libro abarcan un período de veintiún años entre 595 y 574 a.C.

Bosquejo

I. El llamamiento del profeta (1 — 3)

II. La suerte de Jerusalén y de la nación (4 — 24)

---

1 Angus Green.

III. Profecías en contra de las naciones (25 — 32)

IV. La restauración de Israel (33 — 48)

I. El llamamiento del profeta (1 — 3)

1. La visión de Ezequiel (cp. 1). Como el de Isaías, el llamamiento de Ezequiel fue precedido de una visión de la gloria del Señor (cf. Is 6). Las criaturas vivientes mencionadas en este capítulo son los querubines, una orden de seres angelicales cuyo servicio parece ser, con relación a los hombres, de protección y reivindicación de la santidad de Dios. (Véanse Gn 3:24; Éx 15:18-22; Nm 7:89; 1 S 4:14; 2 S 6:2; 1 R 8:6,7; 2 R 19:15; Sal 18:10; 80:1; 99:1: Ap 4:6-8.)

2. Su comisión y mensaje (2:1 al 3:9). Como en el caso de Isaías, el mensaje de Ezequiel fue de condena a un pueblo desobediente.

3. Su responsabilidad (3:10-21). Es puesto como atalaya sobre la casa de Israel para advertirle que no se aparte del bien.

4. Su segunda visión de la gloria del Señor (3:22-27). Ezequiel no había de empezar de inmediato su ministerio de predicar, pero debía abstenerse de hablar hasta ser instruido para hacerlo por el Señor. Debía permanecer en su casa hasta que recibiera del Señor las revelaciones respecto a la suerte de Israel.

II. La suerte de Jerusalén y de la nación (4 — 24)

1. El Señor le ha ordenado a Ezequiel que calle hasta que se le instruya que profetice (3:26,27); sin embargo, aunque debe permanecer en silencio respecto a mensajes verbales, se le ordena hablar a la nación mediante acciones simbólicas o señales (cps. 4 al 6), de la manera siguiente:

(a) Mediante un adobe y una plancha de hierro, Ezequiel representa el sitio de Jerusalén (4:1-3).

(b) Para significar el castigo que Israel habría de recibir por el período de 390 años en que habían pecado (desde el establecimiento de la idolatría por Jeroboam hasta el año 23 de Nabucodonosor); y el castigo de Judá por sus 140 años de iniquidad (empezando con los convenios de Josías, 2 Reyes 23:3-27, y terminando con los sucesos registrados en Jeremías 52:30), Ezequiel se acuesta sobre su lado izquierdo, un día por cada año de ese período de idolatría y pecado (4:4-8).

(c) Para significar el hambre que prevalecería durante el sitio, ha de comer su pan por peso y beber su agua por medida (4:9-17).

(d) Mediante la señal de cortarse el pelo el profeta, simboliza la destrucción del pueblo de Jerusalén por hambre, pestilencia y espada (5:1-17).

2. Una serie de mensajes que predicen desolaciones sobre la tierra y juicios sobre el pueblo (cps. 6 y 7).

3. Una visión de destrucción de Jerusalén (cps. 8 al 11).

(a) Una de las causas de su destrucción venidera: la idolatría de sus habitantes (cp. 8). La adoración de la bestia de Egipto (v. 10); los ritos inmorales de la adoración de Tamuz (v. 14); la adoración persa del sol (v. 16).

(b) Una visión de la matanza del pueblo y el sello de un remanente fiel (cp. 9).

(c) Una visión del esparcimiento del fuego del altar sobre Jerusalén, tal vez simbólico del incendio de la ciudad (cp. 10).

(d) El alejamiento de la gloria de Dios de Jerusalén es una señal de juicio venidero (cp. 11).

4. Por las señales de la partida de Ezequiel como un fugitivo y el tomar su alimento como en tiempo de hambre, se expone lo cercano del cautiverio de Judá (cp. 12). Luego sigue una denuncia de los profetas que falsamente predicen paz y un regreso rápido del cautiverio (cp. 13), y de aquellos jefes que con intenciones no sinceras inquieren del Señor sobre la misma cuestión (cp. 14).

5. La indignidad de Israel se expone bajo la figura de la vid ardiendo (cp. 15), y su infidelidad bajo la figura de una ramera (cp. 16).

6. En la parábola de la gran águila se muestra el castigo de la traición de Sedequías en quebrantar su pacto con Nabucodonosor, y en llamar a Egipto para que le ayudara a rebelarse contra él (cp. 18).

7. La vindicación de Jehová de sí mismo en contra de la acusación de que estaba castigando a la generación actual por los pecados de sus antepasados (cp. 18).

8. Un lamento sobre la caída de la casa de David (cp. 19).

9. Un repaso de la historia de Israel ilustrando su infidelidad y la paciencia y fidelidad de Jehová, y enseñando que su fidelidad es una garantía de la restauración futura de ellos, aun cuando esa restauración debe venir mediante el fuego purificador de la tribulación (cp. 20).

10. Por la señal del profeta gimiendo y la espada de Dios, se vuelve a repetir la advertencia de la destrucción venidera de Jerusalén

por Nabucodonosor (cp. 21). Nótese la profecía acerca del derrocamiento del trono de David hasta la venida del Mesías (vv. 26,27).

11. Una enumeración de los pecados de Jerusalén, que la llevará por el horno ardiente de la aflicción para su purificación (cp. 22).

12. La apostasía de Israel y Judá y el castigo es expuesto bajo la parábola de Ahola y Aholiba, las dos mujeres infieles y adúlteras (23).

13. Se compara a Jerusalén con una olla hirviendo y a sus habitantes con los huesos y carne que están dentro de la olla, produciendo una espuma vil. Eso es típico de la vileza hirviente de la ciudad (cp. 24:1-4). La destrucción de su templo, el orgullo de la nación, se simboliza por el acto de llevarse el Señor, por la muerte, a la esposa de Ezequiel (24:15-20).

III. Profecías en contra de las naciones (25 — 32)

Como Isaías y Jeremías, Ezequiel tiene un mensaje para las naciones que rodean a Israel (cf. Is 13 — 23 y Jer 46 — 51). Es un mensaje de juicio basado en la mayoría de los casos en su trato para con Judá. Las siguientes naciones son mencionadas:

1. Los amonitas (25:1-7). (a) La causa del juicio: su regocijo por la calamidad de Judá (v. 3). (b) Forma de juicio: invasión y desolación.

2. Moab (25:8-11). (a) Causa de juicio: su insinuación de que Judá no era mejor que los paganos que adoraban ídolos, un golpe indirecto contra Jehová (v. 8). (b) Forma de juicio: invasión.

3. Edom (25:12-14). (a) Causa de juicio: su actitud hacia Judá en el día de su calamidad (v. 12). (b) Forma de juicio: retribución de manos de Israel.

4. Filistea (25:15-17). (a) Causa de juicio: el tomar ventaja de la calamidad de Judá para emitir su antiguo odio sobre ellos (v. 15). (b) Forma de juicio: destrucción.

5. Tiro (cps. 26 al 28). (a) Causa de juicio: su regocijo por la caída de Jerusalén, con la expectativa de sacar provecho de su pérdida (26:2); el blasfemo enaltecimiento de su príncipe (28:2,6).

NOTA: En el capítulo 28:12-19, Ezequiel ve más allá del príncipe de Tiro al que le está dando el poder: Satanás, el dios y príncipe de este mundo. (b) Forma de juicio: invasión y destrucción por Nabucodonosor y perpetua desolación.

6. Sidón (28:20-24). (a) Causa de juicio: eran como cardos punzantes a la casa de Israel; es decir, fueron el medio de enredar a Israel en el pecado y los instrumentos para castigarlo (cf. Nm 33:55). (b) Forma de juicio: matanza y pestilencia.

7. Egipto (cps. 29 al 32). (a) Causa de juicio: la arrogancia y el orgullo de su rey (cp. 31); su promesa de ayudar a Israel y luego su falta de ayuda en la emergencia (29:6,7). (b) Forma de juicio: matanza, cautiverio, abatimiento entre las naciones, opresión extranjera, destrucción de ídolos, y pérdida permanente de gobernante nativo.

IV. La restauración de Israel (33 — 48)

Hasta este punto el mensaje de Ezequiel había sido de inminente juicio para la ciudad y cautiverio para el pueblo. Pero ahora que su predicciones han sido cumplidas, el elemento de consuelo predomina en su profecía.

1. Se renueva la comisión de Ezequiel y, después que llega la noticia de la toma de Jerusalén, se le permite hablar claramente al pueblo en vez de predicar mediante señales y símbolos.

2. Una represión de los pastores falsos de Israel que se enseñorean del rebaño y lo oprimen, y la promesa de la venida del verdadero Pastor que recogerá y alimentará a las ovejas perdidas de la casa de Israel (34).

3. El castigo de los enemigos de Israel, de los cuales Edom es representativo, el recogimiento de Israel, su completa restauración a la tierra restaurada de Palestina y su conversión (cps. 35 y 36).

4. Por la visión del valle de los huesos secos se simboliza la actual muerte nacional de Israel y la futura resurrección nacional, cuando los dos reinos de Judá e Israel serán unidos bajo el rey David (ya sea David resucitado o el Mesías mismo, el descendiente de David), y toda la nación unida a Jehová por un pacto eterno (cp. 37).

5. Los capítulos 38 y 39 registran el ataque de las naciones gentiles sobre Israel, después que haya sido restaurada a Palestina. De 39:22 puede inferirse que este ataque tendrá lugar después que Israel haya sido recogido en la tierra de Palestina, porque el versículo dice que Israel sabrá que Jehová es su Dios "desde ese día en adelante"; es decir, después de la destrucción de las naciones vecinas. En relación con estos capítulos, léase Zac 12:1-4; 14:1-9; Mt 24:14-30; Ap 14:14-20; 19:17-21. Muchos eruditos creen que el capítulo 38:2 se refiere a Rusia: Mesec (Moscú), Tubal (Tobolsk). Ese punto de vista se confirma con las palabras "príncipe soberano", que debieran traducirse "príncipe de Rosh"; y, según un gran erudito hebreo, Rosh se refiere a Rusia.

6. La gloria de Jehová que se apartó de Israel antes de su cautiverio, ahora vuelve a morar en el templo milenario, del cual encontramos una descripción en los capítulos del 40 al 48.

26

Daniel

Tema. El libro de Daniel es, en su mayor parte, una historia profética de los poderes gentiles mundiales desde el reinado de Nabucodonosor a la venida de Cristo. Los profetas en general dan énfasis al poder de la soberanía de Dios con relación a Israel, y le revelan como guiando los destinos de su pueblo escogido por todos los siglos hasta la restauración final. Daniel, por otra parte, da énfasis a la soberanía de Dios con relación a los imperios gentiles mundiales, y revela a Dios como el que domina y gobierna en sus asuntos, hasta el tiempo de la destrucción de éstos a la venida de su Hijo.

> La visión es la de un Dios que todo lo rige, omnisciente y omnipotente, de reyes que reinan y pasan, de dinastías e imperios que surgen y caen, mientras que Dios, en su trono en los cielos, rige sus movimientos.[1]

El tema de Daniel puede resumirse de esta manera: Dios revelado como el que domina el levantamiento y la caída de los reinos de este mundo hasta su destrucción final, y estableciendo su propio reino.

Debido a sus muchas visiones, se le ha llamado al libro de Daniel "el Apocalipsis del Antiguo Testamento".

Autor. Daniel era de la tribu de Judá, probablemente miembro de la familia real (1:3-6). Cuando aún era muy joven fue llevado cautivo a Babilonia en el año tercero del rey Joacim (2 Cr 36:4-7), y ocho años antes que Ezequiel. Junto con otros tres jóvenes fue colocado en la corte de Nabucodonosor a fin de que obtuviera una preparación especial en la educación de los caldeos. Allí llegó a uno de los puestos más elevados del reino, una posición que retuvo durante el gobierno persa, que siguió al babilónico. Profetizó durante todo el cautiverio, siendo su última profecía dada durante el reinado de Ciro, dos años antes del regreso de la nación a Palestina. Por causa de su vida intachable en medio de la corrupción de una corte oriental, es uno de aquellos mencionados por Ezequiel como ejemplos sobresalientes de piedad. El profeta Ezequiel da testimonio de la sabiduría de Daniel (Ez 28:3).

---

1 G. Campbell Morgan.

Época. Desde Nabucodonosor a Ciro, abarcando un período de unos setenta y tres años, desde 607 hasta 534 a.C.

Bosquejo

I. Introducción: Daniel y sus compañeros (1)

II. El dominio de Dios de los imperios del mundo con relación a su desarrollo y a su reino (2 — 7)

III. Visiones de Daniel con relación al destino del pueblo de Dios (8 — 12)

I. Introducción: Daniel y sus compañeros (1)

La resolución de Daniel. Daniel era un hombre verdaderamente grande. En lo que respecta a la santidad personal, vivió una vida intachable en medio de la sensualidad de una corte oriental: en cuanto a sabiduría y conocimiento, excedía a los hombres más sabios de Babilonia; en lo que respecta a posición, ocupaba uno de los puestos más elevados del reino. El versículo 8 revela el secreto de su éxito: "Mas Daniel propuso en su corazón no contaminarse . . ." Era costumbre entre los babilonios tirar en la tierra una pequeña parte de alimento y bebida como una ofrenda a los dioses para consagrarles a ellos toda la fiesta. Para Daniel, el participar de ese alimento hubiera sido aprobar la idolatría: así que, como Moisés y Josué, "escogió antes ser maltratado con el pueblo de Dios, que gozar de los deleites temporales del pecado". Como en el caso de José, Daniel y sus compañeros fueron bien recompensados por su fidelidad.

II. El dominio de Dios de los imperios del mundo con relación a su desarrollo y a su reino (2 — 7)

1. En respuesta a un deseo no expresado por parte de Nabucodonosor de saber el futuro de su gran imperio, Dios le dio un sueño que, interpretado por Daniel, dio a ese monarca una revelación del levantamiento, progreso y caída de los poderes gentiles mundiales, durante ese período descrito por Cristo como "los tiempos de los gentiles" (Lc 21:24). Por "tiempos de los gentiles", queremos decir ese período de tiempo durante el cual el dominio mundial está en manos de los gentiles en vez de los judíos, y durante el cual los judíos están bajo el gobierno gentil. Ese período empezó con el cautiverio, 606 a.C., y terminará con la venida de Cristo. La sucesión de los imperios mundiales es expuesta bajo la figura de una imagen gigantesca compuesta de varios metales. En el valor decreciente de los metales que componen la imagen puede verse el deterioro de los im-

perios del mundo con relación a su carácter de gobierno. La siguiente es la interpretación del sueño de Nabucodonosor

(a) La cabeza de oro representa el imperio de Nabucodonosor, Babilonia (605-538 a.C.). El poder de Nabucodonosor era absoluto, podía hacer lo que quisiera (Dn 5:19). Su imperio era una unidad.

(b) El pecho y los brazos de plata representan el imperio inferior de Media y Persia (538-330 a.C.). Ese reino era inferior al primero, porque su monarca dependía del sostenimiento de la nobleza, y no podía hacer lo que deseaba, como se ve por la incapacidad de Darío de librar a Daniel (6:12-16). Ese imperio era dual, compuesto de los imperios de Media y de Persia.

(c) El vientre y los muslos de metal representan al imperio de Grecia de menos valor (330-30 a.C.). "El gobierno de Alejandro era una monarquía sostenida por la aristocracia militar que era tan débil como las ambiciones de sus jefes." Este imperio fue más tarde dividido en cuatro partes (7:6; 8:8).

(d) Las piernas de hierro y los pies y dedos, parte de hierro y parte de barro, representan el imperio romano (30 años a.C., hasta el regreso de Cristo). Aquí se representa una forma de gobierno aun inferior, en que el emperador era electo y su poder dependía de la buena voluntad del pueblo. Este imperio será dividido en los últimos días en tres partes. La mezcla del hierro con el barro en los diez dedos sugiere deterioro de este gobierno al de una monarquía democrática donde el monarca lleva a cabo la voluntad del pueblo (2:41-43).

(e) La piedra cortada no con manos que cayó en los pies de la imagen significa la venida de Cristo en un tiempo en que el imperio romano habrá sido restaurado; su destrucción del poder mundial gentil; y el establecimiento de su propio reino.

2. La imagen de Nabucodonosor, la negativa de los tres jóvenes hebreos a adorar y su rescate del horno de fuego (cp. 3).

3. La visión de Nabucodonosor del árbol, su abatimiento y su restauración (cp. 4).

4. La historia personal de Daniel bajo Belsasar y Darío (cps. 5 y 6).

(a) Bajo Belsasar: su interpretación de la escritura en la pared (5).

(b) Bajo Darío: su rescate del foso de los leones (6).

5. La visión de las cuatro bestias (cp. 7). Este capítulo trata del mismo tema que el segundo capítulo el levantamiento y caída del poder gentil. En el capítulo 2 los imperios son vistos desde el punto de vista político, con relación a su deterioración en la forma de gobierno; en el capítulo 7 se ven desde el punto de vista moral, con re-

lación a su carácter fiero y destructivo como se expresa mediante el símbolo de bestias salvajes. En el capítulo 2 la visión fue adaptada al punto de vista de Nabucodonosor, que vio superficialmente el imperio mundial como una espléndida figura humana, y el reino de Dios como una simple piedra al principio. En el capítulo 7, la visión fue adaptada al punto de vista de Daniel, quien vio los imperios en su verdadero carácter de bestias salvajes, y quien desde el principio vio la superioridad y el triunfo del reino de Dios. La siguiente es la interpretación de la visión:

(a) El león simboliza el imperio de Nabucodonosor. Tal vez el versículo 4 se refiera a la experiencia de Nabucodonosor registrada en el capítulo 4:16-34.

(b) El oso simboliza el imperio medopersa, el estar "puesto de un lado" significa la fuerza superior del imperio persa Las tres costillas en su boca representan tres reinos que este imperio subyugaba: Lidia, Egipto y Babilonia.

(c) El leopardo representa el imperio de Grecia. Las alas denotan la rapidez de sus conquistas. Las cuatro cabezas significan las cuatro divisiones en que fue dividido el imperio después de la muerte de su gobernante.

(d) La bestia no descrita representa al fuerte y terrible imperio romano. Los diez cuernos significan los diez reinos en que será dividido en los últimos días. De estos cuernos sale otro, el anticristo. Los días de estos diez reinos testificarán de la venida de Cristo con poder, quien destruirá a ese sistema mundial y a su gobernante. Debe leerse Apocalipsis 13 y 19 en conexión con esto.

III. Visiones de Daniel con relación al destino del pueblo de Dios (8 — 12)

1. La visión del carnero y del macho cabrío (cp. 8). La siguiente es una breve interpretación de esta visión:

(a) El carnero de dos cuernos representa al imperio de Media y Persia.

(b) El macho cabrío representa el imperio griego que destruyó al medopersa.

(c) El cuerno notable entre los ojos del macho cabrío representa a Alejandro el Grande, gobernante del imperio griego.

(d) Los cuatro cuernos que surgieron después del quebrantamiento del gran cuerno representan las cuatro divisiones del imperio de Alejandro después de su muerte.

(e) El cuerno pequeño que surge de una de las divisiones del imperio de Alejandro (8:9-14,23-27). Algunos eruditos creen que las predicciones respecto al pequeño cuerno fueron cumplidas en un rey sirio llamado Antíoco Epífanes, quien en su fiera persecución de los judíos, contaminó el santuario de ellos y procuró abolir su religión. Otros afirman que el elemento "tiempo" mencionado en los versículos 17, 19 y 23 posterga el cumplimiento de la profecía hasta el fin de la época, cuando aparecerá el anticristo, del cual Antíoco es nada más que una sombra.

2. La visión de las setenta semanas (cp. 9). Al aprender por las profecías de Jeremías que los setenta años del cautiverio de Israel fueron cumplidos, Daniel fue ante el Señor en intercesión por su pueblo. Mientras oraba, un ángel fue enviado para revelarle el futuro de Israel. La nación iba a ser restaurada del cautiverio; pero esa restauración no era la última. Un período de setenta semanas (más literalmente, "setenta sietes") debía de transcurrir antes de la consumación de la historia de Israel (v. 24). Estas semanas no son semanas de días, sino semanas proféticas de años. Por medio de cálculos cuidadosos, los eruditos han descubierto que este período da la fecha exacta de la primera venida de Cristo y fija el tiempo del reinado del anticristo. Las setenta semanas están divididas en tres períodos (véase 9:25,26).

(a) Siete semanas o cuarenta y nueve años. Todo el período de las semanas debía calcularse desde el decreto para reconstruir a Jerusalén, que fue dado en marzo 445 a.C., durante el reinado de Artajerjes (Neh 2:1-10). El período de los cuarenta y nueve años probablemente representa el tiempo ocupado en la construcción del muro como se menciona en 9:25.

(b) Las sesenta y dos semanas o 434 años. Después del período de los cuarenta y nueve años, sesenta y dos semanas, o sea 434 años, 483 en total, debían pasar antes de la venida del Mesías. Calculando desde marzo 445 a.C. el año del decreto para construir a Jerusalén, tomando en consideración los distintos calendarios usados en aquella época, y dando lugar para los años bisiestos, los estudiosos han calculado que los 483 años, o las 69 semanas, terminaron en abril, 32 d.C. Es decir, el mes y año exacto en que Cristo entró en Jerusalén como Príncipe Mesías (Mt 21:1-11). Después de ese período, sería quitado el Mesías.

(c) Hasta aquí hemos dado cuenta de 69 semanas de las 70, o sea de 483 años de los 490. Resta todavía una semana o siete años para tener su cumplimiento. Entre las 69 semanas y la última semana hay un espacio, durante el cual el tiempo no es calculado con relación a Israel. Este espacio lo ocupa la época de la iglesia; dicha época no fue revelada a los profetas. La última semana o siete años mencionados en el versículo 26, no encuentra su cumplimiento hasta la aparición del anticristo al final de la época. El versículo 27 afirma que cierto gobernante hará un pacto con los judíos por un período de siete años, quebrantará dicho pacto después de tres años y medio, después de lo cual hará guerra en contra de la religión de los judíos. Esto implica que los últimos tres años y medio de los siete, será un tiempo de tribulación para el pueblo judío. El libro de Apocalipsis menciona un período semejante de tres años y medio, citado bajo diferentes números simbólicos (véase Ap 11:2,3,9; 12:6,14; 13:5), cuyo período se asocia con el reinado del anticristo, la tribulación del pueblo judío y el derramamiento de los juicios de Dios sobre la tierra un período que será seguido por la venida de Cristo y la restauración de Israel. Así que la última semana de las setenta semanas está aún por cumplirse.

3. La última visión de Daniel (cps. 10 al 12). Estos capítulos contienen una historia profética del pueblo escogido de Dios, desde el tiempo de Darío hasta la venida del Mesías. Lo siguiente es el contenido de estos capítulos:

(a) La visión que tuvo Daniel de la gloria del Señor (cp. 10).

(b) Las guerras entre dos de las cuatro divisiones del imperio de Alejandro — Egipto y Siria —, el reino del sur y el reino del norte (11:1-20). Palestina tuvo una relación definitiva con las luchas entre estos países por su proximidad a los mismos.

(c) Una descripción profética de Antíoco Epífanes, el perseguidor sirio de los judíos, y un tipo del anticristo (11:21-35).

(d) Daniel ve en Antíoco, el tipo, y en el anticristo, el antitipo; y describe a este último (11:36-45).

(e) La gran tribulación y el rescate del pueblo judío (12:1).

(f) La resurrección (12:2,3).

(g) El último mensaje de Daniel (12:4-13). Se le dice a Daniel que las palabras que ha escrito están cerradas y selladas hasta el tiempo del fin, es decir, las visiones no han de encontrar su interpretación completa hasta el fin de la época. Las profecías que había escrito no eran para él (cf. 1 P 1:10,12), sino para los que vivían al final del tiempo, en cuyo tiempo los entendidos, es decir, los que tuvieren sabiduría espiritual, entenderían (v. 10; cf. Mt 24:15). Compárense las instrucciones de Daniel con las de Juan en Apocalipsis 22:10.

27

Oseas

Este es el primero de los libros proféticos menores. Se les llama "menores" no con relación a su importancia, sino con relación a su tamaño. En este sentido están en contraste con los escritos de los profetas mayores.

El libro Segundo de Reyes 14:23 — 15:31 presenta los antecedentes históricos del libro.

Tema. El libro de Oseas es una gran exhortación al arrepentimiento dirigida a las diez tribus, durante los cincuenta o sesenta años antes de su cautiverio. La copa de la iniquidad de ellos había estado llenándose rápidamente. Los reyes y sacerdotes idólatras habían desviado al pueblo de la adoración de Jehová; cuando estaban en dificultad, el gobierno acudía por auxilio a Egipto o a Asiria; el pueblo en muchos casos estaba imitando la vileza moral de los cananeos; vivían en una seguridad descuidada, interrumpida sólo en tiempos de peligro por un arrepentimiento fingido; sobre todo, se había olvidado a Dios y su Palabra. Esos pecados de la nación en su condición de separación de Dios son resumidos por el profeta como el pecado de adulterio espiritual, y se ilustra por su propia experiencia en casarse con una mujer impura y por el abandono de él por otro amante. El pecado de Israel es más grave que el de las naciones que lo rodean. Los pecados de estas naciones son ofensas cometidas por los que no han tenido relación con Jehová. El pecado de Israel es el de infidelidad a su esposo, Jehová, quien los rescató de Egipto, les proveyó de lo necesario, y con quien hicieron votos sagrados de obediencia y fidelidad en el Monte Sinaí. Pero en lugar de dar muerte a esa esposa adúltera como lo prescribía la ley, Jehová le manifiesta un amor que está sobre lo humano; la vuelve a recibir consigo. El siguiente servirá como el tema de Oseas: Israel, la esposa infiel que abandona a su Esposo; Jehová, el Esposo compasivo, que la vuelve a recibir.

Autor. Oseas fue un profeta del reino del norte (las diez tribus). Profetizó en el mismo tiempo que Amós en Israel e Isaías y Miqueas en Judá. Su ministerio profético, que duró unos sesenta años, es el de más larga duración de todos los profetas.

Época. Los acontecimientos históricos referidos en el libro de Oseas abarcan un período de unos sesenta años, desde 785 a.C. hasta el tiempo del cautiverio de las diez tribus.

Bosquejo

I. Separación: Israel, la esposa infiel de Jehová (1 — 3)

II. Condena: Israel, la nación pecadora (4 — 13:8)

III. Reconciliación: Israel, la nación restaurada (13:9 — 14:9)

I. Separación: Israel, la esposa infiel de Jehová (1 — 3)

1. El matrimonio de Oseas con una mujer infiel (cp. 1). A menudo Dios le habló a su pueblo mediante señales y acciones simbólicas (cf. Jer 13:1-11; 19:1-13; 27 y 28; Ez 4). Estas señales eran necesarias para poder proveer ilustraciones fuertes para el mensaje del profeta y para despertar la atención del pueblo en tiempos en que se negaban a prestar atención a la palabra hablada. A Oseas se le ordena contraer matrimonio con una mujer impura como una señal para el pueblo de que ellos, como la esposa de Jehová, han sido infieles a sus votos de fidelidad. Esta unión debe haber escandalizado al pueblo; y esto era lo que se intentaba hacer, para que en su investigación acerca de esta unión, pudieran descubrir que ellos mismos eran representados por medio de la esposa infiel de Oseas.

Además de eso, el motivo del profeta al casarse con ella, era puro y elevado. Él debía darle su nombre y su protección y elevar su vida antigua de degradación moral al mismo nivel en que él mismo vivía. Pero ¿por qué hace eso? ¿No es evidente que el matrimonio de Oseas con esta mujer impura ilustra el matrimonio de Jehová con un pueblo impuro? ¿Tenía Israel algo más que le recomendara al amor y al cuidado de Dios cuando Él la tomó para sí, que lo que esta mujer tenía cuando Oseas se casó con ella? (Dt 9:4-6; Is 51:1,2).[1]

Los hijos de esta unión recibieron nombres simbólicos de los juicios de Dios sobre la nación:

(a) Jezreel ("Dios esparcirá"): una señal del juicio, tanto de la casa de Jehú, como de la nación de Israel. Jezreel era la ciudad real de Acab y sus antepasados. Aquí ejerció Jehú sus mayores crueldades. Fue aquí donde los asirios derrotaron a los ejércitos de Israel.

---

1 Gray.

(b) Lo-ruhama ("no compadecida"): una señal de la separación de la misericordia de Dios hacia su pueblo.

(c) Lo-ammi ("no es mi pueblo"): una señal de que Dios ya no lo llamaría pueblo suyo.

2. La restauración de Israel en los últimos días y su unión con Judá bajo el Mesías (1:10,11).

3. Israel, la esposa infiel (cp. 2). El capítulo presenta un panorama más amplio de la culpa y la miseria de Israel y de su restauración final. Contiene una explicación de las señales del primer capítulo. Después de disfrutar de la bondad y protección de Jehová, Israel lo abandonó y se unió en idolatría a Baal (vv. 1-8). Por causa de esto Jehová la despojará de todos los dones y traerá su tierra a desolación (vv. 9-13). A través de la tribulación Israel volverá a su Esposo, Jehová, con quien estará desposada para siempre (vv. 14-23).

4. Jehová el Esposo fiel (cp. 3). Como una señal de la misericordia y amor hacia su pueblo, se le ordena a Oseas a que vuelva a recibir a su esposa infiel que lo había abandonado (v. 1). Parece que ella había sido vendida como esclava, de donde Oseas la redimió (v. 2). Pero antes de su completa restauración a los derechos conyugales habían de pasar muchos días durante los cuales ella debía vivir libre de impureza (v. 32). De la misma manera, Israel tiene que permanecer por un largo período libre de toda idolatría hasta el tiempo de su restauración a los privilegios completos del pacto bajo el Mesías (vv. 4,5). Se ha cumplido admirablemente esta última profecía en el pueblo judío. Por cientos de años han estado sin rey o príncipe, sin sacerdote o sacrificio, y desde el regreso del cautiverio en Babilonia han estado libres de idolatría.

II. Condena: Israel, la nación pecadora (4 — 13:8)

En los tres primeros capítulos, Dios habló de la infidelidad de Israel hacia Él, mediante la señal del matrimonio de Oseas. En los capítulos 4 al 13 se dirige con toda claridad a la nación, mencionando los diferentes pecados que hicieron apostatar a Israel. Esta sección consta de varios discursos que no se prestan para un pronto análisis. Podemos resumir el tema de esta sección de la manera siguiente: El pecado y la culpabilidad de Israel y la exhortación de Jehová para que se arrepienta

III. Reconciliación: Israel, la nación restaurada (13:9 — 14:1)

1. Aun cuando Israel se ha destruido mediante el pecado, y ha

muerto como una nación, Dios le traerá a la resurrección nacional (13:9-16; cf. Ez 37).

2. De la misma manera que uno enseña a un niño a orar, Jehová le da a Israel las palabras exactas que debe usar para volverse a Él (14:1-3).

3. Tan pronto como Israel esté listo con palabras de arrepentimiento, Jehová estará listo con palabras de bendición y restauración (14:4-9).

28

Joel

Tema. La ocasión para la profecía de Joel fue una terrible invasión de insectos destructivos, langostas, que devastó la tierra, destruyendo las cosechas y trayendo un hambre general. El profeta ve en esta calamidad una visitación del Señor y se refiere a ella como un tipo del juicio final del mundo el día del Señor (1:15). Como muchos de los otros profetas, Joel predice el futuro a la luz del tiempo presente, considerando un acontecimiento presente e inminente como un tipo de un acontecimiento futuro. De manera que él ve en la invasión de las langostas un tipo de la invasión venidera del ejército asirio (cp. 2:1-27; cf. Isaías 36,37). Mirando aun más lejos en el futuro, ve la invasión de las langostas y los asirios, como típico de la invasión final de Palestina por los ejércitos confederados del anticristo. Tomando el "día del Señor" como el pensamiento central y recordando que la misma expresión se usa al referirse a la invasión de las langostas y los asirios, resumiremos el tema de Joel de la manera siguiente: El día del Señor, visto como inmediato (en la invasión de las langostas), como inminente (en la venidera invasión asiria), y como futuro (en la invasión final).

Autor. Poco se sabe acerca de Joel. Se cree que profetizó durante el tiempo de Joás, rey de Judá (2 R 12).

Bosquejo

I. El día del Señor visto como inmediato: la invasión de las langostas (1)

II. El día del Señor visto como inminente: la invasión asiria (2:1-27)

III. El día del Señor visto como futuro: la invasión final (2:28 — 3:21)

La primera sección (cp. 1) describe la plaga literal de langostas. Lo terrible de la plaga puede juzgarse por la siguiente descripción de las langostas:

> La tierra sobre la cual sus hordas devastadoras han pasado, en el acto asume la apariencia de esterilidad y carestía. Bien las llamaban los romanos "las quemadoras de la tierra", lo cual es el significado literal de la palabra "langosta". En su movi-

miento cubren el suelo de una manera tan completa hasta ocultarlo de la vista, y en tales cantidades, que a menudo toma tres o cuatro días para que pase la poderosa hueste. Cuando se ve a distancia este enjambre de langostas que avanza, se asemeja a una nube de polvo o arena, alcanzando a unos cuantos pies sobre el suelo según los millares de insectos saltan hacia adelante. La única cosa que momentáneamente atrae su atención es un cambio repentino de temperatura, pues el frío, mientras dura, las entume. También se están quietas durante la noche, hormigueando como abejas en los arbustos y paredes hasta que el sol de la mañana las calienta y las revive y capacita para proseguir en su devastadora marcha. No tienen "rey" ni jefe; sin embargo, no divagan, sino que avanzan en hileras cerradas, instadas hacia la misma dirección por un impulso irresistible, y no se vuelven ni a la derecha ni a la izquierda por ninguna clase de obstáculo. Cuando una pared o casa se interpone en su camino, suben directamente hacia arriba, pasando sobre el techo al otro lado, y ciega y apresuradamente entran por las puertas y ventanas abiertas. Cuando llegan a donde hay agua, ya sea un charco o un río, un lago o al mar abierto, nunca procuran rodear, sino que saltan sin vacilación adentro y se ahogan; y sus cuerpos muertos que flotan sobre la superficie forman un puente para que sus compañeras pasen. De esta manera, a veces, el azote llega a su fin, pero también, como sucede a menudo, la descomposición de millones de insectos produce pestilencia y muerte.[1]

El contenido de la segunda sección puede resumirse así:

1. La invasión de los asirios tipificada por la invasión de las langostas (2:1-11). Los asirios eran como langostas por causa de su número e influencia destructiva.

2. Un llamamiento al arrepentimiento (2:12-17).

3. Una promesa de rescate (2:18-27).

En los capítulos 2:28 al 3:21 el profeta proyecta su visión al tiempo del fin, y ve:

1. El derramamiento del Espíritu Santo sobre la nación judía

---

1 Van Lennap.

(2:28,29). Esta profecía tuvo un cumplimiento parcial en el día de Pentecostés.

2. Las señales que precederían a la venida del Señor (2:30 32).

3. Armagedón y juicio de las naciones (3:1-16).

4. La restauración final de Israel (vv. 17-21).

29

Amós

Tema. El mensaje de Amós es el del juicio que vendrá y la restauración que seguirá. Podrá notarse que hay cierta igualdad en los temas de muchos de los profetas. Esto se explica por el hecho de que había una causa predominante que producía su mensaje; es decir, el pecado nacional, por lo tanto el mensaje era en la mayoría de los casos uno de condena. Pero al mismo tiempo que tenían un mensaje de reprensión para la nación en general, tenían también un mensaje de consuelo y restauración para un remanente fiel. Amós ve el pecado de Israel con relación a los grandes privilegios que le otorgaron, y demuestra que por causa de los grandes privilegios que eran suyos y por no andar de una manera digna de los favores que Jehová había derramado sobre ellos, su castigo sería mayor que el de los paganos que no habían tenido las mismas ventajas que ellos habían tenido (3:2). El tema de Amós puede declararse de la manera siguiente: La exposición de los pecados de un pueblo privilegiado, cuyos privilegios le trajeron grandes responsabilidades y cuyo fracaso bajo esa gran responsabilidad le trajo un juicio de acuerdo con la luz que habían recibido.

Autor. Amós era nativo de Tecoa, como a diez kilómetros al sur de Belén, habitada en su mayoría por pastores, a cuya clase pertenecía, siendo también recogedor de higos silvestres. No había sido ordenado oficialmente como profeta, ni tampoco había asistido a la escuela de los profetas; su único motivo para predicar fue un llamamiento divino (7:14,15). Su ministerio fue principalmente para las diez tribus, aunque también tuvo un mensaje para Judá y los países que la rodeaban. Profetizó durante los reinados de Uzías, rey de Judá (2 Cr 26), y de Jeroboam II, rey de Israel (2 Reyes 14:23-29), desde alrededor de setenta años antes del cautiverio de las diez tribus.

Bet-el fue el escenario principal de su predicación, tal vez la única. Cuando había dirigido varios discursos allí, Amasías, el sumo sacerdote del santuario real, envió un mensaje al rey, quien parece no haber estado presente, acusando al predicador de traición, y al mismo tiempo ordenó a este último que saliera del reino. Evidentemente había alguna razón para temer que los pobres oprimidos fueran inducidos a rebelarse en contra de sus señores y amos. Las amenazas del juicio venidero turbarían a muchos oyentes. Las denuncias de crueldad e injusticia despertarían muchos ecos. Sin embargo, el lenguaje del sacerdote muestra todo el desprecio que un funcionario de puesto elevado siente hacia un intruso que no es nadie, un hombre que piensa ganar su vida de una manera precaria profetizando (7:10-17). Al llegar a su casa. Amós indudablemente pone por escrito la sustancia de sus discursos.[1]

Bosquejo

I. Juicios sobre las naciones (1 — 2)

II. Juicio sobre Israel (3 — 9:6)

III. La restauración de Israel (9:7-15)

I. Juicios sobre las naciones (1 — 2)

Israel y Judá están incluidos en este mensaje denunciatorio en contra de las naciones, porque Jehová es visto como el Juez de todas las naciones administrando juicio imparcialmente. Nótese cómo comienza cada uno de estos mensajes: "Por tres, . . . sí, por cuatro." Esta es una manera figurativa de declarar que Dios no ejecuta de inmediato el juicio, sino que espera para dar a cada nación la oportunidad del arrepentimiento. El doctor G. Campbell Morgan resume el pecado de cada nación de la siguiente manera:

1. El pecado de Siria: crueldad (1:3-5).

2. El pecado de Filistea: tráfico de esclavos (1:6-8).

3. El pecado de Fenicia: agentes de esclavos a pesar del pacto (1:9,10).

4. El pecado de Edom: una venganza determinada e imperdonable (1:11,12).

Si El pecado de Amón: crueldad basada en codicia (1:13,15).

6. El pecado de Moab: odio violento y vindicativo (2:1-3).

7. El pecado de Judá: las leyes de Jehová despreciadas (2:4,5).

8. El pecado de Israel: corrupción y opresión (2:5-16).

---

1 J. Taylor.

II. Juicios sobre Israel (3 — 9:6)

Se exponen los juicios en tres discursos (3:1-6:14) y en cinco visiones (7:1-9:6).

1. Los tres discursos. Cada uno comienza con "oíd esta palabra":

(a) El tema del primer discurso (cp. 3) es como sigue: la ingratitud de Israel hacia el amor y favor de Dios, y su fracaso bajo la responsabilidad exige el castigo (3:1-3) que los profetas anunciaron, no al acaso, sino por la comisión de Dios, lo cual ellos no pueden menos que cumplir (4:8). De ese juicio sólo un remanente escapará (vv. 9-15).

(b) El tema del segundo discurso (cp. 4): Por causa de la opresión de los nobles (4 1-3), y la idolatría general de la nación (vv. 4,5), han sido castigados (vv. 6-11). Porque no han atendido a estos castigos, Israel ha de prepararse para encontrarse con su Dios en el último y peor de todos los juicios (vv. 12,13).

(c) El tema del tercer discurso (5:1 al 6:14): El inminente juicio puede evitarse buscando a Jehová (5:1-15). Para los que desdeñosamente desean ver el día de Jehová, vendrá con todo su terror (5:16-20). Por haber abandonado la nación el verdadero servicio de Dios en imitación de sus padres en el desierto, serán conducidos al cautiverio (vv. 21-27): ¡Ay de los que viven en seguridad carnal como si ese cautiverio no fuera inminente! (cp. 6)

2. Las cinco visiones de juicio.

(a) Las langostas (7:1-3). Éstas eran típicas de los asirios que constantemente estaban asolando a Israel. Por la intercesión del profeta, Jehová promete que no todo Israel será completamente destruido.

(b) El consumir el abismo por el fuego (7:4-6). Es probable que eso se refiera a que se secarían las aguas y por tanto vendría una gran sequía.

(c) La plomada de albañil (7:7-9). Como una señal de que el juicio se va a medir según la justicia. Este último mensaje trajo sobre el profeta persecución de manos del sumo sacerdote de Israel (7:10-17).

(d) El canastillo de fruta de verano (8:1-3). Esto era simbólico de la madurez de Israel para el juicio. Luego sigue un mensaje (8:4-15), el tema del cual es como sigue: por cuanto Israel ha despreciado la Palabra de Dios, Dios despertará hambre hacia la misma Palabra.

(e) El Señor sobre el altar (9:1-6). Se ve al Señor ordenando que se hiera y mate, demostrando que la orden para que comience el juicio está siendo dada.

II. La restauración de Israel (9:7-15)

1. La dispersión de Israel es para su refinamiento y purificación (vv. 7-10).

2. Después que esto se haya llevado a cabo, el reino davídico se establecerá de nuevo (v. 11).

3. Entonces toda la nación de Israel será la cabeza de las naciones (v. 12).

4. La tierra de Palestina prosperará (vv. 13,14).

5. Israel la heredará para siempre (v. 15).

30

Abdías

Tema. El tema de Abdías puede verse claramente a la primera lectura del libro. Es el pecado de Edom: violencia en contra de Judá. Su castigo: la extinción como nación.

Edom descendía de Esaú, e Israel de Jacob. El antagonismo entre ellos es patente en toda la Biblia. En Génesis ocurre una declaración sencilla y sin embargo muy sugestiva: "Y los hijos luchaban dentro de ella" (Gn 25:22). Desde esa alusión al conocimiento de Rebeca continuó la historia del antagonismo entre ambos. El antagonismo se originó en el círculo de la familia y continuó cuando los descendientes de cada uno se habían convertido en nación. Los idumeos eran un pueblo orgulloso, que con amargura y resentimiento siempre buscaban la oportunidad de perjudicar a los descendientes de Jacob. Israel y Edom estaban perpetuamente en guerra. Cuando Nabucodonosor tomó a Jerusalén, Edom se regocijó por la caída de Israel y cruelmente participó en el saqueo y en el destrozo (Sal 137:7). En tiempos pasados Dios había ordenado a su pueblo que tratase bien a Edom (Dt 23:7); pero ahora su conducta atroz había hecho rebosar su copa de iniquidad y se sentenció a condena y aniquilación. Después de la restauración de Israel, Ciro, rey de Persia, los venció, dando muerte a millares de ellos. Recibieron otra derrota terrible por los judíos bajo los macabeos en 109 a.C. El antagonismo de Edom y Judá llegó al extremo en la época de Cristo. Jesucristo era judío, descendiente de Jacob; Herodes era idumeo, descendiente de Esaú. Cristo nunca le habló a Herodes (Mt 14:6-9; Lc 23:9). Después del sitio de Jerusalén, 70 d.C., los idumeos se pierden de vista.

Los versículos 10-14 indican que se escribió el libro después de la destrucción de Jerusalén.

Autor. No se sabe absolutamente nada acerca de Abdías. Hay muchos de ese nombre mencionados en el Antiguo Testamento.

Bosquejo

31

Jonás

Tema. El libro de Jonás es peculiar entre los profetas en el sentido de que no contiene un mensaje directo a Israel, ya que el mensaje del profeta se dirige a los ninivitas. Aun cuando no se declara directamente, hay una gran lección en este libro para la nación judía; es decir, que Dios es el Dios no sólo de los judíos, sino también de los gentiles, y que es el deber de su pueblo escogido llevarles la luz de la revelación divina. De manera que el libro de Jonás es una represión por el exclusivismo de los judíos, que se mantenían a cierta distancia de los gentiles y se consideraban superiores a ellos. Por su descripción de un profeta que predica a los gentiles, se le ha llamado al libro de Jonás "el libro misionero del Antiguo Testamento". El tema del libro puede resumirse de la siguiente manera: Dios muestra su amor a los gentiles al enviarle un profeta para que los llame al arrepentimiento.

Autor. Jonás era galileo, del pueblo de Gat-hefer, cerca de Nazaret. Los fariseos en el tiempo de Cristo evidentemente pasaron por alto esto cuando dijeron que nunca había venido ningún profeta de Galilea (Jn 7:52). Ministró a las diez tribus durante el reinado de Jeroboam II, durante el cual profetizó respecto a la restauración de algún territorio israelita (2 R 14:25-27). Cuando terminó el ministerio de Eliseo, comenzó el de él. Jesús mismo dio testimonio de la existencia personal de Jonás, de su suerte milagrosa y de su oficio profético (Mt 12:40).

Bosquejo

I. La primera comisión de Jonás, su desobediencia y sus resultados (1 y 2)

II. La segunda comisión de Jonás, su obediencia y sus resultados (3)

III. La queja de Jonás y la respuesta de Dios (4)

I. La primera comisión de Jonás, su desobediencia y sus resultados (1 y 2)

1. **El destino de Jonás: Nínive.** Nínive era la capital del imperio asirio, y en el tiempo de Jonás, estaba en el apogeo de su orgullo y prosperidad. Tenía una circunferencia de 85 a 95 kilómetros, y esta-

ba rodeada por un muro de 30 metros de alto, tan ancho que tres carrozas podían pasar a la vez sobre el mismo. La población debe de haber sido como de un millón. Los pueblos amurallados de Babilonia tal parece que incluían grandes espacios para el cultivo y para apacentar el ganado, de modo que pudieran soportar un sitio prolongado. Que Nínive era una ciudad de esta clase se confirma por la referencia de que "tenía mucho ganado".

2. La desobediencia de Jonás. Muchos creen que el motivo de Jonás en desobedecer a Dios era uno personal y egoísta a saber, el temor de ser clasificado como un profeta falso, sabiendo como él sabía que Dios perdonaría la ciudad si se arrepentía, y su arrepentimiento traería un resultado que contradiría su mensaje de destrucción inminente. Otros, sin embargo, no creen ese motivo bastante poderoso como para hacer que Jonás huyera de su deber. Ellos afirman que fue inspirado por el patriotismo, aun cuando ese patriotismo lo cegaba para no tener misericordia. Siendo profeta sabía que Asiria algún día invadiría la tierra de Israel y practicaría en sus habitantes las crueldades por las cuales era conocida. De modo que optó por correr el riesgo de disgustar a Dios a ser el medio de preservar a una nación que traería sufrimiento indecible a su pueblo. Juan Urquhart, un notable erudito expone la cuestión de esta manera:

> Asiria había estado poniendo su mano por espacio de algunas generaciones sobre las naciones de la costa del Mediterráneo, y ciertamente era la mano de un gobierno cruel y feroz. En la política asiria no se permitía que ninguna consideración de compasión se interpusiera a sus propósitos. Esta nación no podía sostener guarniciones en los territorios conquistados y ponía en práctica un plan que hacia innecesarias las guarniciones tras su ejército vencedor. Se comenzaba por una matanza que no perdonaba a nadie. Los reyes en sus inscripciones y monumentos parecían jactarse del espectáculo presentado en el campo de batalla. Describían cómo los campos estaban cubiertos por los cuerpos de los conquistados. Esta carnicería era seguida por castigos malvados sobre las ciudades individuales. Los hombres principales como en Laquis, cuando Senaquerib conquistó la ciudad, fueron capturados por los verdugos y sometidos a varios castigos, que rebosaban de horror. Algunas de las víctimas eran sujetadas en el suelo mientras que uno de la banda de los verdugos, que están descritos en el monumento como si se gozara cruelmente de su obra temeraria, mete su mano en la boca

de la víctima, le agarra la lengua y se la arranca de raíz. En otro lugar se clavan estacas en el suelo. A éstas se atan las muñecas de otra víctima con cuerdas. Sus tobillos se le atan de la misma manera, y el hombre está extendido de modo que no puede mover ni un sólo músculo. El ejecutor luego se aplica a su obra; y empezando en el lugar acostumbrado, la afilada navaja hace su incisión, y la piel es levantada pulgada por pulgada hasta que el hombre es desollado vivo. La piel sacada de la víctima, entonces se extiende sobre los muros de la ciudad, o se dispone de ella de otra manera, para aterrorizar a la gente y dejar tras sí impresiones de larga duración de la venganza asiria. Para otros se preparan postes largos y agudos. La víctima, tomada como las demás, de los hombres principales de la ciudad, es colocado en el suelo: la punta aguda del poste se introduce por la parte baja del pecho; levantan luego el poste, subiendo a la víctima que se retuerce de dolor; es lanzado al hoyo hecho para esto y el hombre es dejado a morir.

Ningún hombre en Israel ignoraba estas cosas, y Jonás pudo haber sido testigo de algunas de ella. Jonás, indudablemente sabía que Asiria, la despojadora de naciones, era el ejecutor señalado para la venganza de Dios sobre las diez tribus . . . La palabra del Señor vino: "Levántate, y ve a Nínive, ciudad grande y pregona contra ella; porque su maldad ha subido delante de mí." La copa de Nínive estaba rebosando. Se iba a pronunciar una sentencia. Jonás no había escuchado noticias mejores que éstas. ¡Si Nínive perecía, entonces Israel estaría salvo! Había sólo una cosa que temer: la misericordia de Dios podría detener el golpe de la justicia de Dios. Jonás sabía que Dios era un Dios misericordioso y que si Nínive clamaba a Él, Asiria podría salvarse y entonces Israel perecería. Pero ¿y si Nínive hubiera sido dejada sin advertencia? ¿Y si se le dejara a ella y a sus príncipes abandonados para cosechar la recompensa de sus atrocidades?

Era una elección entre venganza hacia él, un profeta rebelde, y venganza sobre su pueblo. Se sacrificaría: dejaría que Nínive pereciera, ¡y así se salvaría Israel! Este parece haber sido el propósito de Jonás y la razón por su pesar de la liberación de Nínive. Pablo dijo que estaba dispuesto a ser maldición y ser arrojado de la presencia de Dios si por ese medio Israel pudiera ser salvo. Fue la resolución que tomó Cristo cuando nos salvó; porque fue hecho maldición por nosotros. El Señor dijo que Jonás fue un tipo de Él mismo. El tipo puede haber comenzado aquí.

Compárese en esta conexión 2 Reyes 8:7-13, donde se registra que Eliseo lloró, cuando al mirar hacia el futuro vio las atrocidades que un ejército invasor cometería sobre su pueblo.

3. El castigo de Jonás. Ningún milagro de la Biblia ha despertado tanto la incredulidad de los científicos y la burla de los incrédulos como la historia de Jonás tragado por un gran pez. La objeción principal en contra de la posibilidad del milagro es el hecho de que la garganta de una ballena — el pez más grande que se conoce en la actualidad — no es lo bastante ancha como para permitir que pase un hombre. Desde el punto de vista de las Escrituras el milagro es un hecho establecido, siendo confirmada su veracidad por Cristo (Mt 12:40). Las siguientes citas demostrarán la posibilidad del milagro desde el punto de vista natural:

> Cualquiera que lea Viaje en el barco ballenero, de Frank Bullen, tendrá alguna idea del tamaño y hábitos de ese poderoso monstruo del mar: la ballena. El señor Bullen es un hombre que tiene mucha experiencia en ballenas, y habla de lo que realmente ha visto. Dice en más de un lugar cómo cazan ballenas de "unas proporciones tan gigantescas de más de veintiún metros de largo, con una anchura de cuerpo en proporción con tan marcada longitud" de la cual la cabeza tan sólo, el mismo patrón del barco calculó que pesaba quince toneladas. Y la idea de que la garganta de una ballena sea incapaz de admitir un cuerpo tan grande, el señor Bullen la clasifica como "una crasa ignorancia". Relata que en una ocasión un tiburón de más de cuatro metros se encontró en el estómago de una ballena, y agrega esta admirable evidencia, "que al estar moribunda la ballena siempre arroja el contenido de su estómago". Nos cuenta de una ballena bien desarrollada que fue capturada y que se le dio muerte. "El alimento arrojado de su estómago estaba en masas de tamaño enorme, mayores de las que hemos visto hasta ahora en el viaje, algunas de las cuales se calcularon ser del tamaño de nuestra escotilla, es decir, 2.45 mt. x 1.85 mt. y x 1.85 mt." ¡Y sin embargo, se nos pide que creamos que una ballena no pudo haberse tragado a un hombre![1]

---

1 Sidney Collet en Todo acerca de la Biblia.

El Reverendo doctor Straton, famoso fundamentalista de Nueva York, y enemigo de la evolución, cree que ha descubierto a un hombre que en tiempos modernos (1891) sufrió la misma suerte que Jonás. Este hombre, Santiago Bartley, era marino británico muy capaz y miembro del barco ballenero "Estrella del Oriente". En el intento de cazar una gigantesca ballena en una expedición ballenera frente a la costa de Labrador, una ballena volteó uno de los barcos. El otro barco rescató a los hombres, con excepción de dos. Se creyó que éstos se habían ahogado. Por fin pudieron atar la ballena y la remolcaron hasta la costa. Luego prosiguieron a cortarla, y el segundo día después de haber sido capturada, abrieron el estómago de la ballena, y para sorpresa de todos, encontraron a uno de sus compañeros, a quien habían dado por ahogado. Estaba inconsciente, pero vivo todavía. Después de eso sufrió intensamente, pero al fin se recobró por completo, después de haber estado largo tiempo en un hospital británico. El doctor Straton dice que el relato fue investigado cabalmente por uno de los periodistas más cuidadosos y laboriosos de Europa, M. de Parville, editor del diario Des Debats, quien dijo que las declaraciones dadas por el capitán y la tripulación del buque inglés coincidían perfectamente y eran dignas de creerse.[1]

NOTA: Familiarícese con las evidencias antes mencionadas.

4. La oración y el rescate de Jonás (cp. 2). En su oración Jonás cita copiosamente los Salmos. Se identifica con los santos de la antigüedad, apropiándose de sus experiencias como se relatan en la Palabra de Dios.

Parece haber mucha probabilidad de que Jonás realmente muriera y fuera resucitado. Si de veras murió, eso sólo añadiría una más a las resurrecciones registradas en la Biblia y haría de Jonás un tipo aún más admirable de Cristo. Para los que creen en Dios, no hay dificultad en creer en la resurrección, si está suficientemente atestiguada.[2]

---

1 Springfidel Leader, diciembre 7 de 1924.
2 Dr. Torrey.

III. La segunda confesión de Jonás, su obediencia y sus resultados (3)

Para comprender el significado de los acontecimientos en este capítulo es necesario saber que los ninivitas adoraban al dios de los peces, Dagón, parte humano y parte pez. Creían que él había salido del mar y había fundado la nación de ellos, y que de tiempo en tiempo, venían a ellos mensajeros del mar. De modo que, si Dios había de enviarles un predicador, ¿qué más adecuado que trajera su plan hasta el nivel de ellos y les enviara un verdadero mensajero del mar?

Hay dos lados de argumentación que corroboran lo histórico de este acontecimiento. En primer lugar, Oannes es el nombre de una de las encarnaciones del dios pez, pero este nombre con una "J" antes, es la manera de deletrear Jonás en el Nuevo Testamento. En segundo lugar, hubo por muchos siglos un montículo asirio llamado Yunnas, una forma corrupta de los asirios para el nombre de Jonás, y fue el nombre de este baluarte lo que primeramente le dio la idea a los arqueólogos de que la antigua ciudad de Nínive podía estar enterrada debajo de él. Botta asocia Yunnas con Jonás, así siguió cavando y dio con los muros de la ciudad.[1]

En este capítulo contestaremos tres preguntas hechas por los críticos modernos del libro de Jonás. Las citas son del Nuevo guía Bíblico de Urquhart.

1. ¿Es posible que una gran ciudad pagana como Nínive fuera conmovida de tal manera por la predicación de un predicador hebreo que no era famoso? En respuesta debe tomarse en cuenta que Jonás les predicó en un tiempo en que estaban experimentando una decadencia alarmante de poder. Es probable que hubiera una expectativa de calamidad venidera, y la presencia de un profeta que había sido arrojado por un pez sería suficiente para conmover al pueblo supersticioso, que creía que su dios les enviaba mensajeros del mar.

2. ¿Pero era del todo probable que el estado interviniera y fuera publicado un edicto real ordenando un prolongado ayuno? ¿Estaba una acción de esta clase de acuerdo con la costumbre asiria? Dice el Profesor Sayce:

Fue un ayuno, exactamente como el ordenado por Esarhad-

---

1 Comentario del obrero cristiano, Gray.

don II, cuando el enemigo del norte se estaba congregando en contra del imperio asirio, y oraciones fueron elevadas al dios-sol para "quitar el pecado, del rey y del pueblo". "Desde ese día — dice la inscripción —. desde el día tercero del mes de Iyyar, hasta el día quince de Ab de este año, por estos cien días (y) cien noches los profetas han proclamado (un período de súplica). Los profetas de Nínive habían declarado que era necesario aplacar la ira del cielo, y el rey, en conformidad a esto, publicó su proclamación ordenando el servicio solemne de humillación por cien días.

3. ¿Era la costumbre asiria hacer que hasta las bestias participaran en la humillación? (Jonás 3:7)

Herodoto contestó esta pregunta hace mucho tiempo. Dice que, cuando los persas estaban en Grecia, se libró una batalla en la que resultó muerto un general muy querido de todo el ejército. Herodoto cuenta lo siguiente:

Al volver al campamento, la muerte de Masistio esparció una pena general por todo el ejército, y afligió mucho a Mardonio mismo. Se cortaron el pelo, también a sus caballos y a sus bestias de carga, y toda la Beocia resonó con sus clamores y lamentaciones, El hombre que habían perdido era segundo después de Mardonio, el más estimado por los persas y su rey. De esta manera los bárbaros a su manera honraron al extinto Masistio.

IV. La queja de Jonás y la respuesta de Dios (4)

Jonás todavía tenía una esperanza persistente de que la ciudad podría ser destruida (v. 5). Estaba todavía dominado por un patriotismo mal fundado que lo había cegado a la misericordia. Dios obró pacientemente con su siervo, y mediante una lección objetiva reprendió el espíritu petulante y vindicativo del profeta. Jonás estaba dispuesto a permitir la vida a una calabacera que no era de mucho valor; sin embargo, se enojó porque Dios perdonó una gran ciudad con su numerosa población. Si Jonás estaba dispuesto a preservar la calabacera, ¿no preservaría Dios a Nínive?

32

Miqueas

Tema. Miqueas profetizó en la misma época que Isaías, con quien es probable que haya tenido contacto, ya que hay un marcado parecido en sus profecías. Por ejemplo, compárese Isaías 2:14 con Miqueas 4:1-5. Alguien ha dicho que la profecía de Isaías es una ampliación de la de Miqueas. Como la de Isaías, la profecía de Miqueas puede dividirse en dos secciones principales: denunciatoria (cps. 1-3) y consolatoria (cps. 4-7). En la primera división el profeta presenta un cuadro de una nación pecaminosa condenada al cautiverio; en la segunda, de un pueblo redimido disfrutando las bendiciones milenarias. En la primera división muestra a Israel como mal dirigido y destruido por los gobernantes falsos; en la segunda, presenta al mismo pueblo restaurado por el Mesías, el verdadero gobernante. El tema puede resumirse de la manera siguiente: Israel, destruido por los líderes falsos y salvado por el verdadero Líder, el Mesías.

Autor. Miqueas era nativo de Moreset, una aldea como a treinta kilómetros al suroeste de Jerusalén. Era un profeta de un lugar rural.

> Ningún profeta dijo haber nacido en Jerusalén, aunque era la ciudad en que muchos testificaron y fueron muertos. Jerusalén mataba a los profetas, pero no los enviaba. Eran enviados de las regiones montañosas y de las aldeas rurales.

Miqueas profetizó durante los reinados de Pekaía, Peka y Oseas sobre Israel; y de Jotam, Acab y Ezequías sobre Judá (2 R 15:23-30). Tenía un mensaje para Judá e Israel, prediciendo el cautiverio de esos reinos. Hizo su obra principal en el reinado de Ezequías, quien fue profundamente impresionado por sus profecías (Jer 26:18-19). Su profecía acerca de la destrucción de Jerusalén fue un medio indirecto de salvar la vida de Jeremías, cuando se le iba a dar muerte a este último por hacer una predicción similar (Jer 26:10-19).

Bosquejo

I. Acusación (1 — 3)

II. Consuelo (4 — 7)

I. Acusación (1 — 3)

1. Juicio sobre Samaria por su incurable idolatría (1:1-8).

2. Judá ha sido afectada por la iniquidad de Samaria y ha participado en su culpa (1:9-16).

3. Por causa de la perversidad de sus gobernantes y del pueblo, la nación irá al cautiverio (2:1-10). Sin embargo, habrá una restauración (vv. 12,13).

4. Una reprensión a los jefes del pueblo por su indiferencia a la verdad y a la justicia y por sus motivos mercenarios (cp. 3). Una denuncia de: (a) los gobernantes civiles (vv. 14); (b) los profetas (vv. 5-10); (c) sacerdotes (v. 11).

5. La nación sufrirá por los pecados de sus jefes porque evidentemente participa en la iniquidad de ellos (v. 12; cf. Jer 5:31).

II. Consuelo (4 — 7)

1. Aunque Sion será destruida (3:12), en los últimos días será restaurada y exaltada (4:1-8). (El bosquejo siguiente es sugerido por el señor Tucker.)

En estos días habrá:

(a) Administración universal: "La montaña de la casa del Señor será establecida en la cima de las montañas."

(b) Visitación universal: "Los pueblos correrán a ella."

(c) Educación universal: "Nos enseñará sus caminos."

(d) Legislación universal: "De Sion saldrá la ley."

(e) Evangelización universal: "La palabra del Señor saldrá de Jerusalén."

(f) Pacificación universal: "No alzará espada nación contra nación."

(g) Adoración universal: "Caminaremos en el nombre de nuestro Dios."

(h) Restauración universal: "Y haré de la copa un remanente, y de la que fue desechada, una nación fuerte."

(i) Coronación universal: "Y el Señor reinará sobre ellos."

2. Pero esta visión es para el futuro. Para el tiempo actual hay desmayo, impotencia y cautiverio (4:9,10).

3. Sin embargo, al final los enemigos y los opresores de Israel serán castigados (4:11-13).

4. La dificultad de Israel durará hasta la segunda venida del Me-

sías, su verdadero Líder (5:1,2). Predestinado desde la eternidad para ser Salvador de Israel, Él es una promesa del rescate de Israel de manos de todos sus enemigos, y de su restauración final (5:3-15).

5. Jehová desafía a su pueblo a testificar, si pueden, que Jehová no ha hecho sino actos de bondad hacia ellos desde los tiempos primitivos de su historia y que no pueden presentr excusa alguna para haberle abandonado (6:1-5).

6. Son religiosos, pero su religión es un mero formalismo (6:6,7) que no produce esa justicia práctica que Jehová requiere (v. 8). Su conducta prueba que están guardando los mandamientos de Omri y las obras de Acab; reyes impíos de Israel (6:9-16).

7. La corrupción de la nación es universal (7:1-6). Parece casi imposible encontrar un hombre bueno, un gobernante honrado, o un amigo fiel. Los enemigos del hombre son los de su casa.

8. Sin embargo, permanece un remanente fiel, representado por el profeta, quien levantaba la voz en intercesión por su nación (7:1-14). Su oración es contestada por Jehová, quien promete restauración (vv. 15-17). Viendo a través de la oscuridad de su propia época, el profeta alaba al Dios fiel que restaurará a Israel y los purificará de sus pecados y de esta manera cumplirá el pacto hecho a sus padres (vv. 18-20).

33

Nahúm

Tema. El libro de Nahúm tiene un solo tema sobresaliente; es decir, la destrucción de Nínive. Es como una continuación del mensaje del profeta Jonás, por cuyo ministerio, los ninivitas fueron conducidos al arrepentimiento y salvos del castigo inminente. Es evidente que ellos abandonaron su arrepentimiento hecho, y se entregaron otra vez a la idolatría, crueldad y opresión de manera tal, que ciento veinte años más tarde Nahúm pronunció juicio en contra de ellos en la forma de completa destrucción. El objetivo de Nahúm era inspirar a sus compatriotas, los judíos, con la seguridad de que, por alarmante que pareciera su posición, expuestos a los ataques de los poderosos asirios, que ya se habían llevado a las diez tribus, no sólo fracasarían los asirios en su ataque a Jerusalén (Is 36,37), sino que también Nínive, su capital, sería tomada y su imperio derribado, y no por el ejercicio arbitrario del poder de Dios sino por las iniquidades de la ciudad y su pueblo.

Autor. Prácticamente nada se sabe respecto a Nahúm. Era nativo de Elcos, una aldea que algunos creen que estaba en Galilea. Profetizó durante el reinado de Ezequías y fue testigo del sitio de Jerusalén por Senaquerib, cuyo acontecimiento puede haber sido la ocasión de su profecía.

Bosquejo

I. Jehová es juez justo (1)

II. El juicio recto de Jehová (2 y 3)

I. Jehová es juez justo (1)

Antes de describir el juicio de Nínive, el profeta describe al Juez, Jehová, a quien presenta no como ejecutor injusto y caprichoso sino como lento para la ira, que espera con paciencia los frutos del arrepentimiento antes de castigar.

Nahúm es el complemento de Jonás. Jonás revela el juicio sobre Nínive retirado, y Nahúm presenta el juicio de Nínive ejecutado. Los ninivitas se alejaron del arrepentimiento hecho en tiempos de Jonás, por lo cual Dios se arrepintió de la misericordia que les mostró en ese momento, y derramó su ira sobre ellos. De esa ira alguien dice: "El valor permanente del libro es que pone ante la mente como ningún otro libro del Antiguo Testamento, el cuadro de la ira de Dios." Cuando pensamos en la ira de Dios, no nos imaginemos que es como un hombre insensato, encendido, apasionado, ciego por su enojo. Él es lento para la ira; sin embargo, una vez que ha visto que las cosas exigen una nueva actitud de venganza, es tan irresistible como un huracán que agita el mar en su furia, o como un viento asolador que pasa por la tierra dejando desolación. Nótese cómo las palabras "celoso, venganza, ira, enojo, indignación, fiereza, furia", describen el hecho abrumador de la ira de Dios. En el hombre, la ira llega a ser su amo y lo domina; Dios es siempre el amo de su ira y la usa.

Lo siguiente es el contenido de esta sección:

1. El tema del libro: la carga de Nínive (1:1).

2. Dios es un Dios celoso que visita con juicio sobre sus adversarios; sin embargo, es lento para la ira y en el juicio recuerda a los que en Él confían (vv. 2-8).

3. Es en vano que los asirios se imaginen que pueden resistir al Señor y destruir a su pueblo (vv. 9-11).

4. Porque Dios rescatará a los suyos (vv. 12-14).

5. Porque el Señor rescatará a su pueblo, deben permanecer fieles a Él y a su servicio (v. 15).

II. El juicio recto de Jehová (2 y 3)

Nínive, la destrucción de la cual se predice por el profeta, era en esa época la capital de un grande y floreciente imperio. Era una ciudad de vasta extensión y población y era el centro del principal comercio del mundo. Su riqueza, sin embargo, no derivaba del todo del comercio. Era una "ciudad de sangre", "llena de mentira y robo" (3:1). Saqueaba a las naciones vecinas; y el profeta la compara con una familia de leones que "llenaba de presa sus cavernas y de robo sus guaridas" (2:11,12). Al mismo tiempo estaba fuertemente fortificada. Sus colosales muros, según dice Diodoro Sículo, eran de más de treinta metros de altura y lo bastante amplios en la parte superior para que tres carrozas pasaran al mismo tiempo; con mil quinientas torres, desafiando a todos los enemigos. Sin embargo, fueron destruidos tan cabalmente que en el siglo segundo después de Cristo, no quedaba ni un solo vestigio de ellos; y su sitio mismo fue por mucho tiempo cuestión de incertidumbre.[1]

Excavaciones extensas y descubrimientos admirables se han hecho en estos últimos años en los montículos de Nínive. Botta empezó sus trabajos en 1842; Layard, en 1854; Rassam, en 1852; y Lofto, en 1854. Los resultados de sus investigaciones en cuanto a grado, carácter y variedad de mármoles, esculturas e inscripciones sacados a la luz, han desconcertado a los que siempre quieren hallar dificultades en las Sagradas Escrituras, han extasiado a los arqueólogos y a los que coleccionan objetos antiguos y han sorprendido al mundo entero.

Lo siguiente es el contenido de esta sección:

1. El sitio y la toma de la ciudad (2:1-13).

2. Los pecados de la ciudad (3:1-7).

3. Su destrucción será tan cierta como la de la ciudad egipcia No-Amón, una ciudad que una vez era muy poderosa y bien poblada (3:8-19).

---

1 Angus y Green.

34

Habacuc

Tema. El libro de Habacuc presenta el cuadro de un hombre de Dios perplejo por el problema de la aparente tolerancia de la iniquidad por parte del Señor. El profeta está rodeado por todas partes de la iniquidad triunfante que no recibe castigo. Al parecer, al principio Dios no escucha su clamor por el juicio. Cuando al fin su oración es contestada y se pronuncia el juicio, queda aún más perplejo, porque los agentes del juicio de Dios, los caldeos, son más impíos y más dignos de castigo que las víctimas. Habacuc está lleno de dudas y de preguntas. Pero afortunadamente lleva sus perplejidades al Señor, que pronto las disipa, y que presenta una solución a sus problemas resumida en una declaración que es el corazón del libro: "El justo por su fe vivirá" (2:4). Es decir, no importa cuán oscuro se vea el porvenir y cuán triunfante parezca el mal, el hombre justo no debe juzgar por las apariencias, sino más bien por la Palabra de Dios; aunque los impíos vivan y prosperen en sus impiedades y los justos sufran, estos últimos deben vivir una vida de fidelidad y confianza. El profeta aprendió bien esta lección, pues aunque su profecía empieza con misterio, preguntas y dudas, termina con certidumbre, afirmación y fe. Resumiremos el tema de la manera siguiente: El conflicto y triunfo final de la fe.

Autor. Prácticamente nada se sabe de Habacuc, excepto lo que puede saberse de algunas tradiciones que por cierto no están muy de acuerdo entre sí. De 3:1,19 se ha inferido que era levita y participaba de la música en el templo. Como Nahúm predijo la destrucción de la nación asiria, y Abdías de los idumeos, así Habacuc profetizó la caída del imperio caldeo. Como él habla del poder creciente de la nación últimamente mencionada y de la inminencia de la invasión de Judá, se ha llegado a la conclusión de que Habacuc profetizó durante los reinados de Joacaz y Joacim.

Bosquejo

I. El conflicto de la fe (1 y 2)

II. El triunfo de la fe (3)

I. El conflicto de la fe (1 y 2)

1. El primer conflicto de Habacuc (1:14). El profeta ve impiedad y violencia por todos lados, la ley violada y los justos perseguidos. Clama al Señor para que traiga juicio sobre Judá por causa de esta condición, pero al parecer no se oye su clamor. Derrama su perplejidad con estas palabras: "¿Hasta cuándo, oh Jehová, clamaré, y no oirás; y daré voces a ti a causa de la violencia, y no salvarás?"

2. La primera respuesta de Jehová (1:5-11). Aun cuando algunas veces parezca que Jehová está silencioso e indiferente, Él está obrando. A su debido tiempo visitará con juicio a la impía Judá, usando como su agente a los terribles caldeos.

3. El segundo conflicto del profeta (1:12-2:1). El primer problema está resuelto: Dios castigará a los que hacen mal en Sion, trayendo sobre ellos a los fieros caldeos. Pero esta solución sugiere otro problema para Habacuc. Viendo el orgullo, la confianza falsa y lo destructivo de los invasores, no puede comprender por qué Dios ha de castigar a su pueblo mediante una nación menos justa que ellos (1:13). Aun cuando el Señor ha ordenado a los caldeos a que juzguen a su pueblo (1:12), ¿podrá ser la voluntad de Aquel que tan puro es para mirar la iniquidad (v. 13) el permitir que esa nación pisotee a Judá tan despiadadamente como a las demás naciones? (vv. 14-17).

4. La segunda respuesta de Jehová (2:2-5). Aunque los caldeos han sido comisionados para ejecutar juicio sobre Judá, en su arrogante orgullo han excedido a su comisión (2:4a). Aunque los impíos, según son representados por los caldeos, prosperen en su iniquidad y sufran los justos; sin embargo, estos últimos han de llevar una vida de fidelidad a Jehová, inspirada por la fe en sus promesas y su justicia (2:4b). Aunque Jehová usará a los caldeos como un azote sobre su pueblo, los caldeos no quedarán sin castigo (vv. 5-20). El profeta debe escribir esa profecía de la terrible derrota final de los caldeos y colocarla donde todos puedan leerla (2:2). Aun cuando su cumplimiento pueda retardarse, los justos han de esperarlo pacientemente, confiando en la Palabra de Jehová (2:3).

II. El triunfo de la fe (3)

Lo siguiente es el contenido de esta sección:

1. Al principio el profeta estaba pensando por qué Jehová parecía demorar el juicio sobre los impíos de su pueblo (1:2,3). Ahora que ha escuchado la sentencia del Señor, teme y ora para que pueda

Él repetir en favor de su pueblo su obra de rescate como en el pasado, y que se acuerde de la misericordia en medio del juicio (3:1,2).

2. Presenta un cuadro vívido de Jehová yendo delante en los días antiguos para salvar a su pueblo, siendo la implicación que sus misericordias pasadas a Israel son promesa de sus misericordias futuras hacia ellos (vv. 3-16).

3. Habacuc ha aprendido su lección de fe. Cualesquiera que sean sus circunstancias o las de su pueblo, por más oscuro o sin esperanza que esté el porvenir, se alegrará en el Señor, el Dios de su salvación (vv. 17-19).

35

Sofonías

Tema. La frecuente repetición de la frase "el día del Señor" sugiere de inmediato que Sofonías tiene un mensaje de juicio. Pero al igual que casi todos los demás profetas también tiene un mensaje de restauración.

Se ha dicho que esta profecía de Sofonías es peculiarmente árida. No hay vida, ni flor, ni fruta; ninguna de las hermosuras de la naturaleza. No hay otra cosa que un mundo barrido por un torbellino. Si es así, ¿cuál es la razón de eso? Veamos las condiciones descritas. Los hombres asentados en su lujo que niegan la intervención de Dios. Una ciudad que no obedeció su voz, no recibió corrección, no confió en el Señor, no se acercó a Dios. Los hombres y la ciudad materializados, interesados en sí mismos, lujosos; los gobernantes, príncipes, jueces, profetas y sacerdotes igualmente corrompidos. La condición puede expresarse en una palabra: caos. ¿Cuál, entonces, es la historia del "día del Señor"? Una de caos consumado, desorden y desorganización hasta el punto que la ciudad aparece ante los ojos del profeta asombrado, como un panorama barrido por un ciclón, sin una sola hoja . . . Un expositor moderno ha dicho que es evidente que ese último capítulo (3) no fue escrito por Sofonías, porque el contraste es demasiado grande entre el cuadro del terrible, devastador e irrevocable juicio y el de la restauración. Declara que nadie puede imaginarse que el mismo hombre escribiera ambos. Todo lo cual es, desde luego, el resultado de la ceguera del mencionado expositor. El último cuadro es el de Jehová entronizado, el cuadro de un nuevo orden; cánticos en vez de tristeza, servicio en vez de egoísmo, solidaridad en lugar de esparcimiento. Ese es el intento del juicio . . . El contraste mismo demuestra la unidad del autor.[1]

Resumiremos el tema de la manera siguiente: La noche de juicio

---

1 G. Campbell Morgan.

sobre Israel y las naciones, seguido por la mañana de la restauración del primero y la conversión de los últimos.

Autor. Contrario al uso común, Sofonías traza su descendencia hasta su bisabuelo, Ezequías. Algunos creen que este hecho indica que descendía de Ezequías o que era de descendencia noble. Profetizó durante el reinado de Josías, rey de Judá. En el período de la cesación de las profecías de Isaías, Miqueas y Nahúm, y los días de Sofonías y Jeremías, hubo un período de cincuenta años, durante el cual reinó el impío Manasés (2 Cr 3:1-20), y el espíritu de profecía estaba adormecido. Éste revivió durante el reinado de Josías (2 Cr 34 y 35) cuando ese monarca empezó la gran reforma, en la cual Sofonías probablemente desempeñó una parte importante (cf. 2 Cr 34:4,5 y Sof 1:4,5).

Bosquejo

   I. Una advertencia de juicio (1)

   II. Un llamamiento al arrepentimiento (2:1 — 3:7)

   III. Una promesa de restauración (3:8-20)

I. Una advertencia de juicio (1)

Nótese el contenido de este capítulo:

1. Un juicio impetuoso y destructivo es anunciado (vv. 1-3).

2. Una profecía de la destrucción de la idolatría (vv. 4-6); cumplida en el reinado de Josías.

3. El castigo venidero de Judá se expone bajo la figura de un sacrificio, las víctimas representan al pueblo y los huéspedes a los invasores caldeos (v. 7).

4. El juicio caerá sobre todas las clases: sobre los gobernantes y sus hijos (v. 8); sobre sus siervos que despojan al pueblo (v. 9); sobre los mercaderes (vv. 10,11); sobre los que viven en el lujo, indiferencia y escepticismo (vv. 12,13).

5. Una descripción del día de Jehová, el día de su venganza sobre los culpables (vv. 14-18).

II. Un llamamiento al arrepentimiento (2:1 — 3:7)

1. Una advertencia a los impíos para que se arrepientan a fin de que escapen del juicio (2:1,2).

2. Una exhortación al justo a perseverar en mansedumbre y justicia para poder ser guardado en ese día (vv. 2,3).

3. Este llamamiento al arrepentimiento vigorizado por la certidumbre de los juicios sobre las naciones vecinas (2:4-15).

4. Jerusalén no escapará porque ha dejado de escuchar la advertencia enviada mediante la suerte de aquellas naciones a quienes Jehová había castigado (3:1-7).

III. Una promesa de restauración (3:8-20)

El siguiente es el contenido de esta sección:

1. El juicio de las naciones, en los últimos días, será seguido por su conversión y la institución de la adoración universal de Jehová (vv. 8,9).

2. Jehová purificará a Israel de quienes descansan orgullosamente en su justicia propia por causa de los privilegios de su pacto; y purificado de estos pecadores Israel será una nación humilde, santa y confiada en Dios (vv. 12,13).

3. Jehová quitará su mano castigadora de Israel, bendecirá el remanente, castigará a los enemigos de Israel y morará en medio de una nación restaurada y exaltada (vv. 14-20).

36
Hageo

Hageo es el primero de los profetas conocidos como los profetas postexílicos; es decir, profetizaron daspués del cautiverio. Zacarías y Malaquías son los otros dos.

Léase Esdras 1-7 para conocer el antecedente histórico de esta profecía.

Tema. Bajo el favorable decreto de Ciro, el remanente judío volvió a su tierra bajo la dirección de Zorobabel, su gobernador, y Josué, su sumo sacerdote. Después de establecerse en la tierra el pueblo levantó un altar de holocaustos en el sitio del templo. Dos años más tarde, en medio de gran regocijo, se echaron los cimientos del templo. Pronto su regocijo se volvió tristeza porque, a causa de los hostiles esfuerzos de los samaritanos, se ordenó mediante un decreto imperial que se suspendiera la obra. Por espacio de dieciséis años el templo permaneció sin terminarse, hasta el reinado de Darío, cuando ese rey publicó una orden permitiendo su terminación. Pero entre tanto, el pueblo se había vuelto indiferente y egoísta, y en vez de construir el templo estaban ocupados embelleciendo sus propias casas. Como resultado de esta negligencia fueron castigados con sequía y esterilidad. La pregunta de ellos respecto a esas calamidades, le dio a Hageo la ocasión para su mensaje, en el cual declaró que la indiferencia y el egoísmo del pueblo con respecto a las necesidades del templo era la causa de sus infortunios. Resumiremos el tema de la manera siguiente: El resultado del descuido en la terminación del templo — desagrado divino y castigo; el resultado de la terminación del templo — bendición divina y promesas de gloria futura.

Autor. Poco se sabe de la historia personal de Hageo, "el profeta del segundo templo", excepto que profetizó después del cautiverio y que su misión era animar al pueblo en la reconstrucción del templo.

La obra de Hageo fue intensamente práctica e importante. Jehová lo usó para despertar la conciencia y estimular el entusiasmo de sus compatriotas en la reconstrucción del templo. Ningún profeta apareció en un momento más crítico en la historia del pueblo, y, puede agregarse, que ningún profeta tuvo más éxito.

Bosquejo

El libro se divide en cuatro mensajes claramente mencionados:

I. Primer mensaje: el descuido en la terminación del segundo templo (1:1-15)

II. Segundo mensaje: la gloria del segundo templo (2:1-9)

III. Tercer mensaje: los sacrificios sin obediencia (para construir el templo) no santificarán (2:10-19)

IV. Cuarto mensaje: la seguridad y la perpetuidad de la casa de Israel (2:20-23).

I. Primer mensaje: el descuido en la terminación del segundo templo (1:1-15)

1. La excusa para la negligencia (vv. 1,2). "No ha llegado aún el tiempo, el tiempo de que la casa de Jehová sea reedificada." El pueblo estaba esperando probablemente alguna revelación especial de Dios antes de llevar a cabo lo que sabían que era su deber.

2. La causa del descuido: el egoísmo del pueblo (vv. 3,4). No esperaron ningún mandamiento especial para construir y embellecer sus propias casas.

3. El castigo por el descuido: sequía y esterilidad (vv. 5-11).

4. El arrepentimiento por el descuido (vv. 12-15). El pueblo puesto a trabajar en el templo.

II. Segundo mensaje: la gloria del segundo templo (2:1-9)

1. El desaliento del pueblo (vv. 1-3). Recordando la magnificencia del templo de Salomón, el pueblo evidentemente estaba desanimado por el pensamiento de que el templo actual no le igualaría en hermosura y gloria. Sabían que le faltaría la gloria de shekinah, que llenaba el primer templo.

2. Un aliento divino (vv. 4-9) La gloria del segundo templo será mayor que la del primero, declara Jehová, porque el Mesías mismo, el Señor de la gloria, entrará dentro de él. Esto se cumplió en la primera venida de Cristo cuando Él entró en el templo (Jn 2:13-25; cf. Mal 3:1). Tal vez haya un cumplimiento más completo en su segunda venida.

III. Tercer mensaje: los sacrificios sin obediencia (para construir el templo) no santificarán (2:10-19)

Una parábola (vv. 10-14). La lección contenida en estos versículos es la siguiente: La santidad no es contagiosa, pero el pecado sí lo es. Los sacrificios ofrecidos sobre el altar no eran suficientes para santificar una tierra que la desobediencia del pueblo había corrompido. Por lo tanto, la tierra estaba árida.

El débil aroma de santidad que salía del altar era muy débil para que pudiera penetrar en el ambiente secular de sus vidas.

Hageo arguye que, por espacio de dieciséis años, los sacrificios habían sido inmundos ante la vista de Dios, y no les habían traído bendición, porque el templo estaba en ruinas.

2. Una advertencia (vv. 15-18). La desolación de la tierra fue causada por la desobediencia.

3. Una promesa (v. 19). Ahora que el pueblo se ha puesto de verdad a la obra, el Señor lo bendecirá.

IV. Cuarto mensaje: la seguridad y la perpetuidad de la casa de Israel (2:20-23)

1. Las conmociones mundiales venideras (2:20-22). Comparando a Hageo 2:6,7 y Hebreos 12:26-28, veremos aquí una referencia a la conmoción mundial y al trastorno general que precederá a la segunda venida de Cristo.

2. La seguridad de salvación (v. 23). Los disturbios nacionales en la época de Zorobabel tal vez le habían hecho temer por la seguridad de su nación. Como un representante de la casa de David, un antecesor del Mesías, recibe una promesa de protección y seguridad para sí mismo y para su pueblo. Todas las naciones del mundo serán sacudidas, pero la nación judía bajo el Mesías, de quien Zorobabel es un tipo, será establecida.

37

Zacarías

Tema. El antecedente histórico de la profecía de Zacarías es el mismo que el de Hageo. Ambos profetas ejercieron su ministerio durante el mismo período, teniendo una misión semejante. La misión de Zacarías era animar mediante la promesa de éxito actual y gloria futura al remanente judío que estaba desalentado por las aflicciones actuales, y estaba moroso en reconstruir el templo. El pueblo tenía buenos motivos para estar desalentado. En una época había sido una nación libre teniendo rey y constitución. Pero ahora había regresado a su país bajo un gobierno extranjero, a un país sin rey, y despojado de poder. Su condición actual presentaba un cuadro oscuro, pero Zacarías hizo que esto sirviera como el fondo oscuro de una escena más gloriosa, mientras él, mediante una serie de visiones y profecías, describe una Jerusalén restaurada, protegida y habitada por el Mesías, y que es la capital de una nación elevada sobre todas las demás. Además de la promesa de la gloria futura, el profeta dio promesas de éxitos y empresas actuales, porque aseguraba al remanente que su templo sería reconstruido a pesar de la oposición. Pero Zacarías no podía ofrecer un aliento permanente a no ser la promesa de la venida del Mesías. La experiencia actual de Israel no es más que una figura de su experiencia futura. De la misma manera que fue mediante el castigo del cautiverio babilónico que la nación fue purificada del pecado de la idolatría, así será mediante el fuego de la gran tribulación, que Israel será purificado de su gran pecado: el rechazo de su Mesías y Rey (13:8,9; 12:10; 13:1).

Resumiremos el tema de la manera siguiente: Un estímulo a la nación para servir fielmente a su Dios a través de la aflicción actual, con la mira de las glorias futuras en los tiempos del Mesías.

Autor. Zacarías probablemente nació en Babilonia. Entró al ministerio cuando todavía era un joven (2:4), y empezó a profetizar un poco después de Hageo, siendo su compañero. Su misión era inspirar el fervor debilitado del pueblo y animarlo a quitar la mirada del oscuro presente y a dirigirla al brillante futuro.

Bosquejo

Dividiremos el libro en las tres secciones siguientes:
I. Simbólica: Visiones de esperanza (1 — 6)
II. Práctica: Exhortación a la obediencia y a la piedad (7 y 8)
III. Profética: Promesas de gloria mediante la tribulación
    (9 — 14)

I. Simbólica: Visiones de esperanza (1 — 6)

El capítulo 1:1-6 forma la introducción al libro. Al remanente se le exhorta a que aprenda de lo que les sucedió a sus antepasados, que desobedecieron la voz de los profetas y sufrieron en consecuencia. El pueblo ha de obedecer el mensaje de los profetas actuales, Hageo y Zacarías, cuyas palabras se cumplirán con tanta seguridad como las de los profetas anteriores.

Luego sigue una serie de visiones que llevan mensajes del cuidado y la protección de Dios por su pueblo.

1. La visión del que cabalgaba entre los mirtos (1:7-17). El que cabalgaba que, con los caballos, representa a los agentes de Dios sobre la tierra, informa al ángel del Señor, que el mundo entero está en quietud y reposo, simbolizando de esta manera que ha venido el tiempo del cumplimiento de las promesas de Dios con relación a la restauración de Israel. En respuesta a la intercesión del ángel, Jehová dice que está disgustado con los paganos, quienes se han excedido en su comisión respecto a castigar a Israel. Él volverá y reconstruirá las ciudades de Judá.

2. La visión de los cuatro cuernos y los cuatro carpinteros (1:18-21) muestra la destrucción de los opresores de Israel.

3. La visión del hombre con el cordel de medir (cp. 2), que simboliza la reconstrucción de Jerusalén. Será reconstruida sin muros a causa del aumento de población y porque Jehová mismo será como muro de fuego alrededor de ella.

4. La visión de Josué el gran sacerdote (cp. 3). El gran sacerdote despojado de sus vestimentas viles, y revestido de vestiduras limpias, tipifica el lavamiento del remanente judío, al cual él representa (vv. 1-7). Josué y sus compañeros sacerdotes son un tipo del Mesías, que efectuará la purificación final de Israel (vv. 8-10).

5. La visión de los candeleros de oro y las olivas (cp. 4). Por medio del Espíritu que obra en Zorobabel y Josué (las dos olivas), se

efectuará la reconstrucción del templo (los candeleros de oro), y la restauración de la nación, y no por medio de poder humano.

6. La visión del rollo que volaba (5:14), enseñando que después de la terminación del templo, Dios castigaría a los que quebranten sus leyes.

7. La visión del efa (5:5-11). La enseñanza de esta visión parece ser como sigue: Los pecados de Israel serán quitados especialmente los pecados de idolatría y rebelión y serán llevados a Babilonia, el centro de idolatría y la escena de la primera rebelión, y probablemente la escena de la apostasía y la rebelión final.

8. La visión de los cuatro carros (6:1-8), que enseña la rapidez y el grado de los juicios de Jehová en contra de los opresores anteriores de Israel.

9. La coronación simbólica de Josué, el gran sacerdote (6:9-15), que prefigura la coronación del Mesías como Rey y Sacerdote, y la construcción de su templo espiritual en el que estará entronizado como Gobernante e Intercesor.

II. Práctica: Exhortaciones a la obediencia y a la piedad (7 y 8)

Las exhortaciones antes mencionadas fueron causadas en parte por la pregunta de los representantes del pueblo respecto a que si debían continuar ayunando en conmemoración de la caída de Jerusalén (7:1-3). Las lecciones siguientes están contenidas en la respuesta del profeta:

1. Dios prefiere la obediencia al ayuno. Fue la desobediencia del pueblo lo que trajo los juicios que fueron la ocasión para el ayuno (cp. 7).

2. Cuando se elimine la causa del ayuno y del llanto, entonces los ayunos de Israel se tornarán en fiesta (7:19). Ese día viene, pues Israel finalmente será vuelto a reunir, y Jerusalén llegará a ser el centro religioso de la tierra (cp. 8).

III. Profética: Promesas de gloria mediante la tribulación (9 — 14)

Siguiendo la sugerencia del doctor Gray, dividiremos esta sección de acuerdo con los períodos de la historia de Israel: bajo el gobierno de Grecia (cps. 9, 10), bajo el gobierno romano (cp. 11) y bajo el gobierno del Mesías (cps. 12—14)

1. Israel bajo el gobierno de Grecia (cps. 9, 10).

(a) Una profecía sobre las conquistas de Alejandro, emperador de Grecia, un rey que vivió alrededor de 300 a.C. (9:1-8). Los versículos del 1 al 7 registran sus conquistas en la costa occidental de Palestina; y el versículo 8, el rescate de Jerusalén de sus manos. Josefo, el historiador judío presenta un relato del suceso últimamente mencionado. Dice que, después de la conquista de Tiro y Gaza (mencionados en 9:1-7), Alejandro salió hacia Jerusalén para castigar a Jado, el sumo sacerdote, que se había negado a someterse a él. En un sueño el Señor le ordenó a Jado a que abriera las puertas al conquistador, y que se vistiera con sus vestiduras de sumo sacerdote y asistido por sus sacerdotes, recibiera a Alejandro en triunfo. Jado obedeció, y al ver esta imponente procesión, saludó al sumo sacerdote y adoró al Dios cuyo nombre estaba en la placa de oro que estaba prendida a la mitra del sacerdote. Alejandro entonces explicó, que estando en Macedonia, tuvo una visión de esta procesión, y esa visión había vuelto a su memoria por lo que acababa de ver. Después trató a los judíos con gran bondad.

(b) La venida del Mesías, quien en contraste con Alejandro, es el verdadero Rey y Conquistador del mundo (9:9-12).

(c) Una profecía de la derrota de Antíoco Epífanes, rey de Siria (alrededor de 165 a.C.), una de las divisiones del imperio de Alejandro (9:13-17). Antíoco, viendo que la religión judía era un obstáculo para la sumisión perfecta de ellos hacia él, concibió el plan de abolirla y sustituirla con los cultos de Grecia. Conquistó a Jerusalén, contaminó el templo y prohibió el culto a Jehová. La persecución comenzó, y continuó hasta que Judas Macabeo y sus hermanos, los hijos del sumo sacerdote, se pusieron a la cabeza de un ejército judío que sacó a los sirios de la tierra. Podemos ver este rescate como una figura del rescate final de Israel (cp. 10).

2. Israel bajo el gobierno romano (cp. 11). Este capítulo trata principalmente sobre el rechazo del Mesías y de los juicios que seguirían. Muchas de las predicciones fueron mediante actos simbólicos, tales como el de quebrar los cayados y otros similares (vv. 10,14). Considerando todo este capítulo como mesiánico, tomaremos nota de su contenido de la manera siguiente:

(a) Un cuadro de juicio, probablemente el que seguirá al rechazo de Cristo (vv. 1-6).

(b) El ministerio del Mesías, el de un Pastor para Israel (vv. 7,8).

(c) El rechazo del Mesías por el rebaño (vv. 9-11).

(d) La valoración del Mesías por su pueblo, treinta piezas de plata, precio de un esclavo (vv. 12,13; cf. Mt 26:14-16; 27:3-10).

(e) El rechazo del verdadero Pastor seguido por el surgimiento de un pastor falso un tipo del anticristo (vv. 15-17).

3. Israel bajo el gobierno del Mesías (cps. 12-14).

(a) El sitio de Jerusalén y su rescate por la aparición de Cristo (12).

(b) La purificación de Israel (cp. 13).

(c) La exaltación de Israel (cp. 14).

38

Malaquías

Tema. En Nehemías está la última página de la historia del
Antiguo Testamento; en el libro del profeta Malaquías, contempo-
ráneo de Nehemías, la última página de la profecía del Antiguo Testamento. Malaquías, el último de los profetas, testifica, como lo hacen sus predecesores, del hecho triste de que Israel ha fracasado.
Presenta el cuadro de un pueblo exteriormente religioso, pero inte-
riormente indiferente e insincero, un pueblo para quien el servicio
de Jehová ha llegado a ser un formalismo vacío, desempeñado por
un sacerdocio corrompido al que no respetaban. Bajo el ministerio
de Hageo y Zacarías, el pueblo estaba dispuesto a reconocer sus faltas y a enmendarlas; pero ahora se han endurecido tanto que, ante
las acusaciones de Jehová, ofrecen insolentes negativas (1:1,2; 2:17;
3:7). Peor aún, muchos profesan un escepticismo en cuanto a la existencia de un Dios de juicio, y otros preguntan si valdrá la pena servir
al Señor (2:17; 3:14,15). Como un rayo de luz que brilla sobre esa os-
cura escena está la promesa del advenimiento del Mesías, quien vendrá a rescatar al remanente fiel y para juzgar a la nación. El libro termina con una profecía de la venida de Elías, el precursor del Mesías,
y luego cae la cortina sobre la revelación del Antiguo Testamento,
para no levantarse hasta cuatrocientos años más tarde, cuando el ángel de Jehová anunció la venida de aquel que iría delante del que había de venir, con el espíritu y poder de Elías (Lc 1-17). Resumiremos
el tema de la manera siguiente: La última profecía del Antiguo Testamento, una revelación de un pueblo rebelde e insincero; de un remanente fiel; y de un Mesías venidero que juzgará y purificará a la
nación.

Nótese la repetición de la frase "¿en qué?" (véase 1:2), que expresa la actitud desafiante del pueblo en cuanto a las acusaciones de
Jehová.

Autor. Nada se sabe de la historia personal de Malaquías. Se cree
que profetizó durante la época de Nehemías y lo respaldó así como
Hageo y Zacarías respaldaron a Zorobabel. El libro de Malaquías se
adapta, como anillo al dedo, a la situación en que Nehemías obraba.
El profeta denunció los mismos males que existían en el tiempo de
Nehemías (cf. Neh 13:10-12 y Mal 3:8-10; Neh 13:29 y Mal 2:4-8;

Neh 13:23-27 y Mal 2:10-16). Escribió tanto acerca de Cristo que alguien ha dicho: "La profecía del Antiguo Testamento expiró con el evangelio en su lengua."

Bosquejo

I. Advertencia y reprensión: mensajes a los rebeldes
(1:1 — 3:15)

II. Predicciones y promesas: mensajes a los fieles
(3:16 — 4:6)

I. Advertencia y reprensión: mensajes a los rebeldes (1:1 — 3:15)

1. Un mensaje a toda la nación (1:1-5). Su amor hacia ellos y la ingratitud de éstos. El pueblo, de una manera insolente pregunta acerca del amor de Jehová hacia ellos, evidentemente pensando en sus aflicciones pasadas, pero olvidando que estas eran los castigos del Todopoderoso para purificarlos. Como una prueba de su amor hacia la nación el Señor señala a la elección del padre de ellos, Jacob, y el rechazo de su hermano. (Nótese que la palabra "aborrecer" no significa aborrecimiento en el sentido en que ahora lo entendemos, sino que se emplea aquí en el sentido de rechazar. Compárese Lucas 14:26 y Mateo 10:37, donde la palabra "aborrecer" significa amar con un afecto aminorado.) Edom es rechazado para siempre por Dios y será desolado para siempre. Pero Israel, escogido para siempre por Dios, vivirá para ver la desolación de Edom, y glorificará la gracia y el amor de Dios (vv. 4,5).

2. Mensajes a los sacerdotes (1:6 a 2:9). Los pecados siguientes son reprendidos:

(a) Falta de reverencia al Señor (1:6). Nótese el espíritu de insensibilidad hacia el pecado, revelado en la respuesta de los sacerdotes: "¿En qué te hemos menospreciado?" Esta actitud es manifestada en todas las respuestas del pueblo y los sacerdotes a las reprensiones de Jehová.

(b) El ofrecimiento de sacrificios inmundos (1:7-12). Darío y sus sucesores probablemente suplían a los sacerdotes con víctimas para los sacrificios (Esdras 6:8-10); sin embargo, presentaban lo peor. Ofrecían al Señor lo que no se atrevían a ofrecer a su gobernador (v. 8). Pero aunque en Palestina se ofrecen sacrificios inmundos, entre los paganos hay y habrá quienes traerán una ofrenda pura ante el Señor (v. 11).

(c) El desempeño del servicio de Dios en el espíritu de indiferencia y descontento (1:11,12). Consideraban el servicio de Dios como tedioso, y lo deshonraban presentando las ofrendas de menos valor.

(d) La violación del pacto levítico (2:1-9). El Señor menciona aquellas cualidades que el pacto requería de un sacerdote; es decir, andar cerca de Jehová, para volver a muchos de la iniquidad, y habilidad para enseñar (vv. 5-7). El sacerdocio del tiempo de Malaquías carecía de todas estas cualidades (v. 8).

3. Mensajes al pueblo (2:11 a 3:15). Los siguientes pecados son reprendidos:

(a) Pecados de la familia (2:10-16). Muchos de los del pueblo se habían divorciado de sus esposas israelitas para casarse con mujeres extranjeras (cf. Neh 13:23-28).

(b) Escepticismo (2:17). Este versículo forma la transición al 3:1. Los escépticos del día estaban insinuando que Dios se agradaba de los malhechores, ya que estos últimos prosperaban. Entonces, si ese era el caso, ¿por qué habían de servir a Dios? (3:14,15). ¿Dónde está el Dios de juicio?, preguntaban. La respuesta está próxima a aparecer (3:1-6). El Señor a quien ellos buscan (3:1) (a quien desafían que aparezca) vendrá de repente (cuando menos lo esperan) a su templo y traerá juicio sobre los sacerdotes y sobre el pueblo. El juicio se había retardado no porque Jehová había cambiado, sino porque Él no había cambiado respecto a las promesas de su pacto y por causa de su misericordia inmutable (v. 6).

(c) La retención de los diezmos (3:7-12; cf. Neh 13:10-14).

II. Predicciones y promesas: mensajes a los fieles (3:16 — 4:6)

1. Un mensaje a los justos (3:16 a 4:3). En los días más oscuros de la apostasía de Israel siempre ha habido un remanente que ha permanecido fiel a Dios. En los días de Malaquías, cuando el fuego de la religión apenas ardía, estos fieles se congregaban para conservar vivo el fuego santo. Así como los reyes de Persia conservaban un registro de los que les habían rendido servicio para recompensarlos (Ester 2:23; 6:1,2; Esd 4:6), también Dios está guardando su registro (v. 16). Estos fieles son sus joyas, su propio tesoro peculiar, a quienes preservará del día de la tribulación. En ese día tanto los justos como los impíos serán recompensados, y entonces, la burla escéptica será silenciada (v. 18; cf. 2:17; 3:14,15). El sol de justicia se levantará para quemar a los impíos, y para derramar rayos de salud sobre los justos (4:1-3).

2. La última exhortación del Antiguo Testamento (4:4): "Acordaos de la ley de Moisés." Hasta que viniera el Mesías la revelación iba a cesar temporalmente. El pueblo ha de recordar la ley, porque, con la ausencia de los profetas vivientes, están propensos a olvidarla. La ley debe ser su regla de vida y conducta durante los cuatrocientos años de silencio que transcurren entre el último profeta del Antiguo Testamento y la venida del Profeta de los profetas.

3. La última profecía del Antiguo Testamento (4:5,6). Antes de la venida del gran día de ira, Dios enviará al precursor del Mesías, Elías, quien preparará al pueblo para su venida. Esta profecía se cumplió en Juan el Bautista (Lc 1:17; Mt 11:14; 17:11,12). Que esto tendrá un cumplimiento futuro es probable porque como el Mesías tuvo un precursor en su primer advenimiento, así, puede ser que tenga uno en su segundo.

TERCERA PARTE

EL NUEVO TESTAMENTO
LOS EVANGELIOS Y HECHOS

Introducción al Nuevo Testamento

I. Los evangelios: manifestación de nuestra salvación

1. Mateo
2. Marcos
3. Lucas
4. Juan

II. El libro histórico: propagación de nuestra salvación

Hechos de los apóstoles

III. Los libros doctrinales: explicación de nuestra salvación

- Las epístolas de Pablo

1. Romanos
2. 1 Corintios
3. 2 Corintios
4. Gálatas
5. Efesios
6. Filipenses
7. Colosenses
8. 1 Tesalonicenses
9. 2 Tesalonicenses
10. 1 Timoteo
11. 2 Timoteo
12. Tito
13. Filemón
14. Hebreos

- Las epístolas generales

1. Santiago
2. 1 Pedro
3. 2 Pedro
4. 1 Juan
5. 2 Juan
6. 3 Juan
7. Judas

IV. El libro profético, que estudia la consumación de nuestra salvación

Apocalipsis

LOS CUATRO EVANGELIOS

La primera pregunta que nos confronta antes de comenzar el estudio de los evangelios, es, ¿por qué cuatro evangelios? ¿Por qué no son dos, tres, o nada más uno? Esto puede contestarse mejor declarando el hecho de que, en los tiempos apostólicos, había cuatro clases representativas del pueblo: los judíos, los romanos, los griegos, y un cuerpo tomado de todas esas tres clases, la Iglesia. Cada uno de los evangelistas escribió para estas respectivas clases, y se adaptó al carácter de ellos, sus necesidades e ideales. Mateo, sabiendo que los judíos estaban ansiosamente esperando la venida del Mesías prometido en el Antiguo Testamento, presenta a Jesús como el Mesías. Lucas, escribiendo a un pueblo culto, los griegos, cuyo ideal era el Hombre perfecto, hace que su evangelio gire alrededor de Cristo como la expresión de ese ideal. Marcos escribe a los romanos, un pueblo cuyo ideal era el poder y el servicio, así que les presenta a Cristo como el Conquistador Poderoso. Juan tiene en la mente las necesidades de los cristianos de todas las naciones, de modo que presenta las verdades más profundas del evangelio, entre las cuales podemos mencionar las enseñanzas sobre la deidad de Cristo y el Espíritu Santo. El principio de adaptación a que aquí se refiere lo mencionó Pablo en 1 Corintios 9:19-21, y fue ilustrado en su ministerio entre los judíos y los gentiles. (Compárese su mensaje a los judíos en Hechos 13:14-41 con el dirigido a los griegos en 17:22-31.) Esa adaptación es una magnífica indicación de un designio divino en los cuatro evangelios.

En esta conexión debemos recordar que, como la humanidad es la misma en una época que en otra, el mensaje de los evangelios se dirige a todos los seres humanos.

Los hechos anteriores revelan otra razón para la escritura de cuatro evangelios; es decir, que un evangelio no hubiera sido suficiente para presentar los muchos aspectos de la persona de Cristo. Cada uno de los evangelistas lo ve desde un aspecto diferente. Mateo lo presenta como Rey, Marcos como Conquistador (y siervo), Lucas como Hijo del Hombre, y Juan como Hijo de Dios. Esta vista de Cristo es como la vista de un gran edificio, sólo un lado puede verse a la vez.

El hecho de que los evangelistas escribieron sus registros desde diferentes puntos de vista, explicará las diferencias entre ellos, sus omisiones y adiciones, sus aparentes contradicciones ocasionales, y su falta de orden cronológico. Los escritores no procuraron producir una biografía completa de Cristo, sino que tomando en consideración las necesidades y el carácter del pueblo a quien escribían, escogieron exactamente aquellos incidentes y discursos que darían énfasis a su mensaje particular. Por ejemplo, Mateo, escribiendo para el judío, hace que todo en su evangelio, la selección de sus incidentes, las omisiones y adiciones, la agrupación de acontecimientos sirva para dar énfasis al hecho de la misión mesiánica de Jesús.

Como una ilustración de la manera en que cada evangelista da énfasis a algún aspecto particular de la persona de Cristo, vamos a tomar la siguiente: Cuatro autores se proponen escribir la biografía de una persona que ha adquirido fama como estadista, soldado y autor. Uno deseará dar énfasis a su carrera política, así que recogerá los registros de sus campañas y discursos para incorporarlos en la biografía. Otro pondrá el énfasis en sus éxitos literarios, y describirá sus diferentes artículos. El tercero, con la mira de dar énfasis a sus proezas en el mundo militar, describirá sus promociones, sus condecoraciones y las batallas en las cuales se distinguió. El cuarto, quizá, deseará levantar en alto sus virtudes manifestadas en la vida del hogar, así que relatará los incidentes que tiendan a presentarlo como el padre, esposo o amigo ideal.

Los primeros tres evangelios son llamados sinópticos, porque presentan una sinopsis de los mismos acontecimientos y tienen un plan común. El Evangelio según San Juan está escrito bajo un plan enteramente diferente de los otros tres.

Los siguientes son los puntos de diferencia entre los sinópticos y el Evangelio según San Juan:

(1) Los sinópticos contienen un mensaje evangelístico para hombres no espirituales; Juan contiene un mensaje espiritual para los cristianos.

(2) En los tres, se nos lleva por el terreno de su ministerio en Galilea; pero en el cuarto, sobre el terreno de su ministerio de Judea, principalmente.

(3) En los tres, se despliega más su vida pública; pero en el cuarto, se muestra su vida privada.

(4) En los tres nos impresiona su humanidad real y perfecta; en el cuarto, con su imponente y verdadera deidad.

39

Mateo

Tema. El tema central de este evangelio es: Jesucristo, el Rey Mesías. Mateo, escribiendo a los judíos y conociendo sus grandes esperanzas, expone a Jesús como el Único que cumple las Escrituras del Antiguo Testamento con relación al Mesías. Mediante el uso de numerosas citas del Antiguo Testamento, muestra lo que debe ser el Mesías; por un registro de las palabras y hechos de Jesús, prueba que Él era el Mesías. La frecuente repetición de las palabras "reino" y "reino de los cielos" revela otro tema importante en el Evangelio según San Mateo. Él presenta el reino de los cielos como fue prometido en el Antiguo Testamento (Mt 11:13), como fue proclamado por Juan el Bautista y Jesús (3:2; 4:17), representado ahora por la Iglesia (16:18,19), y como triunfante en la segunda venida de Cristo (25:31,34).

Autor. Una tradición digna de confianza da crédito a Mateo de haber escrito este libro. Muy poco se dice acerca de él en el Nuevo Testamento. Sabemos que era un recaudador de impuestos bajo el gobierno romano, pero fue llamado por el Señor para ser un discípulo y apóstol.

A quién se le escribió. A toda la humanidad en general, pero a los judíos en particular. Que fue dirigido primeramente a los judíos puede verse por los hechos siguientes:

1. El gran número de citas del Antiguo Testamento. Hay unas sesenta. Uno que predica a los judíos tiene que probar su doctrina con las Escrituras antiguas. Mateo hace de estas citas la base misma de su evangelio.

2. Las primeras palabras del libro — "Libro de la genealogía de Jesucristo, hijo de David, hijo de Abraham" — sugerirán de inmediato al judío esos dos pactos que contienen las promesas del Mesías: el davídico y el abrahámico (2 S 7:8-16; Gn 12:1-3).

3. Hay una ausencia completa de explicaciones de las costumbres judías, demostrando que estaba escribiendo a un pueblo familiarizado con ellas.

Bosquejo

I. El advenimiento del Mesías (1:1 — 4:11)
II. El ministerio del Mesías (4:12 — 16:12)
III. La declaración del Mesías (16:13 — 23:39)
IV. El sacrificio del Mesías (24 — 27)
V. El triunfo del Mesías (28)

I. El advenimiento del Mesías (1:1 — 4:11)

1. Genealogía (1:1-17)
2. Nacimiento (1:18-25)
3. Los Magos (2:1-12).
4. La huida a Egipto y el regreso (2:13-32).
5. El bautismo de Jesús (cp. 3).
6. La tentación de Jesús (4:1-11).

Los judíos prestaban gran atención a las genealogías. Antes que una persona pudiera ser ordenada para el sacerdocio, se requería que probara su descendencia de Aarón. En el tiempo de Esdras algunos fueron rechazados a causa de no poder comprobar su derecho al sacerdocio. Mateo, presentando a Jesús como el Mesías, se ve obligado a probar por el Antiguo Testamento que Él es el Hijo de David. El que tenía derecho a ser rey de Israel (Sal 132:11). Esto lo hace en la genealogía que se encuentra en el capítulo 1:1-17, que es la de José.

El Antiguo Testamento enseña que el Mesías debe nacer de una virgen, y que debe ser, no sólo el Hijo de David, sino el Hijo de Dios (Isaías 9:6). Mateo entonces registra el nacimiento virginal de Cristo para demostrar cómo esas Escrituras se cumplieron en Él.

Se cree que los magos eran de una tribu sacerdotal de los medos, cuyo oficio principal era el estudio de la astrología y la interpretación de sueños. Ellos son representantes de esa clase de gentiles que adoran al Dios verdadero de acuerdo con toda la luz que poseen. Tal vez ellos fueran conducidos a esperar la venida del Mesías por el testimonio de los judíos que vivían en su país.

Herodes, aun cuando era un rey capaz, era un monstruo de crueldad. Conociendo su propia falta de popularidad y temiendo constantemente la pérdida de su trono, destruía despiadadamente a cualquiera que él sospechara en lo más mínimo que aspiraba a gobernar. Esto explica su turbación con las nuevas del nacimiento de un rey de los judíos, y su acto de matar a todos los niños de Belén. Su plan asesino de matar al infante Jesús fue frustrado por un aviso divino.

El capítulo 3 registra el ministerio de Juan el Bautista. Su ministerio era preparar a la nación para la venida del Mesías, por el rito del bautismo, lo cual era simbólico del lavamiento del pecado que sería efectuado por la muerte del Mesías. Aquí surge la pregunta: ¿Por qué fue bautizado Jesús, si Él no necesitaba arrepentimiento? El versículo dará la respuesta: "Porque así nos conviene cumplir toda justicia." Eso significa que Jesús deseaba identificarse con la nación judía y tomar sobre sí la obligación de guardar toda la ley (véase Gá 4:4). Del Evangelio según San Juan aprendemos que otra razón para el bautismo de Jesús era para que Juan el Bautista pudiera tener una revelación de su deidad (Jn 1:31,33).

Considerando que Cristo vino como representante de la humanidad, y como su misión era destruir las obras del diablo, era conveniente y adecuado que empezara su ministerio con una victoria sobre el gran adversario de la raza. El capítulo 4 registra su gran triunfo. Un escritor ha dicho que Satanás no puso en aprietos a Cristo, sino que Cristo puso en aprietos a Satanás.

II. El ministerio del Mesías (4:12 — 16:12)

1. Punto de partida del ministerio; primeros discípulos; primeras obras (4:12-25).

2. Las leyes del reino del Mesías, el Sermón del Monte (cps. 5 al 7).

3. El poder del Mesías manifestado sobre la enfermedad, la naturaleza, los demonios y la muerte (8 a 9:35).

4. El envío de los doce apóstoles (9:36 a 11:1).

5. La pregunta de Juan el Bautista (11:2-30).

6. La oposición de los fariseos (12:1-45)

7. Enseñando en parábolas (cp. 13).

8. La oposición de Herodes; la alimentación de los cinco mil (cp. 14).

9. La oposición de los jefes de Judea y Galilea (15:1 a 16:12).

Mateo muestra que Galilea es el punto de partida del ministerio de Jesús en cumplimiento de la profecía. Nótese cuán a menudo aparece en este evangelio la expresión "para que se cumpliese". Jesús toma el mensaje de Juan el Bautista; es decir, la venida del reino de los cielos. Por la expresión "el reino de los cielos" queremos decir el gobierno de Dios en Cristo y por medio de Él. Eso fue prometido en el Antiguo Testamento, es representado ahora por la iglesia, y será triunfante en la segunda venida de Cristo.

Habiendo proclamado lo cercano de su reino, Jesús explica sus leyes en ese discurso conocido como el Sermón del Monte. Allí aprendemos acerca del carácter de los miembros de ese reino (5:1-16), los principios que lo gobiernan (5:17 a 7:6), y los requisitos para entrar (7:7-29).

Mateo ahora muestra a Jesús presentando sus credenciales a la nación; es decir, manifestando su poder como una prueba de su derecho mesiánico. Pero aunque sus milagros eran señales de su deidad y pruebas de su misión, nunca fueron efectuados meramente por ostentación o para satisfacer la curiosidad, sino para alivio de la sufriente humanidad. Podemos considerar sus milagros como símbolos de su poder salvador.

1. Su poder sobre la enfermedad simbolizaba su poder sobre el pecado.

2. Su poder sobre los demonios era típico de la completa derrota del reino de Satanás.

3. Su poder sobre la muerte lo revela como el que vivificará a todos los muertos.

4. Su poder sobre la naturaleza le muestra como el que librará al mundo entero de la maldición.

Jesús ya ha escogido algunos discípulos (4:18-22). Indudablemente, muchos más se han congregado a su alrededor. De éstos escoge a doce para que le ayuden a predicar el evangelio y para prepararlos para su obra futura como líderes de la iglesia. Con el propósito de confirmar el mensaje de ellos, les imparte el poder de obrar milagros. Como el tiempo de la evangelización de los gentiles no ha llegado aún, limita el ministerio de ellos a Israel (10:6).

El concepto de los judíos acerca del Mesías era el de un príncipe poderoso que establecería un gran reino temporal. Jesús no cumplió sus ideales porque proclamó la venida de un reino espiritual. Aunque el concepto de Juan el Bautista era un reino espiritual, es posible que esperara que el reino del Mesías fuera establecido de inmediato con poder. Sintiéndose decepcionado en sus expectativas, y no viendo señales de que el Mesías lo rescatara de la prisión, cede a la duda y al desaliento. Pero afortunadamente lleva sus dudas a Jesús, quien rápidamente confirma su fe.

El capítulo 12 registra la oposición de los fariseos a Jesús. Los motivos de ellos para oponerse a Él eran los siguientes: su origen humilde, su compañerismo con los pecadores y su oposición a las tradiciones de ellos. El capítulo 12 registra la oposición por la razón últimamente mencionada. Los fariseos, aun cuando aceptaban todo el Antiguo Testamento, aceptaban también como autorizadas algunas tradiciones que oscurecían el verdadero significado de las Escrituras. En los versículos 1-13 se trata de la cuestión del día de reposo. Por sus tradicionales interpretaciones, los maestros judíos habían hecho de ese día de reposo una carga para el hombre, mientras que Dios había intentado que fuera una bendición. Por el hecho de que sus discípulos cortaban espigas en el día de reposo, y porque Él mismo había sanado a un hombre en ese día, fue acusado de quebrantar la ley. En su respuesta, nuestro Señor enseña que el día de reposo cede ante la necesidad humana (vv. 3,4,12); que Dios desea bondad práctica en vez de observaciones exteriores (v. 7); y que Él, como Señor del día de reposo, tenía derecho de decidir cómo debía guardarse (v. 8). En su mala voluntad hacia Jesús, los fariseos llegaron al punto de acusarlo de hacer sus obras por el poder de Satanás, por lo cual el Señor pronunció una advertencia en contra de blasfemar al Espíritu Santo.

Hasta este punto nuestro Señor había estado enseñando en lenguaje claro, pero al ver la oposición a su mensaje, comenzó a enseñar en parábolas al hablar de su reino. Hizo esto para impedir que ellos torcieran sus palabras y las usaran en contra de Él (véase Lc 23:1). (Una parábola es un dicho que enseña una verdad espiritual usando una ilustración terrena.) Su objeto al hacerlo así era ocultar la verdad del burlador y opositor (13:13-15), y revelarla al que la buscaba sinceramente (vv. 11,16). Las verdades generales enseñadas en las parábolas son que durante la ausencia de Cristo, el mundo entero no se convertirá; que toda la semilla del evangelio sembrada no dará fruto; que el bien y el mal continuarán lado a lado hasta la segunda venida de Cristo. Las parábolas intentan demostrar el crecimiento y desarrollo de la Iglesia durante esta dispensación y su relación hacia los pecadores, los que profesan, y al mundo en general.

El capítulo 15:1-20 registra más oposición de los jefes hacia Jesús. Lo acusan de transgredir sus tradiciones, por lo cual en lenguaje duro les reprende por ocultar la verdadera interpretación de la Escritura bajo las tradiciones hechas por los hombres. En respuesta a la petición de ellos de una señal (16:1), les indica las señales de los tiempos; es decir, la madurez de la nación para el juicio, la presencia de predicadores en medio de ellos proclamando el reino de Dios, y las obras milagrosas sobrenaturales. Jesús ya les había dado señales

(Mt 11:5), pero ellos desean algo espectacular. Como Cristo siempre hizo sus milagros para aliviar el sufrimiento de la humanidad, rechaza la petición de ellos.

III. La declaración del Mesías (16:13 — 23:39)

    1. Su declaración ante sus discípulos (16:13 a 20:28).

    2. Su declaración ante la nación (20:29 a 23:39).

Hasta aquí Jesús no había llegado a la medida del ideal del pueblo para su Mesías, pues en vez de proclamar un reino temporal, Él ha estado proclamando uno espiritual. Pero aun cuando el pueblo no lo acepta como Mesías, lo consideraba como un gran profeta (16:13). Por causa de la actitud del pueblo, Jesús no hace una proclamación pública de su misión de Mesías, porque al hacerlo así induciría a los judíos a esperar el establecimiento de un reino terrenal y su rescate de los romanos. Por esa razón Él les hace en privado a sus discípulos la declaración de que es el Mesías (16:15-19), y les prohíbe decir que Él es el Mesías (v. 20). En seguida les da a conocer los medios por los cuales su reino será presentado; es decir, por medio de su muerte y resurrección (16:21). Pedro, participando de las ideas comunes del pueblo no puede pensar en un Mesías que sufre y muere, y procura disuadir a Jesús de someterse a la muerte. Jesús lo reprende y les enseña a los discípulos que antes de la corona viene la cruz (16:24-27). El versículo 28 del mismo capítulo se refiere a la transfiguración, que era un rayo de luz que precedía la entrada de Cristo en su gloria.

Las noticias de su humillación y muerte venidera han desanimado tanto a los discípulos que, para poder animarlos, les permite verlo por un corto tiempo en su estado de gloria, y de escuchar la voz del Padre aprobando su propósito. Esto tiene lugar en la transfiguración (cp. 17). Nótese que encarga a sus discípulos a guardar silencio acerca de este acontecimiento para que no surjan esperanzas falsas entre el pueblo (v. 9). Más tarde repite la profecía de su muerte venidera (17:23) para poder grabar ese hecho en la mente de sus discípulos.

Aun cuando Jesús no ha hecho una proclamación pública de su misión de Mesías, es necesario, para que se cumplan las Escrituras, y para que la nación tenga oportunidad de aceptarlo o rechazarlo, que haga alguna clase de afirmación pública. Esto tuvo lugar en la entrada triunfal en Jerusalén (21:1-16). Pero nótese, que esta no fue una demostración con aspecto bélico, sino la entrada pacífica de un Rey "manso, y sentado sobre una asna, sobre un pollino, hijo de animal de carga" (21:5). Como esto no fue calculado para alarmar a los romanos que siempre estaban temiendo un levantamiento, tampoco hizo que la nación en su mayoría creyera que Jesús era el gran Mesías conquistador que esperaban. Los que aclamaron a Jesús en esta ocasión fueron mayormente sus discípulos y los que habían sido beneficiados por su ministerio.

Las afirmaciones de Jesús son rechazadas por la nación, representada por sus líderes (21:15,23,32,45,46; 22:15-40). Después de eso predice en sus parábolas el rechazo de la nación judía por parte de Dios y su recibimiento de los gentiles (las parábolas de los labradores malvados y de las bodas). El capítulo 23 señala el rompimiento final de Jesús con los líderes religiosos, y su endecha sobre Jerusalén.

III. El sacrificio del Mesías (24 — 27)

1. Discurso sobre la segunda venida de Cristo (24:1-41).

2. Juicios que tendrán lugar en la segunda venida (21:42 a 25:46).

3. Traición, arresto y juicio de Jesús (cp. 26).

4. La crucifixión (cp. 27).

Acerca del discurso de Cristo en 24:1-41, citamos al profesor Moorehead:

> Dos objetos supremos ocupan el espacio de esta admirable profecía, uno de los cuales radica cerca del orador divino, y el otro, lejos de Él en cuanto al punto de vista. Pero ambos están perfectamente claros a su visión omnisciente. El cercano es la caída de Jerusalén, el lejano es su segundo advenimiento. El primero tuvo lugar a los cuarenta años de su predicción, es decir, setenta años d.C; el segundo pertenece aún al futuro. El primero fue limitado a una región en particular, aunque afectó al mundo entero en sus consecuencias; el otro abarca todo el planeta.
>
> Algunas de las predicciones se aplican a ambos acontecimientos, pero en diferentes grados. La caída de Jerusalén es insignificante comparada con la venida del Señor Jesucristo. Sin embargo, hay una semejanza notable entre estos dos acontecimientos. La destrucción de la Ciudad Santa prefigura las escenas que acompañarían al advenimiento del Señor. La una contesta a la otra, como el tipo al antitipo.
>
> Para ilustrar: En el capítulo 24:14, nuestro Señor dice: "Y será predicado este evangelio del reino en todo el mundo, para testimonio a todas las naciones; y entonces vendrá el fin." Pablo atestigua que se cumplió esa predicción antes de la destrucción de Jerusalén (Col 1:6,23). Una semejante proclama-

ción mundial precederá inmediatamente antes del fin (Ap 14:6,7). De la misma manera, la sin igual tribulación de que habla 24:21 parece pertenecer a los dos acontecimientos referidos. Es bien sabido que escenas de sufrimiento, horror y crimen casi indescriptibles tuvieron lugar en el sitio de Jerusalén por el ejército romano. Pero también se sabe que otro "tiempo de angustia", una tribulación sin paralelo, se producirá poco antes del advenimiento (cf. Mt 24:21,29; Dn 12:2; Jer 30:7). De modo que Israel y los gentiles estarán en la tribulación.

Nótese los juicios mencionados en 24:42 al 25:46. Juicio sobre los siervos que no están en vela (24:42-51); juicio sobre los siervos que no están preparados (25:1-13); juicio sobre los siervos negligentes (25:14-30); juicio sobre las naciones (25:31-46).

La profecía de Isaías sobre el Mesías sufriente (Isaías 53), encuentra su cumplimiento en los capítulos 26 y 27.

V. El triunfo del Mesías (28)

El evangelio llega a una consumación feliz en la resurrección del Mesías de los muertos. Toda potestad le es dada en el cielo y en la tierra, por ese motivo tiene poder para enviar a sus seguidores por todo el mundo con el mensaje de salvación. De esta manera se cumplen las palabras de Isaías: "He aquí mi siervo, yo lo sostendré; mi escogido, en quien mi alma tiene contentamiento; he puesto sobre él mi espíritu, traerá justicia a las naciones . . . No se cansará ni desmayará, hasta que establezca en la tierra justicia; y las costas esperarán su ley" (Is 42:1,4). "Poco es para mí que tú seas mi siervo para levantar las tribus de Jacob, y para que restaures el remanente de Israel; también te di por luz de las naciones, para que seas mi salvación hasta lo postrero de la tierra" (Is 49:6).

Con el propósito de memorizar el contenido de Mateo, debe aprenderse el siguiente bosquejo de capítulos y temas:

Genealogía y nacimiento (cp. 1).

La huida (cp. 2).

El bautismo (cp. 3).

La tentación (cp. 4).

El Sermón del Monte (cps. 5-7).

Los milagros (cps. 8 y 9).

Los doce enviados (cp. 10).

Los discursos (cps. 11, 12).

Las parábolas (cp. 13).
Alimentando a la multitud (cps. 14, 15).
Confesión de Pedro (cp. 16).
La transfiguración (cp. 17).
Discursos (cps. 18-20).
Entrada triunfal (cp. 21).
Las intrigas de los enemigos (cp. 22).
Los ayes del enemigo (cp. 23).
La segunda venida (cps. 24, 25).
La traición (cp. 26).
La crucifixión (cp. 27).
La resurrección (cp. 28).

40

Marcos

Tema. Escrito para un pueblo militar (los romanos), el Evangelio según San Marcos presenta una breve narración de esa campaña de tres años del capitán de nuestra salvación, llevada a cabo y terminada para el rescate de nuestras almas y la derrota de Satanás, por sus obras (de Cristo), sufrimientos, muerte, resurrección y triunfo final. En esta narración se presenta a Jesucristo como el Conquistador poderoso.

Autor. Marcos era hijo de María, una mujer de Jerusalén, cuyo hogar estaba abierto para los cristianos primitivos (Hch 12:12). Él acompañó a Pablo y a Bernabé en el primer viaje misionero de éstos. La contemplación de los peligros que amenazaban a este pequeño grupo al viajar por regiones desconocidas, parece haberle acobardado, así que regresó a Jerusalén. Más tarde la proposición de Bernabé de tomar a Marcos consigo en el segundo viaje causó una discusión entre él y Pablo. El apóstol, viendo la cuestión desde el punto de vista de buen criterio, pensó que sería mejor no llevar con ellos a uno que había demostrado ser un "desertor". Bernabé sentía simpatía por Marcos y pensó que debía tener una oportunidad de vindicarse, de modo que, separándose de Pablo, lo llevó consigo a Chipre (Hch 15:36-41).

Juan Marcos justificó la confianza que Bernabé había puesto en él, pues los registros ulteriores muestran que tuvo éxito en el ministerio. Pedro hace mención favorable de él (1 P 5:13), y Pablo cambió su opinión acerca de él hasta el punto de escribir: "Toma a Marcos, y tráele contigo; porque me es útil para el ministerio" (2 Ti 4:11).

El testimonio abundante de los Padres de la Iglesia hace bastante claro que Marcos acompañó a Pedro a Roma como su intérprete, y que compiló este evangelio de la predicación de Pedro. Su nombre romano Marcos parece indicar que fue educado en los círculos romanos. Estos hechos lo hacían peculiarmente apto para escribir un evangelio a los romanos.

A quién se le escribió. Los hechos siguientes indican cómo este evangelio se adapta a los romanos en particular:

1. La brevedad del evangelio, la descripción vívida de escenas

cargadas de energía y movimiento, lo revelan como adaptado peculiarmente a un pueblo tan activo y enérgico como eran los romanos. La característica principal de este libro es la constante repetición de la palabra "luego", o su equivalente, dando la idea de actividad y prontitud militar. Un escritor ha dicho que el estilo de Marcos se parece al estilo usado por Julio César en la historia de algunas de sus campañas.

2. El dinero es reducido a moneda romana.

3. Se emplea la división de tiempo de los romanos.

4. Se explican las costumbres hebreas (7:3,4). Al menos eso demuestra que se les escribió el libro a los gentiles.

5. Prácticamente no hay referencias a las profecías del Antiguo Testamento después del capítulo primero. Los romanos, que no estaban familiarizados con esas Escrituras, era muy probable que no las entendieran.

Análisis del Libro

Como Marcos contiene el mismo material que Mateo (aunque con arreglo diferente), no daremos un bosquejo. Sugerimos que se lea todo el libro y luego el análisis siguiente:

Teniendo en mente que Marcos describe a Jesús como el Conquistador poderoso, vayamos a través del evangelio y veamos cómo se lleva a cabo ese propósito.

En primer lugar, Marcos describe la venida del gran Conquistador, registrando:

1. Su nombre y su proclamación (1:1-8).

2. Su victoria inicial sobre Satanás (1:9-13).

3. La primera proclamación de su reino (1:14-20).

4. Sus primeras obras de poder (1:21 a 2:12).

En segundo lugar, describe el conflicto del Rey poderoso presentándolo como:

1. Alistando súbditos para su reino, apóstoles, pecadores y publicanos, los enfermos y los necesitados (2:13 a 3:35).

2. Explicando el desarrollo de su reino (4:1-34).

3. Conquistando la naturaleza, los demonios, la enfermedad y la muerte (4:35 a 5:43).

4. Recibiendo oposición del pueblo (6:14), de Herodes (6:14-29), y de los escribas y fariseos (7:1-23; 8:10-21).

En tercer lugar, muestra al conquistador reclamando su derecho al reino de poder, y lo presenta:

1. Enseñando a sus seguidores cómo había de ganarse la victoria en su reino mediante el sufrimiento y la muerte (8:31,38; 10:28-45).

2. Reclamando su derecho al reino en Jerusalén, por su entrada triunfal (11:1-11); por su purificación del templo (11:15-19): por su derrota de aquellos jefes que dudaban de su autoridad (11:27 a 12:44), y por su profecía de su venida otra vez en gloria (13:1-37).

En cuarto lugar, Marcos muestra cómo Cristo prepara el establecimiento de su reino mediante:

1. Su preparación para la muerte (14:1-72).

2. Cediendo a la muerte (15:1-47).

Por último, muestra a Jesús como que toma el reino espiritual mediante:

1. Su conquista de la muerte (16:1-14).

2. El envío de sus seguidores a proclamar su triunfo (16:15-20).

41

Lucas

Tema. El Evangelio según San Lucas es una narración histórica que presenta a Jesucristo como el Hombre divino y perfecto. Lucas escribió sobre todo para el pueblo griego, cuya misión era mejorar al hombre moral, intelectual y físicamente, y cuyo ideal era el hombre perfecto. De la misma manera que los judíos fracasaron en obtener la salvación mediante la ley y sus ceremonias, así los griegos fracasaron en obtenerla por medio de su cultura y filosofía. La educación fue para los griegos lo que la ley para los judíos; fue su maestro para llevarlos a Cristo. Viendo su incapacidad para salvar a la humanidad por medio de su educación, muchos filósofos entre los griegos vieron que su única esperanza de salvación era la venida de un hombre divino. Lucas, para satisfacer la necesidad de los griegos, expone a Jesús como el Hombre perfecto y divino, el representante y Salvador de la humanidad.

Autor. Lucas, un compañero del apóstol Pablo (Col 4:14; Flm 24; 2 Ti 4:11). Los escritores cristianos de los primeros siglos dicen que Lucas escribió el evangelio que lleva su nombre; que era en esencia el mismo que él y Pablo habían predicado entre los griegos; y que fue producido y publicado entre el pueblo griego.

A quién se le escribió. El Evangelio según San Lucas se dirige a los griegos en particular. El doctor Gregory dice que es muy adecuado para los griegos en diferentes maneras:

1. Por la calidad del autor. Se cree que Lucas era griego. Era un hombre sumamente educado, indicado por el hecho de que era un médico y por su estilo de escribir.

2. Por su plan. Se considera la historia más ordenada de los dichos y hechos de Jesús. Mediante la lectura cuidadosa encontraremos pasajes que están escritos por un hombre pensador a un pueblo filosófico y meditativo.

3. Por su estilo. El evangelio es peculiarmente atractivo por su elocuencia poética. Nótese los cánticos que se dan en el primer capítulo. A través de todo el evangelio encontramos los discursos de Jesús en contraste directo con el Evangelio según San Marcos que les da énfasis a los hechos de Jesús, en preferencia a sus enseñanzas.

4. Sus omisiones. Se omiten porciones que son claramente judías. Poco o nada se dice acerca de la profecía del Antiguo Testamento.

Bosquejo

   I. La introducción (1:1-4)

   II. El advenimiento del Hombre divino (1:5 — 4:13)

   III. Su ministerio en Galilea (4:14 — 9:50)

   IV. Su ministerio en Perea (9:51 — 19:28)

   V. Su crucifixión y resurrección (19:29 — 24:53)

Lucas contiene muchos incidentes y discursos que se encuentran en Mateo y Marcos. Trataremos, por lo tanto, sólo de los detalles que no se encuentran en los otros evangelios.

I. La introducción (1:1-4)

Como era la costumbre de los historiadores griegos, Lucas comienza el Evangelio con un prefacio. Dice que muchos de su época habían intentado escribir un relato del ministerio de Cristo (v. 1).

Evidentemente no satisfecho con esos intentos, emprende la tarea de escribir un relato de la vida del Señor "en orden". Expone sus cualidades para emprender dicha obra; es decir, el hecho de haber recibido su información de testigos oculares (v. 2), y por tener un conocimiento perfecto de todos los datos de la vida y del ministerio del Señor desde el principio (v. 3). Luego dedica su evangelio a un tal Teófilo, con el objeto de confirmar su fe (v. 4).

II. El advenimiento del Hombre divino (1:5 — 4:13)

Estudiaremos los detalles siguientes que no se encuentran en los otros evangelios:

1. La anunciación del nacimiento de Juan el Bautista (1:5-25).

2. La anunciación a María del nacimiento de Jesús (1:26-38).

3. La visita de María a Elisabet (1:39-55).

4. El nacimiento y la infancia de Juan el Bautista (1:56-80).

5. El viaje a Belén (2:1-7).

6. El mensaje de los ángeles (2:8-20).

7. La circuncisión de Jesús y su presentación en el templo (2:21-39).

8. La infancia de Jesús (2:40-52).

9. La genealogía de Jesús (3:28-38).

Lucas comienza su narración con un acontecimiento que no se

encuentra en los otros evangelios, el anuncio del nacimiento de Juan el Bautista. Su padre, que era un sacerdote, estaba desempeñando su ministerio en el templo, que en esa ocasión en particular era ofrecer el incienso. El oficio de ofrecer el incienso era tan honorable, que no se le permitía a nadie ofrecerlo dos veces, pues traía al sacerdote que oficiaba más cerca de la presencia divina en el Lugar Santísimo, que ningún otro acto sacerdotal. La nube de incienso que ascendía era un símbolo de las oraciones de Israel que se elevaban a Dios. Estando ocupado en este ministerio se le apareció un ángel y le anunció el nacimiento de un hijo. Debe notarse que esta anunciación fue el primer mensaje divino registrado desde el tiempo del profeta Malaquías, alrededor de 400 a.c. ¿A quién mencionaba el último mensaje de Malaquías? (Mal 4:5). ¿A quién mencionó el ángel en su mensaje? (Lc 1:17).

Luego sigue la anunciación a María. Nótese que Mateo registra la anunciación a José. Mateo da la historia desde el punto de vista de José; Lucas, de María. El hecho de que Lucas nos diga la historia desde el punto de vista de María, nos proporciona una buena razón para creer que la genealogía dada por Lucas es la de María.

María, probablemente por sugerencia del ángel (1:36) visita a su prima, Elisabet. En respuesta a su saludo, ella pronuncia ese hermoso cántico, conocido comúnmente como el Magnificat (1:46-55). Este cántico se basa en las escrituras del Antiguo Testamento (véase Gn 30:13 y 1 S 2:1-10).

Nace Juan el Bautista. Contrario a la costumbre general de los judíos, no le dan el nombre de algún pariente extinto. Su nombre significa "El Señor es benigno", un nombre adecuado para el precursor del Señor de gracia. La lengua de Zacarías se desata, y, lleno del Espíritu de Dios, alaba a Dios con ese cántico conocido comúnmente como el Benedictus (1:68-79).

Mateo registra el hecho sencillo de que Jesús nació en Belén. Lucas da detalles y registra las circunstancias que condujeron a José y a María a que hicieran el viaje a esa aldea, es decir, un censo romano para las contribuciones, que requería la presencia de cada persona en su aldea natal. ¿Quién predicó el primer mensaje del evangelio? (2:10-12). ¿Quiénes fueron los primeros evangelistas? (2:15-17).

Pablo dice en Gálatas 4:4 que el Hijo de Dios fue "nacido bajo la ley"; es decir, cumplió sus requisitos. Así que vemos a sus padres en Lucas 2:21-24 cumpliendo la ley en cuanto a Él, en la celebración de dos ceremonias, la circuncisión y la presentación al Señor. Mediante la primera vino a ser miembro de la nación judía, y por la última, fue reconocido el derecho de Jehová hacia Él como el primogénito de la familia (véase Éx 13:2-15; 34:19.)

Lucas es el único evangelista que registra algunos de los incidentes de la infancia de Jesús. Lo hace para dar énfasis a su humanidad, para exponerle como la "simiente de la mujer" (Gn 3:15). Desea demostrar que aun cuando Jesús era el Hijo de Dios, creció de una manera natural (2:40,52). Registra la visita de Jesús a Jerusalén para poder demostrar que Jesús, desde la infancia, tuvo conocimiento de su misión divina (2:49).

Lucas, como Mateo, registra una genealogía de Jesús, pero en un examen se verá que se diferencian. Mateo traza la descendencia de Jesús a través del hijo de David, Salomón (Mt 1:6); Lucas, a través de Natán el hijo de David (Lc 3:31). La sencilla explicación es que la de Mateo es la de José; la que se encuentra en Lucas, la de María. Mateo demuestra que Jesús tenía el derecho legal al trono de David, esto lo hace heredero de David. Pero como el Mesías debía ser simiente de David según la carne, y como Jesús no era hijo de José según la carne, da por resultado, que su derecho natural al trono debe probarse. Como es el propósito de Lucas dar énfasis a la humanidad de Cristo exponerlo como la simiente de la mujer, y como él describe el nacimiento de Cristo desde el punto de vista de María, concluimos que la genealogía dada en Lucas es la de María, dada para probar que Jesús tenía el derecho natural al trono de David, por haber nacido de una virgen de la casa de David. Podrá objetarse que Lucas 3:23 muestra que José es el hijo de Elí y que María no se menciona. Esto puede explicarse por el hecho de que entre los judíos la descendencia no se calculaba o contaba por la esposa, así que a José, aunque en realidad era el yerno de Elí, se le considera su hijo.

III. Su ministerio en Galilea (4:14 — 9:50)

Esta sección contiene los detalles siguientes peculiares a Lucas:

1. El primer rechazo en Nazaret (4:14-30).
2. La pesca milagrosa (5:1-11).
3. La resurrección del hijo de la viuda (7:11-18).
4. La unción de Jesús por una mujer pecadora (7:36-50).
5. Las mujeres que ministraron al Señor (8:1-3).
6. El celo sin conocimiento, reprendido (9:49,50).

El capítulo 4:14-32 registra el primer rechazo de Jesús en Nazaret. Después del feliz comienzo de su ministerio (Mt 4:23-25), Él regresa a su pueblo natal. Llegó el día de reposo y entró en la sinagoga.

Después de leer las Escrituras, era la costumbre invitar a algún maestro o predicador, si había alguno presente, para que diera un mensaje (cf. Hch 13:15). El director, habiendo oído hablar del ministerio de Jesús, lo llamó al púlpito. Tomando como su texto Isaías 61:1, nuestro Señor toma asiento (según la costumbre de los maestros orientales) y predica acerca de ese texto como habiéndose cumplido en Él. El pueblo al principio se conmueve por sus palabras benignas, pero después vacila por el hecho de que simplemente es el hijo de José. ¿Cómo podía el hijo de un carpintero ser el cumplimiento de las Escrituras? Jesús les recuerda que por lo general un profeta no es aceptado en su propio país, e ilustra esto citando dos incidentes del Antiguo Testamento en que profetas de Dios, no apreciados en general por Israel, fueron recibidos por los gentiles. La acción del pueblo demuestra que ellos comprendieron esto como una referencia que implicaba su rechazo y la recepción de los gentiles.

Lucas complementa el relato de Mateo del llamamiento de los primeros discípulos (Mt 4:17-22) registrando un milagro en esa conexión, es decir, la pesca milagrosa. Esta revelación del poder de Cristo pone a Pedro de rodillas en convicción profunda de su estado pecaminoso. Ese milagro puede considerarse como típico de la gran pesca que hizo Pedro en el día de Pentecostés (cf. Lc 5:10; Hch 2:41).

Un entierro en Naín le da la oportunidad al Señor de revelarse como el que enjugaría "toda lágrima" (Ap 21:4).

Mientras Jesús estaba sentado en la casa de un fariseo, una mujer, que había sido una gran pecadora, viene y lo unge. El fariseo, que consideraba que el toque de una mujer semejante contaminaría, se sorprende. Jesús, en la parábola de los dos deudores, enseña a Simón que las atenciones de esta mujer fueron derramadas sobre Él en gratitud por los pecados perdonados. Simón, dijo Él, no le había dado estas atenciones. Esta declaración es un golpe al fariseo que se justificaba a sí mismo, porque implica que Él no había sentido la carga del pecado como la mujer, de manera que no sentía gratitud.

En el capítulo 8:1-3, Lucas presenta un panorama del ministerio de las mujeres con relación al Señor. Menciona a algunas que ayudaron a sostenerlo.

Nuestro Señor enseña a sus discípulos una lección de tolerancia (9:49,50). Aquí vemos el otro lado del carácter del "discípulo amado". Aun cuando era amable y benigno, al mismo tiempo era celoso, y tenía aversión a todo lo que él creía que era malo.

IV. Su ministerio en Perea (9:51 — 19:28)

En esta sección notamos los detalles siguientes peculiares a Lucas:

1. El rechazo de Jesús por los samaritanos (9:51-56).
2. El envío de los Setenta (10:1-24).
3. El Buen Samaritano (10:25-37).
4. Marta y María (10:38-42).
5. La parábola del rico necio (12:16-21).
6. Una lección sobre el arrepentimiento (13:1-10).
7. La sanidad de la mujer enferma (13:11-17).
8. Discurso sobre la puerta estrecha (13:23-30)
9. La amonestación de Herodes (13:31-35).
10. La sanidad del hombre hidrópico (14:1-6).
11. La verdadera hospitalidad y la parábola de la gran cena (14:12-24).
12. Discurso sobre pagar el precio (14:24-35).
13. Parábolas de gracia y exhortación (cps. 15, 16).
14. Una lección de fe (17:1-10).
15. Los diez leprosos (17:11-19).
16. Parábolas del juez injusto y del fariseo y el publicano (18:1-14).
17. La conversión de Zaqueo (19:1-10).
18. Parábola de los talentos (19:11-28).

El prejuicio de los samaritanos hacia los judíos se puede ver en su rechazo de recibir a Jesús, porque su rostro estaba fijo hacia Jerusalén. Juan y Santiago, los "hijos del trueno" (Marcos 3:17), en un espíritu demasiado celoso, desean imitar el ejemplo de Elías en hacer que descienda fuego del cielo. Este celo sin entendimiento recibe una severa represión del Maestro.

Además de enviar a los doce apóstoles, Jesús envía una compañía grande de setenta discípulos. Este número tan grande era necesario porque el tiempo de la partida del Señor estaba cerca, y el inmenso territorio de Perea estaba aun sin evangelizar. Las instrucciones a ellos son semejantes a las de los Doce.

Jesús aprovecha la pregunta que le hace un abogado judío para dar un golpe al prejuicio judío. En respuesta a la pregunta del hombre — ¿quién es mi prójimo? —, Jesús relata la parábola del buen samaritano, escogiendo como ejemplo del prójimo perfecto, a uno de la raza odiada por los judíos. La lección contenida en la parábola es que cualquiera que esté en necesidad, sea judío o gentil, es nuestro prójimo.

El capítulo 10:38-42 presenta una vista breve de la vida social de Jesús, describiendo dos de sus amigas íntimas, Marta y María. Es interesante ver que Lucas le da énfasis al ministerio de las mujeres en su evangelio (véase también Lc 1:26-55; 2:36; 8:1-3).

En la parábola del rico necio el Señor hace una advertencia en contra de la codicia.

A Jesús le contaron ciertas calamidades que les habían sucedido a los galileos y se deducía que esas calamidades eran el resultado del pecado por parte del pueblo (13:1-10). Nuestro Señor enseñó a los que le daban la información que el sufrimiento excepcional no era necesariamente el resultado de pecado excepcional, y que ellos, si no se arrepentían perecerían. Para demostrar la paciencia de Dios hacia Israel y hacia los pecadores en general, pronuncia la parábola de la higuera estéril.

El método de Jesús de tratar con las preguntas simplemente especulativas puede verse en 13:23-30. Los discípulos hicieron la pregunta en cuanto al número de los que serían salvos. En lugar de dar una respuesta directa, Jesús les advierte que ellos deben ir por el camino estrecho que conduce a la vida eterna.

Herodes, gobernador de Galilea y Perea, temiendo a las grandes multitudes que Jesús atraía, pudieran causar una perturbación en su territorio, emplea a algunos fariseos para advertirle a Jesús que salga de sus dominios. Viendo a través de la intriga de la "zorra", Jesús les asegura que no tienen nada que temer de Él, ya que está obrando para el alivio de la humanidad. Herodes no necesita procurar matarlo; Jerusalén, "el matadero de los profetas", hará esto. Al recordar a Jerusalén, Cristo derrama lágrimas, y profetiza su destrucción (13:31-35).

Nuestro Señor, dando una lección de verdadera hospitalidad, aconseja a sus oidores a invitar a sus fiestas a los pobres y necesitados, por cuyos actos de caridad, serían recompensados en la resurrección de los justos (14:12-14). Al oír acerca de esa resurrección, uno de la compañía prorrumpe en exclamación de gozo por la feliz perspectiva de la venida del reino de Dios (v. 15). Jesús aprovecha la oportunidad para enseñar que muchos rechazarán la invitación a la gran cena (vv. 16-24).

Los versículos del 25-35 del capítulo 14 muestran como Jesús trataba a los futuros discípulos. No les prometía una vida de comodidad, sino que requería la más severa negación propia. Su medida de un discípulo era la cruz.

En respuesta al insulto de los fariseos culpándolo de asociarse con pecadores, Jesús pronuncia las parábolas de la oveja perdida, la dracma perdida y el hijo pródigo, para enseñar el amor de Dios hacia los pecadores (cp. 15). Nótese que todas estas parábolas contienen la misma línea de pensamiento; es decir, pérdida, restauración y gozo. El capítulo 16 contiene la parábola del mayordomo injusto y el incidente del rico y Lázaro. La primera está destinada a enseñar a los cristianos a tener previsión en cuanto a las cuestiones monetarias. Un mayordomo infiel va a ser despedido de su puesto. No deseando trabajar y teniendo vergüenza de mendigar, resuelve usar el dinero de su amo de manera que le asegure un futuro feliz. La aplicación es como sigue: los cristianos son mayordomos, se les ha confiado la propiedad de su Amo. El tiempo llegará cuando cesará su mayordomía (mediante la muerte) Por esta razón, deben usar su dinero en la tierra de tal manera (sosteniendo las misiones, etc), que cuando lleguen al cielo puedan disfrutar de un interés eterno en sus inversiones (cf. Lc 16:9 y 1 Ti 6:17,18). El incidente del rico y Lázaro muestra la suerte de los que, sin tomar en cuenta los sufrimientos del prójimo, viven sólo para sí.

Un mandamiento de Cristo de perdonar (17:1-42) conduce a los discípulos a desear una experiencia espiritual más profunda; es decir, un aumento de fe (v. 5). Tienen en la mente la cantidad de fe; Jesús da énfasis a su calidad, demostrando la eficacia de la fe tan pequeña como un grano de mostaza. Luego prosigue a enseñarles que, aun cuando tuvieran la fe que desarraiga los árboles, no habían de gloriarse en eso, sino más bien considerarse siervos inútiles (v. 10); porque creer en Dios es el único deber de ellos.

El Evangelio según San Lucas es el evangelio de la humanidad. En su selección de parábolas da énfasis al amor de Dios hacia toda la humanidad. Es interesante notar cómo da énfasis al amor de Jesús hacia los samaritanos, un pueblo odiado y despreciado por los judíos (véase 9:52-56; 10:25-37). En el incidente de la sanidad de los diez leprosos (17:11-19), Él emplea la ingratitud de los judíos leprosos como un fondo oscuro para la fe y gratitud de un samaritano (vv. 17,18).

Para enseñar la perseverancia en la oración, Jesús pronuncia la parábola del juez injusto. La lección es: Si un juez injusto es movido por la importunidad de una mujer para quien no siente ningún interés, cuanto más Dios, el Juez justo, responderá a las oraciones de quienes ama. La parábola del fariseo y el publicano es una buena ilustración de Romanos 3:19-21.

El capítulo 19:1-10 registra la conversión de un miembro de la clase despreciada; los publicanos. Los publicanos eran recaudadores de contribuciones, empleados por el gobierno romano. Por causa de que servían a los opresores de los judíos, y por el hecho de que generalmente no eran honrados, eran odiados por el pueblo. Zaqueo manifestó lo genuino de su conversión mediante una oferta de restitución completa de todo lo que había adquirido por medios deshonrosos.

¿Es la parábola de los talentos (19:11-28) la misma que se encuentra en Mateo 25:14-30? Compárelas.

V. Su crucifixión y resurrección (19:29 — 24:53)

Tomaremos nota aquí de los detalles siguientes peculiares de Lucas:

1. Cristo llora sobre Jerusalén (19:41-44).

2. Contienda entre los discípulos por el puesto principal (22:24-30).

3. Amonestación a Pedro (22:31-34).

4. Instrucciones a los discípulos (22:35-38).

5. Jesús ante Herodes (23:8-12).

6. La lamentación de las mujeres de Jerusalén (23:27-31).

7. El ladrón arrepentido (23:39-43).

8. El viaje a Emaús (24:13-35).

9. El mandamiento de esperar (24:49).

¿Con qué sentimientos pronuncia la Deidad el juicio? El llanto de nuestro Señor sobre Jerusalén contestará esa pregunta. Profetiza su destrucción por los romanos y atribuye sus calamidades venideras a la ignorancia espiritual, "porque no conociste el tiempo de tu visitación".

A pesar de haber sido enseñados por el Señor, los discípulos eran aún tardos de entendimiento. El hecho de contender entre sí por la posición más elevada en el reino, demuestra que no habían comprendido claramente la verdadera naturaleza de su reino. El pensamiento de un reino temporal ocupaba todavía la mente de ellos. Jesús aprovecha esa oportunidad para darles una lección de humildad.

El capítulo 22:31,32 presenta una vista entre bastidores y muestra la causa de la gran caída de Pedro. La demasiada confianza en sí mismo ha hecho necesario que Dios permita que Satanás lo zarandee. (Compárese la tentación de Satanás a Job.) También aprendemos por qué Pedro se levantó: Cristo oró por él.

Ofrecemos una paráfrasis de las palabras que se encuentran en 22:35-38. Es casi como si Jesús les dijera a sus discípulos: "Cuando vosotros salisteis la primera vez, yo era popular en medio del pueblo, y por consiguiente, a vosotros, mis representantes, nada os faltó. Pero las condiciones han cambiado. La nación está en mi contra. Estoy para ser crucificado por ser ` contado entre los transgresores'. De manera que no esperéis ser recibidos bien por el pueblo. Por este motivo, proveeos a vosotros mismos con bolsa y alforja. Como simbolismo de la lucha espiritual en que os vais a ocupar, proveeos de espadas."

Poncio Pilato, después de interrogar a Jesús y haberse enterado de que era de Galilea, lo envió a Herodes, el gobernador de esa provincia. Herodes había oído hablar acerca de los milagros de Jesús y estaba ansioso por presenciar su poder. Lo trató como trataría a un mago de cuyas artes desea ser testigo. Jesús no tenía nada que decirle a ese gobernante cruel, y mantuvo un silencio muy digno. Por eso Herodes y sus soldados lo escarnecieron y lo enviaron de nuevo a Pilato.

En su camino a la cruz, le salen al encuentro a Jesús las mujeres de Jerusalén que le lloran. Les dice que no les pide su compasión; en vez de esto, son ellas las que han de ser compadecidas. Pues les pregunta, si los inocentes sufren de la manera como Él va a sufrir, ¿qué sucederá con los culpables? (23:31).

Mateo dice que ambos ladrones crucificados con Cristo lo injuriaban. Lucas agrega un detalle más y dice que uno de éstos se arrepintió. Presenta un cuadro de dos clases de humanidad con relación a Cristo. Ambos eran pecadores, ambos condenados por la ley, y los dos estaban sin esperanza; sin embargo, uno se salvó y el otro no. El destino de esos hombres fue decidido por la actitud de ellos hacia el inocente que pendía de la cruz.

En el capítulo 24:13-35, podemos dar una mirada a los sentimientos de los discípulos antes de la resurrección de Cristo. La muerte de su Maestro había demostrado ser un golpe muy grande para ellos. Aun cuando Él había profetizado su resurrección, ellos no habían comprendido cabalmente la verdad de que el Mesías primeramente sufriría y luego resucitaría; tan dominados estaban por la idea judía, que creían que la venida del Mesías no podría ser de otra manera, sino una venida gloriosa. En una exposición del Antiguo Testamento, que hace que arda el corazón de los discípulos, Jesús, que al principio encubrió de ellos su identidad, les demostró que fue necesario que el Mesías sufriera antes de entrar en su gloria.

Lucas termina su evangelio con el relato del mandamiento de Jesús a sus discípulos de esperar el derramamiento del Espíritu Santo y de su ascensión. El recuento de los acontecimientos que se repiten en el primer capítulo de Hechos, está escrito por el mismo autor.

42
Juan

Tema. El Evangelio según San Juan es una acumulación de testimonios para probar que Jesús es el Cristo, el Hijo del Dios viviente. Lo escribió Juan en respuesta a una petición de la Iglesia, que ya poseía los otros evangelios, para tener las verdades más profundas del evangelio, y escrito con la mira de levantar la vida espiritual de la Iglesia. Contiene la sustancia de la predicación de Juan a la Iglesia, de esas verdades espirituales que él había recibido del Señor. El propósito de Juan en este evangelio es presentar a Cristo a todos los cristianos como el Verbo encarnado de Dios.

Autor. Juan el apóstol. Escritores dignos de confianza de los siglos primitivos dicen que Juan escribió su evangelio al final del siglo primero, y que era substancialmente la exposición concreta de la predicación de las verdades más profundas que él había aprendido mediante la comunión íntima con Cristo.

De todos los apóstoles, Juan disfrutaba del más íntimo compañerismo con el Maestro. Él pertenecía al círculo íntimo, que eran él, Pedro y Santiago, que fueron los únicos a quienes Jesús les permitió que estuvieran presentes durante las grandes crisis de su ministerio, tales como la transfiguración y la agonía en el Getsemaní. Fue Juan el que se recostó sobre el pecho de su Maestro durante la Cena Pascual; fue él quien, cuando los demás discípulos habían huido, siguió a su Señor al juicio (Jn 18:15); de todos los apóstoles, fue el único que estuvo al pie de la cruz para recibir el mensaje del Señor antes de expirar (Jn 19:25-27). Esa comunión con el Señor, junto con una experiencia de medio siglo como pastor y evangelista, lo calificó muy bien para escribir este evangelio que contiene las enseñanzas más espirituales y sublimes sobre la persona de Cristo.

A quién se le escribió. A la Iglesia en general. Se escribió el Evangelio según San Juan muchos años después que los otros evangelios. Estos últimos, hablando en términos generales, contienen un mensaje evangelístico para hombres no espirituales; eran evangelios misioneros. Después que se establecieron las iglesias mediante el trabajo de los apóstoles, vino una petición de los cristianos en todas partes de una declaración de las verdades más profundas del evangelio. Para satisfacer esa necesidad, Juan escribió su evangelio.

Que se escribió este evangelio en primer lugar para los cristianos puede verse por los hechos siguientes:

1. La enseñanza que contiene sobre algunos de los temas más profundos del evangelio; la preexistencia de Cristo, su encarnación, su relación con el Padre, la persona y obra del Espíritu Santo, indican que se escribió para un pueblo espiritual.

El escritor da por sentado que aquellos a quienes les escribe están familiarizados con los otros tres evangelios, porque omite la mayoría de los incidentes bien conocidos de la vida de nuestro Señor, exceptuando, por supuesto, los que se relacionan con la pasión y la resurrección, sin los cuales ningún evangelio pudiera estar completo.

Bosquejo

    I. El prefacio (1:1-18)

    II. La manifestación de Cristo al mundo (1:19 — 6:71)

    III. El rechazo de las afirmaciones de Cristo (7:1 — 12:50)

    IV. La manifestación de Cristo a sus discípulos (13 — 17)

    V. La humillación y glorificación de Cristo (18 — 21)

I. El prefacio (1:1-18)

1. La manifestación de Cristo en la eternidad (1:1-5).

2. La manifestación de Cristo en el tiempo (1:6-18).

Los sinópticos comienzan su historia registrando el origen terrenal de Cristo. Mateo y Lucas registran su nacimiento virginal. Juan toma en consideración que los cristianos en todas partes están familiarizados con estos datos, y omitiendo el registro de su origen terrenal, describe su origen celestial. Aunque Juan no da un relato directo del nacimiento virginal de Cristo, se refiere indirectamente a esto en el versículo 14.

Nótese el nombre por el cual Juan se refiere a Cristo, el Verbo. Cristo es llamado el Verbo, porque como nuestras palabras son la expresión de nuestros pensamientos y carácter, así Cristo es la expresión del pensamiento de Dios hacia nosotros, y de su carácter, sí, de su misma esencia.

¿Cómo recibió el mundo a su Creador? (v. 10). ¿Cuál puede llamarse el versículo más triste de la Biblia? (v. 11). ¿Qué les fue dado a quienes lo recibieron? ¿A qué suceso se refiere el versículo 14?

(cf. Fil 2:6-8). ¿Qué dice Juan que los discípulos recibieron? (v. 16; cf. Col 1:19; 2:9). ¿Qué contraste se expone en el versículo 17?

II. La manifestación de Cristo al mundo (1:19 — 6:71)

1. El testimonio de Juan el Bautista (1:19-34).
2. El testimonio de los primeros discípulos (1:35-51).
3. El primer milagro y la primera purificación del templo (2).
4. La entrevista con Nicodemo (3:1-21).
5. El testimonio de Juan a sus discípulos (3:22-26).
6. El ministerio de Jesús en Samaria (4:1-43).
7. La sanidad del hijo del noble (4:43-54).
8. La sanidad del paralítico seguida por un discurso (5).
9. Alimentación de la multitud; discurso sobre el pan de vida (6).

Al igual que los otros evangelistas, Juan menciona el ministerio de Juan el Bautista. Como éste atraía grandes multitudes por su ministerio y estaba ministrando una ceremonia que era nueva para la religión judía, es decir, el bautismo, las autoridades judías sintieron que era deber de ellos investigar los derechos y afirmaciones de ese nuevo predicador. Enviaron una delegación para preguntarle acerca de su identidad y autoridad. Humildemente confiesa que él no es sino una voz que clama en el desierto (1:23); que su misión es la de los ingenieros de esos días antes de la venida de un rey oriental: es decir, la preparación de los caminos delante de el (1:23); que su bautismo era únicamente simbólico y típico del bautismo que sería administrado por el Mesías (1:26,27,33). Al día siguiente, Juan, como verdadero ministro del evangelio, señala a sus oyentes a Jesús en lugar de atraerlos a sí mismo, diciendo: "He aquí el Cordero de Dios que quita el pecado del mundo." Luego revela una de las razones de bautizar a Jesús: es decir, para tener una revelación de su deidad (v. 33).

No hay envidia en Juan el Bautista. Al día siguiente repite su mensaje y anima a sus seguidores a seguir a Jesús. Uno de los dos que escucharon el mensaje fue Andrés, el hermano de Pedro. El otro, cuyo nombre no se menciona, puede haber sido el autor del evangelio, Juan. Andrés muestra la realidad de su experiencia espiritual conduciendo a su hermano Pedro al Mesías. Jesús, viendo en Pedro a uno que estaba destinado a llegar a ser la primera piedra viva de su iglesia, le da el nombre profético de Cefas (1:42). Jesús luego llama a Felipe, quien con entusiasmo, testifica a Natanael que ha encontrado al Mesías, Jesús de Nazaret. Natanael apenas puede creer que el Mesías haya venido de la despreciable aldea galilea de Nazaret; pero llega a convencerse, mediante el conocimiento sobrenatural de Jesucristo, de que es en realidad el Rey de Israel.

Una boda en Caná le da a Jesús la oportunidad de manifestar su poder. Su asistencia a dicho acto muestra su deseo de mezclarse con la gente y santificar sus reuniones con su presencia. El gozo de la boda estaba en peligro de echarse a perder y el anfitrión podía quedar mal, ya que se había acabado el vino. María, conociendo los poderes milagrosos de su Hijo, y deseando con su orgullo natural de madre, verlo manifestarlos, le informa del hecho de que no hay vino; este recordatorio llevaba consigo la sugerencia indirecta de que Él lo supla. Jesús tiernamente le recuerda que, aun cuando Él ha estado sujeto a ella desde el principio de su ministerio, sus relaciones han cambiado (2:4). Ahora es guiado por su Padre celestial, que ha establecido el tiempo de cada suceso de su vida.

Los judíos habían permitido que el espíritu de mercantilismo violara la santidad de los recintos del templo, pues esparcidos por el patio de los gentiles, había vendedores de animales para el sacrificio y cambiadores de dinero. Dicha profanación de la casa de su Padre hace a Jesús echar fuera del templo a estos mercaderes. Dado que sólo un profeta o el Mesías mismo podía purificar el templo, los jefes le piden al Señor que pruebe su autoridad con una señal. Les da la señal de su muerte y resurrección. Sus palabras respecto a esa señal fueron más tarde la base de una acusación falsa (Mt 26:61).

Los milagros de Jesús le habían ganado muchos seguidores (2:23), pero Jesús no confiaba en una fe que dependiera simplemente de señales. Uno de los que habían sido impresionados por sus milagros era un príncipe de los judíos, llamado Nicodemo. Este último inicia su conversación con Jesús reconociendo que Él era un Maestro enviado de Dios. Jesús hace caso omiso de su alabanza y abruptamente le dice a Nicodemo que necesita nacer otra vez. Parece que Nicodemo estaba convencido de que el reino de Dios que Jesús proclamaba estaba cercano, de modo que deseaba unirse a ese reino. Nuestro Señor le explica que debe nacer en el reino. Nicodemo, participando de la idea común de los judíos, creía que el reino vendría con una demostración exterior. Jesús le enseña que viene por la obra misteriosa del Espíritu en el corazón (3:8). Nicodemo creía, al igual que otros judíos, que el reino sería introducido por la aparición gloriosa del Mesías. Jesús le enseñó que debía ser introducido por la muerte del Mesías (3:14).

Los discípulos de Juan el Bautista, viendo que las multitudes lo abandonaban y se iban con Jesús, se quejan a su jefe (3:25,26). Juan les dice que eso está enteramente de acuerdo con el plan de Dios. Él era únicamente el amigo del esposo; es decir, el que, según la costumbre judía, pide la mano de la novia y arregla el matrimonio. Su misión era conducir al esposo (el Mesías) a la esposa (la nación judía) (3:29). Hecho esto, su misión habría terminado (3:30).

El capítulo 4 registra la entrevista de Jesús con una mujer de Samaria. El doctor Torrey hace un contraste interesante entre ella y Nicodemo:

Una mujer	Un hombre
Una samaritana	Un judío
Una prostituta	Un maestro de Israel
Vino al mediodía	Vino de noche
Confesó a Jesús de inmediato	Fue un discípulo secreto

Una necesidad común: el Espíritu Santo (Jn 3:5; 4:14).

El capítulo 5 registra el inicio de los conflictos de Jesús con los judíos por sus declaraciones de que era divino. Lo critican por sanar a un hombre en el día de reposo. Se defiende afirmando que Dios su Padre está con Él en la obra de sanar en el día de reposo (5:17). Por esa causa, y porque Él no hacía nada aparte del Padre (v. 19), estaba perfectamente justificado en sanar a la humanidad doliente en el día de reposo. Jesús entonces hace algunas asombrosas afirmaciones. Afirma ser el que levanta los muertos (vv. 21-29); el que tiene un honor igual con el Padre (v. 23); el Juez de todos los hombres (vv. 22-27). Como testigos de sus afirmaciones apela a Juan el Bautista (v. 33); a sus obras (v. 36); al Padre (v. 37); a las Escrituras (v. 39); a Moisés (v. 46).

La alimentación de la multitud registrada en el capítulo 6 marca la culminación de la popularidad de Cristo. El pueblo está tan convencido de que Él es el profeta que han estado esperando por tanto tiempo, que procuran hacerlo rey. Pero Jesús rechaza ese honor porque Él no había venido a reinar, sino a morir. En el discurso que sigue a ese incidente (vv. 26-65), Jesús da un golpe mortal a su popularidad, pues mientras el pueblo creía que su salvación se efectuaría por un Mesías glorioso, Él les enseña que sería efectuada por un Mesías que había de morir. Ante todo, los reprende por buscar el alimento natural en vez del espiritual (v. 26,27). Al preguntarle qué debían hacer para obtener ese alimento verdadero, les contesta que deben creer en Él (vv. 28,29). El pueblo entonces le pide señal para poder creer en Él (v. 30), y mencionan el hecho de que Moisés les dio del maná del cielo (v. 31). Nuestro Señor les dice que el maná era sencillamente un tipo de sí mismo, el verdadero maná (vv. 32,33,35). Él les dice que como Israel rechazó el maná terrenal, de la misma manera ellos han rechazado el maná celestial (v. 36). Pero aun cuando la nación en general lo ha rechazado, hay un remanente fiel que vendrá a Él (v. 37), y a estos no echará afuera, porque es la voluntad del Padre darles vida eterna (vv. 38-40). Los judíos murmuran al ver que el Hijo de un carpintero dice haber venido del cielo (v. 42). Jesús les dice que es necesario una revelación divina para convencerlos de su deidad (vv. 44,45). Luego les muestra cómo pueden obtener vida eterna, comiendo su carne y bebiendo su sangre; es decir, creyendo en Él como la expiación por sus pecados. Los judíos no comprenden este lenguaje figurativo y lo toman literalmente (vv. 52,60). Jesús entonces les dice que sus palabras se han de tomar espiritualmente (v. 63).

Nótese el resultado de este mensaje: una depuración de los discípulos de Jesús (vv. 60,71).

III. El rechazo de las afirmaciones de Cristo (7:1 — 12:50)

1. Jesús en la fiesta de los tabernáculos (cp. 7).

2. La mujer sorprendida en adulterio (8:1-11).

3. La luz del mundo y la libertad espiritual (8:12-59).

4. La sanidad del hombre que nació ciego (cp. 9).

5. El mensaje del Buen Pastor (10:1-21).

6. Jesús en la fiesta de dedicación (10:22-42).

7. La resurrección de Lázaro (11:1-46).

8. El rechazo final de Cristo por la nación (11:47 a 12:50).

Los hermanos de Jesús lo instan a que asista a la fiesta de los tabernáculos en Jerusalén y manifieste sus obras ante el pueblo; porque razonan, que si Él es realmente el Mesías, debe hacer una proclamación pública de sus afirmaciones, en vez de permanecer en una insignificante aldea galilea (7:1-5). Hasta entonces ellos no creían que Él era lo que afirmaba ser, aunque llegó el tiempo en que sí creyeron (Hch 1:14). Jesús contesta que la hora en que Él ha de ir a Jerusalén aun no ha llegado. Más tarde va a la fiesta secretanente (7:10) a fin de evitar las caravanas de peregrinos galileos que lo reconocerían y tal vez harían una demostración pública.

Cuando Jesús comienza a enseñar en el templo, el pueblo se

asombra de su predicación, porque saben que Él no ha estado en las escuelas de teología (7:15). Jesús explica que su enseñanza viene directamente de Dios (v. 16), y si alguno está realmente dispuesto a hacer la voluntad de Dios hallará que su enseñanza es verdadera. Jesús luego defiende su sinceridad, demostrando que no busca su propia gloria (v. 18). Mirando dentro del corazón de ellos, ve el odio de ellos hacia Él, y los acusa de violar la ley de Moisés (v. 19). Luego defiende su acción de sanar al hombre en día de reposo (vv. 21-24; cf. cp. 5). Viendo a Jesús hablar con tanto valor, algunos de los del pueblo creen que quizás los gobernantes lo han aceptado (v. 26). Otros no pueden creer que Él sea el Mesías, porque conocen el lugar de su residencia y a sus padres (v. 27). Jesús reconoce que saben estas cosas, pero que ignoran el hecho de que Él fue enviado por Dios (v. 28). Algunos, recordando los milagros de Jesús, se inclinan a creer que Él es el Mesías (v. 31). Los fariseos al oír esto, envían oficiales a que lo arresten (v. 32). Por lo cual, Jesús les dice que el deseo de ellos de deshacerse de Él, pronto será cumplido (v. 33); pero que vendrá el tiempo en que buscarán un libertador y no encontrarán ninguno (v. 34). Durante la fiesta de los tabernáculos era la costumbre de los sacerdotes ir al estanque Siloé y sacar agua en un cántaro de oro mientras cantaban el capítulo doce de Isaías. El agua entonces era derramada sobre el altar. Esto se consideraba como una conmemoración del agua dada en el desierto, y era típico del derramamiento futuro del Espíritu sobre Israel.

Es probable que fuera en ese momento que Jesús se levantó y se proclamó como la fuente de aguas vivas, la roca herida en la cual el mundo entero pueda beber (vv. 37-39). Al oír esto muchos reconocieron que Él era el Mesías (v. 40), pero otros ponían la objeción de que Él no podía serlo, porque venía de Galilea. Los funcionarios del templo, impresionados por lo imponente de las majestuosas declaraciones de Jesús, no lo arrestan (v. 46). Los fariseos los reprenden, diciendo que ninguno de los gobernantes había creído en Él, sino sólo el pueblo ignorante (vv. 47-50). En este punto Nicodemo defiende a Jesús, por lo cual los fariseos afirman con enojo que según las Escrituras, ningún profeta vino de Galilea. Eso no era cierto, porque tanto Jonás como Elías eran de esa región.

Los escribas y fariseos traen ante Jesús una mujer tomada en adulterio y le preguntan a Jesús si no debiera ser castigada con la pena impuesta en la ley de Moisés. Eso era un intento para envolver a Jesús en un dilema. Si Él ordenaba que la mujer fuera dejada libre, eso sería una contradicción de su declaración de que no había venido a abrogar, sino a cumplir la ley de Moisés (Mt 5:17). Si decía que la mujer debía ser apedreada de acuerdo con la ley, podría considerarse como una contradicción de su declaración de que no había venido a juzgar, sino a salvar a los pecadores. Nuestro Señor resuelve esa cuestión traspasando el caso al tribunal de la conciencia de ellos. En ese tribunal, ellos hallaron que "todos han pecado y están destituidos de la gloria de Dios".

Jesús luego se proclama como la luz del mundo; una afirmación verdaderamente divina (8:12). Los fariseos objetan que su propio testimonio no prueba la verdad de sus afirmaciones (v. 13). Jesús contesta que Él puede dar testimonio de sí mismo, porque tiene un conocimiento perfecto de su origen y naturaleza divinos (v. 14). Luego los refiere al testimonio de su Padre (v. 18); es decir, a los milagros por los cuales Dios ha confirmado la palabra de su Hijo. Jesús entonces acusa a los fariseos de ignorancia del Padre (v. 19). Aun cuando lo rechazan, el día vendrá en que buscarán un Mesías (v. 21), pero no encontrarán uno. Les dice que después de su crucifixión y resurrección, cuando el Espíritu haya sido derramado y obras poderosas se hayan efectuado en su nombre, entonces tendrán evidencia abundante de su deidad (v. 28). Esas declaraciones hicieron que muchos de los del pueblo creyeran en Él (8:30); pero Jesús, al ver la debilidad de la fe de ellos, les exhorta a continuar en su enseñanza, la cual los libertaría completamente del pecado (vv. 31,32). Algunos de los discípulos se ofenden por esto, porque como judíos, se consideraban hombres libres (vv. 33). Jesús explica que la servidumbre a la cual Él se refiere es a la servidumbre del pecado (vv. 34-37). Luego les demuestra que ellos no eran de la simiente de Abraham, porque no hacían las obras de Abraham; es decir, los obras de la fe (vv. 37-40). Él prueba la falsedad de la pretensión de ellos de ser hijos de Dios, demostrándoles que han rechazado al representante de Dios (v. 42). Les dice que la repugnancia de ellos hacia la verdad y el odio de sus corazones demuestran que son hijos del diablo (v. 44). Los desafía a que le redarguyan de pecado, o que crean en sus afirmaciones (v. 46). Por su promesa de exención de muerte espiritual a los que creen en Él, es acusado de exaltarse sobre Abraham (v. 53). Jesús les dice que Abraham vio de antemano su venida (v. 56). Esta declaración deja atónitos a los judíos, que no pueden comprender como Él y Abraham se pudieron conocer (v. 57). Jesús entonces afirma su preexistencia (v. 58). Los judíos entienden que eso es una declaración de deidad y procuran apedrearlo como blasfemo (v. 59).

El que Jesús sanara a un ciego en el día de reposo vuelve a traerle el odio de los jefes. Después de intentar probar que Jesús era un pecador, son confundidos por los argumentos del pobre hombre que había sido sanado (cp. 9).

Probablemente para hacer un contraste entre los falsos pastores que habían echado fuera de la sinagoga al hombre sanado (9:34) y los verdaderos pastores, Jesús pronuncia el discurso registrado en 10:1-21 (cf. Ez 34). En los versículos 1 y 2 se refiere a los verdaderos pastores, que entran al redil por medio de Él mismo, que es la puerta; refiriéndose a los que tienen un llamamiento divino. En los versículos 8,9,12, Jesús evidentemente se refiere a los falsos mesías y profetas falsos que descarriaban al pueblo y causaban su destrucción.

En la fiesta de la dedicación los judíos vienen a Jesús preguntándole si Él era el Cristo (8:23,24). Jesús les dice que sus obras y palabras han probado que Él es el Cristo (v. 25), pero que ellos no han creído porque no son sus ovejas; no han obedecido la voz del Pastor Divino (vv. 26,27). Jesús luego describe la seguridad de sus ovejas, y concluye con la afirmación de su unidad con Dios (v. 30). Los judíos procuran apedrearlo por decir que es igual a Dios. Jesús vindica su derecho de llamarse Hijo de Dios mediante una referencia del Antiguo Testamento. Sostiene que en aquella época a los gobernantes y jueces se les mencionaba a veces como dioses (vv. 34,35; Sal 82:6). Así que si a los jueces injustos, que eran representantes temporales de Dios, se les llamaban dioses, ¿por qué no podía Él, que era el Juez justo y eterno, llamarse Hijo de Dios? (v. 36). Les dice que no necesitan creer en Él si sus obras no son divinas (vv. 37,38).

La sensación causada por la resurrección de Lázaro (cp. 11), reúne a los sacerdotes y fariseos en concilio con el propósito de determinar la muerte de Jesús (11:47). Caifás desea deshacerse de Jesús por razones políticas. Arguye que si se le permite a Jesús continuar su ministerio, su popularidad causará un tumulto popular que despertará la sospecha de los romanos, y dará como resultado la pérdida de poder y puesto para los gobernantes, y en calamidad para la nación. De manera que, razona él, es mejor que un solo hombre sufra, y no toda la nación (v. 49,50). Esto es lo que quiere decir con sus palabras en el versículo 50. Pero Dios les dio el significado de profecía de la muerte expiatoria del Mesías (vv. 51,52).

El capítulo 12 registra dos acontecimientos mencionados por los otros evangelistas: la unción de Jesús y la entrada triunfal. Durante la fiesta de la Pascua, una petición de algunos gentiles que deseaban verlo (12:20) provoca la profecía de su muerte que había de traer salvación al mundo gentil (v. 24). Entonces Él marca el camino que sus discípulos deben seguir, el de negarse aun hasta la muerte (vv. 25,26). Aun cuando el pensamiento de una muerte vergonzosa le es enteramente repulsivo, no la evade (v. 27). Anuncia que su muerte será el juicio del mundo (v. 31), la derrota de Satanás (v. 31), y el medio de atraer a la humanidad enferma de pecado (v. 32). El capítulo 12:37-41 registra el resultado general del ministerio de Cristo a Israel; rechazo de la luz, seguido por la ceguera espiritual de ellos. Los versículos que restan de este capítulo contienen el último llamado de Jesús a la nación.

IV. La manifestación de Cristo a sus discípulos (13 — 17)

    1. Discursos de despedida (cps. 13 al 16).

    2. La oración intercesora (cp. 17).

El capítulo 13:1-17 contiene el ejemplo supremo de la humildad de Cristo. Con conocimiento pleno de su deidad (v. 3), se humilla a la más baja de las tareas, el lavamiento de los pies de sus discípulos. La razón para este acto es explicado por Él (vv. 13-17); era hecho en parte como un ejemplo a sus seguidores para que se humillaran y se sirvieran los unos a los otros. Y ellos necesitaban esa lección (véase Lc 22:24).

Es dudoso que el Señor procurara establecer un mandamiento permanente de lavar los pies, ya que en esa época la costumbre era que el anfitrión proveyera un sirviente que lavara los pies del huésped que, por el uso de sandalias abiertas y el andar por caminos polvorientos, se había ensuciado los pies.

Parece haber un significado mucho más profundo, porque lo que Cristo hizo fue en vista de su cruz y oficio subsecuente, como nuestro sumo sacerdote y abogado a la diestra del Padre.

"Sabiendo Jesús que su hora había llegado para que pasase de este mundo al Padre . . . sabiendo Jesús que el Padre le había dado todas las cosas en las manos, y que había salido de Dios, y a Dios iba, se levantó de la cena, y se quitó su manto, y tomando una toalla, se la ciñó" (vv. 1,3,4).

El contexto aquí, claramente nos demuestra que lo que Él hizo era un tipo de su futura obra redentora y sacerdotal. Creemos que aquí Él establecía simbólicamente su ministerio de conservar limpios los pies (conducta diaria) de los santos. "Si alguno hubiere pecado, abogado tenemos para con el Padre, a Jesucristo el justo" (1 Jn 2:1).

Le dice a Pedro: "Lo que yo hago, tú no lo entiendes ahora; mas lo entenderás después." Pedro entendió que Cristo iba a lavarle los pies literalmente, pero el Señor indica que el significado de este acto no lo comprendería hasta más tarde en su propia experiencia. Pedro, después de su terrible caída de negar a Cristo, supo entonces lo que las palabras de Cristo: "Yo he rogado por ti para que tu fe no falte" en realidad se referían a cuando fue purificado y restaurado a la comunión con su Señor.

Después del anuncio de su traición y la salida del que lo traicionaba, Jesús revela el espíritu que ha de caracterizar las relaciones de sus discípulos de unos para con los otros, durante su ausencia; es decir, el amor (v. 34). Este hecho de que se amen los unos a los otros ha de ser el distintivo del discipulado cristiano (v. 35).

Después, al oír hablar acerca de la muerte y partida próxima del Señor, los discípulos se entristecen. Es entonces cuando Él dice las consoladoras palabras mencionadas en el capítulo 14. Como un remedio para la condición turbada de ellos, les sugiere tres cosas: que tengan fe en Él (v. 1); el hecho de que Él va a prepararles un lugar (v. 2); el hecho de que Él volverá otra vez (v. 3). En respuesta a la pregunta de Tomás en cuanto al camino al cielo (v. 5), responde que Él mismo es el camino. Él es el camino porque es la imagen y el revelador del Padre (vv. 7,9). su unión completa con el Padre es demostrada por el hecho que aun las mismas palabras que hablaba y las obras que hacía eran mediante el poder directo del Padre. Y la unión de ellos con Él debía ser de tal manera que los discípulos hicieran las mismas obras (v. 12). Esto se realizaría mediante la oración (vv. 13). La obediencia a sus mandamientos y el amor de ellos hacia Él, daría como resultado que él les enviaría el Consolador, que moraba ahora con ellos, pero más tarde estaría en ellos (vv. 16,17); también daría como resultado que el Padre y el Hijo se manifestarían a ellos (vv. 21-25). En el versículo 26 explica el ministerio del Espíritu Santo con relación a los discípulos. Hace su último legado a sus discípulos, su paz (vv. 27,28).

En el capítulo siguiente Jesús explica la relación de los discípulos hacia Él durante su ausencia, una unión vital y orgánica tipificada por una vid y sus ramas. Demuestra cómo esta vid verdadera se conserva limpia y fructífera; es decir, quitando los pámpanos que no llevan fruto y limpiando las ramas sanas (v. 2). Ya ellos han sido limpios por su palabra (v. 3), pero los exhorta a permanecer en Él para poder mantener esta unión vital (vv. 4-6). Les enseña cómo pueden ser contestadas sus oraciones; permaneciendo en Él, y permaneciendo sus palabras en ellos (v. 7). Si llevan fruto, habrá dos resultados: El Padre será glorificado, y ellos demostrarán ser verdaderos discípulos (v. 8).

Los exhorta a continuar en su amor (v. 9). Esto será llevado a cabo guardando sus mandamientos (v. 10). La unidad entre ellos mismos se ha de mantener por el espíritu de amor (vv. 12,13). Guardando sus mandamientos ellos entran en una relación más íntima con Él; la de amigos (v. 15). Contrario al orden acostumbrado, Él, el Maestro, los ha escogido como sus discípulos (v. 16). Los ha escogido con un propósito específico, el de llevar fruto y disfrutar de una comunión peculiar en oración con el Padre (v. 16). Los versículos restantes del capítulo 15 revelan la actitud del mundo hacia los discípulos.

Para que no se den al desaliento y a la desesperación cuando surjan las persecuciones, les dice lo que han de esperar del mundo (16:14). Ellos se entristecen porque Él les va a dejar, pero es necesario que Él se vaya para que pueda venir el Consolador (v. 7). Pues mientras Él esté en la carne, puede estar presente sólo en un lugar a un mismo tiempo, pero sentado a la diestra del Padre y enviando su Espíritu, puede estar presente con cada uno de sus seguidores, "hasta el fin del mundo". Luego explica el ministerio triple del Espíritu con relación al mundo: convencerá al mundo del hecho de que la incredulidad en Cristo es un pecado; revelará el hecho de que Él, el crucificado, es el Justo; aun cuando los malos prosperen y los justos sufran, convencerá al mundo de que hay un juicio que vendrá, que arreglará las cosas (vv. 8-12). En seguida explica el ministerio del Consolador con relación a sus discípulos (vv. 12-15). Jesús les dice que su partida por la muerte los entristecerá, pero que lo volverán a ver de nuevo, y su llanto se tornará en gozo (vv. 16-22). En primer lugar, lo volverán a ver después de su resurrección; en segundo lugar, con los ojos de la fe; y, por último, cara a cara. Después de su ascensión, no será necesario que le hagan sus peticiones a Él (v. 23), ni tampoco será necesario que Él ruegue por ellos (v. 26), porque tendrán acceso directo al Padre (vv. 23,27).

El capítulo 17 registra la gran oración intercesora de Jesús. Damos un sencillo bosquejo de esta oración:

    I. Oración por sí mismo (vv. 1-5).
        1. Por su propia glorificación.
    II. Oración por sus discípulos (vv. 6-19).
        1. Por su preservación (v. 11).
        2. Por su santificación (v. 17).
    III. Oración por todos los creyentes (vv. 20-26).
        1. Por unidad (vv. 21,22).
        2. Por la presencia de ellos con Él (v. 24).

V. La humillación y glorificación de Cristo (18 — 21)

1. La traición y el arresto (18:1-18).
2. El juicio ante Caifás y Pilato (18:19 al 19:16).
3. La crucifixión (19:17-42).
4. La resurrección (20:1-10).
5. Las apariciones de Jesús a sus discípulos (20:10 a 21:25).

Llevan a Jesús primeramente ante Anás, el suegro de Caifás para tener una audiencia preliminar (18:19-23). Se le pregunta acerca de su doctrina, porque ellos creían que Él había estado esparciendo enseñanzas peligrosas y secretas. Jesús se defiende aseverando que toda su enseñanza ha sido expuesta abiertamente y en público (vv. 20,21). Luego es enviado al sumo sacerdote para el juicio formal, que es descrito por los otros escritores.

Después de su condenación por blasfemia (Mt 26:65), Jesús es conducido a Pilato para la ejecución de la sentencia. Los judíos evidentemente esperan que Pilato ratifique la sentencia de ellos, sin hacer preguntas, pero él no está de humor para satisfacer el deseo de los sacerdotes, a quienes él despreciaba de todo corazón. Les dice que lo juzguen conforme a la ley de ellos; a él no le interesa juzgar casos religiosos (v. 31). Pero como el poder de infligir el castigo capital había sido quitado de los judíos años antes, no podían ejecutar la sentencia de muerte (v. 31). Jesús había sido acusado de declararse rey (Lc 23:2). Esta era una ofensa seria ante los ojos de los romanos.

Así que Pilato interroga a Jesús respecto a su reino (vv. 33-35). Nuestro Señor dice claramente que su reino es un reino espiritual, no temporal (v. 36) y que los miembros de su reino son aquellos cuyos corazones están abiertos a la verdad (v. 37). Pilato hizo varios intentos para soltar a Jesús, pero la determinación de los judíos de crucificarlo es más fuerte que su determinación de soltarlo, y cede ante la amenaza de los judíos de acusarlo ante el emperador (19:12,13).

Juan, en su relato de la crucifixión menciona algunos detalles adicionales a los que se encuentran en los otros evangelios; es decir, la escritura de Pilato de la acusación (vv. 19-22); el reparto de la ropa de Jesús (vv. 23,24); la encomienda de su madre a Juan (vv. 26,27); las dos declaraciones en la cruz (vv. 28,30); y la apertura del costado de Jesús. Algunas veces los huesos de los criminales crucificados se quebraban para apresurar la muerte. En el caso de Jesús esto no fue necesario, porque ya estaba muerto. En este incidente estaba implicado un cumplimiento de la profecía (vv. 36,37). El hecho de que Jesús muriera tan pronto, parece indicar que lo que le causó la muerte no fueron los sufrimientos físicos, sino los espirituales, pues las personas crucificadas, por lo general, duraban como tres días (véase Mr 15:44). Los médicos dicen que el hecho de emanar agua y sangre del costado de Jesús indicaba un corazón destrozado.

Nótese cómo Juan en su descripción del sepulcro vacío tiene cuidado de dar suficientes detalles para refutar el falso informe de que los discípulos habían hurtado el cuerpo de Jesús (Mt 28:11-15). Notemos las apariciones de Jesús después de su resurrección:

1. A María Magdalena (20:11-18).

2. A los apóstoles, estando Tomás ausente (20:19-23). Para poder convencer a los temerosos discípulos, que dudaban de la realidad de su resurrección, Jesús les muestra sus heridas. Entonces les da su comisión (v. 21), su preparación (profética y simbólica) (v. 22) y su autoridad (v. 23). Nótese que el último versículo mencionado se refiere a la disciplina de la Iglesia (cf. Mt 18:15-18).

3. A los apóstoles, estando Tomás presente (vv. 24-29). Aunque de carácter leal (11:16), Tomás es escéptico. No creerá hasta que vea. Su incredulidad evidentemente había retardado el viaje de los discípulos a Galilea (Mt 28:7). Aunque escéptico, el corazón de Tomás es sincero; desea saber la verdad. Jesús cumple su deseo, y Tomás llega a ser un creyente tan profundo como en un tiempo fue incrédulo.

4. A los siete en el mar de Galilea (cp. 21). Después de la pesca milagrosa y la comida, Jesús le da a Pedro su comisión como pastor de sus ovejas. La pregunta repetida tres veces puede referirse a las tres negaciones de Pedro. Los versículos 20-24 del último capítulo fueron escritos por Juan para corregir una impresión falsa que se había producido entre los discípulos por las palabras de Jesús a Pedro (v. 22). Se creía que Jesús quería decir que Juan no moriría (v. 23). Juan demuestra que esas palabras no significaban que no moriría, sino que si Jesús quería que Juan quedara hasta que Él viniera no era asunto de Pedro.

43

Hechos de los apóstoles

Tema. El libro de Hechos presenta la historia del establecimiento y crecimiento de la Iglesia cristiana, y de la proclamación del evangelio al mundo entonces conocido de acuerdo con el mandato de Cristo, y por el poder de su Espíritu. Es un registro del ministerio de Cristo según fue continuado por medio de sus siervos. León Tucker sugiere como clave las tres siguientes palabras: Ascensión, descenso y extensión. La ascensión de Cristo es seguida por el descenso del Espíritu, y el descenso del Espíritu es seguido por la extensión del evangelio.

Autor. Lucas. Al considerar la dedicación del libro a Teófilo (Hch 1:1; cf. Lc 1:3), la referencia a un tratado anterior (Hch 1:1), su estilo, el hecho de que el autor era un compañero de Pablo como se demuestra por el hecho de que porciones del libro están escritas en la primera persona (16:10), y que este compañero acompañó a Pablo a Roma (27:1; cf. Col 4:14; Fil 24; 2 Ti 4:11), llegamos a la conclusión de que Hechos lo escribió Lucas. Los escritores antiguos sostienen este hecho.

A quién se le escribió. Se le escribió a Teófilo, un creyente cristiano, pero es pertinente para toda la iglesia.

Bosquejo

I. La iglesia de Jerusalén (1:1 — 8:4)

II. El período de transición: la iglesia de Palestina y Siria (8:5 — 12:23)

III. La iglesia de los gentiles (12:24 — 21:17)

IV. Escenas finales en la vida de Pablo (21:18 — 28:31)

I. La iglesia de Jerusalén (1:1 — 8:4)

1. El capítulo de introducción (1).
2. El derramamiento del Espíritu (2:1-13).
3. El sermón de Pedro y sus resultados (2:14-47).
4. La sanidad del cojo y el sermón de Pedro (3:1-26).
5. Pedro y Juan ante el concilio (4:1-22).

6. La primera reunión de oración (4:23-31).
7. La consagración de la Iglesia primitiva (4:32-37).
8. El pecado de Ananías y Safira (5:1-16).
9. El arresto de Pedro y Juan (5:17-42).
10. Primera dificultad de la Iglesia y su solución (6:1-7).
11. El ministerio de Esteban (6:8-15).
12. El discurso de Esteban ante el concilio (7).
13. La primera persecución de la Iglesia (8:1-4).

En realidad, el libro de Hechos comienza en el capítulo 2, el cual describe el derramamiento del Espíritu Santo y el comienzo de la Iglesia. El capítulo uno es sencillamente introductorio y describe los acontecimientos conducentes al gran acontecimiento del día de Pentecostés.

¿A qué escrito se refiere el autor en 1:1? ¿Qué dice respecto a Jesús en el mismo versículo? ¿Qué se menciona primero, "hacer" o "enseñar"? ¿Cuándo dio Jesús mandamientos a los apóstoles por medio del Espíritu? (v. 2; cf. Mt 28:16-20; Mr 16:14-20; Lc 24:44-53; Jn 20:23). Menciónese una de las "pruebas infalibles" (v. 3). de la resurrección de Cristo (Lc 24:3). ¿Qué mandamiento se dio entonces? (v. 4). ¿Cuándo prometió el Padre el Espíritu Santo? (Jl 2:28). ¿Cuándo lo prometió Jesús (Jn 14:16,17; 15:26; 16:7-15). ¿Mencionó Jesús el día exacto en que el Espíritu sería derramado? (v. 5). ¿Por qué no? (cf. Mr 13:37). ¿Qué pregunta hicieron los discípulos en ese momento? (v. 6). ¿Había sido tomado el reino de Israel? (Mt 21:43). ¿Contestó Jesús esta pregunta directamente? ¿Será restaurado el reino de Israel alguna vez? (Ro 11:25-27). ¿Cuándo? (Mt 23:39; Lc 21:24; Ro 11:25; Hch 3:19,20; Zac 12:10). ¿Qué debe suceder antes de ese acontecimiento? (Hch 1:8; 15:14; Ro 11:25). ¿Dónde había de empezar y dónde había de terminar el ministerio de los apóstoles? (1:8). ¿En qué ciudad comienza el libro de Hechos? ¿En qué ciudad termina? ¿Qué versículo del Antiguo Testamento debe citarse con el versículo últimamente mencionado? (Zac 4:6). ¿Qué sucedió después que Jesús hubo dado sus mandamientos a los apóstoles? ¿De qué montaña ascendió Jesús? (v. 12). ¿En qué montaña descenderá en su segunda venida? (Zac 14:4). ¿Qué compañía se menciona en el versículo 13? ¿Quién se menciona primero? ¿Por qué? ¿Qué otras compañías se mencionan en el versículo 14? ¿Hubo un tiempo en que los hermanos de Jesús no creyeron en Él? (Jn 7:5). ¿Quién era el que llevaba la palabra entre los apóstoles? (v. 15). ¿Cuántos discípulos se reunieron en ese tiempo? ¿Qué versículos del Antiguo Testamento cita Pedro con relación a Judas? (Sal 69:25; 109:8).

El capítulo 1:18 parece contradecir a Mateo 27:5, pero la inferencia lógica de una comparación entre ambos versículos es, que Judas se colgó a sí mismo y entonces cayó a tierra. Un cierto incidente es registrado, de un hombre que se suicidó sentándose en una ventana de un cuarto piso y luego se disparó un tiro. Un escritor pudo haber descrito el suceso completo; otro pudo haber mencionado sólo el hecho de su caída de la ventana; otro pudo haber informado acerca del disparo. Los tres habrían tenido razón.

¿Por qué Pedro estaba ansioso de que se completara el número de los apóstoles? (Mt 19:28; Ap 21:14). ¿Qué dos cualidades eran necesarias para un apóstol? (vv. 21,23).

Las dos cualidades necesarias para ser apóstol eran: en primer lugar, que hubiera andado con el Señor durante su ministerio terrenal; en segundo lugar, que lo hubiera visto después de su resurrección. A menudo se ha suscitado la pregunta de que si Matías en realidad fue señalado divinamente como apóstol, o si Pablo es el apóstol duodécimo. Es la opinión del escritor que Matías fue el apóstol duodécimo. Aun cuando Pablo fue un apóstol que vio al Señor, y fue divinamente nombrado a su puesto, no poseía la primera cualidad, la de haber andado con el Señor durante su ministerio terrenal. No tuvo esa relación peculiar con Jesús que tuvieron los Doce (véase Jn 15:17).

Ahora llegamos a los acontecimientos del día de Pentecostés. La muerte y la resurrección de Cristo, y el derramamiento del Espíritu Santo representan el cumplimiento de los tipos de las tres fiestas que seguían en sucesión, la una de la otra; es decir, la Pascua (Lv 23:5), la fiesta de los primeros frutos (Lv 23:10-14), la fiesta de pentecostés (Lv 23:15-21). La Pascua era típica de la muerte expiatoria de Cristo. Después de la Pascua estaba la fiesta de los primeros frutos. En dicha fiesta los primeros frutos de la cosecha eran mecidos ante el Señor. Esa ceremonia era típica de la resurrección de Cristo como "las primicias" de los muertos. Después de esa fiesta se contaban cincuenta días, y en el último día, se celebraba la fiesta de Pentecostés (de aquí el nombre pentecostés, que significa cincuenta). En esa fiesta dos panes, los primeros panes de la cosecha de trigo, eran mecidos ante el Señor, siendo eso típico de la consagración de los primeros miembros de la Iglesia.

¿Inspiró el Espíritu Santo y dio poder a personas en los tiempos del Antiguo Testamento? (Nm 11:26; 1 S 10:6; Sal 51:11; Mi 3:8).

¿Estaba la gente llena del Espíritu antes que Cristo muriera? (Lc 1:15,41,67; cf. Jn 7:39). ¿Cuál era entonces la diferencia entre el modo de dar el Espíritu en aquella época y en el tiempo del Nuevo Testamento?

1. En los tiempos del Antiguo Testamento se le daba el Espíritu sólo a unos cuantos. A personas que tenían algún cargo como profeta, sacerdote o juez. Ahora se derrama sobre toda carne (Jl 2:28).

2. En aquella época se daba el Espíritu en forma temporal; ahora permanece con nosotros para siempre.

Es interesante notar que para cada manifestación del Espíritu mencionada en el Nuevo Testamento puede encontrarse otro caso similar en el Antiguo Testamento, salvo para una: el hablar en otras lenguas. La deducción que se hace de eso es que el hablar en otras lenguas es la manifestación del Espíritu peculiar para esta dispensación.

¿Qué tres manifestaciones acompañaron al derramamiento del Espíritu? ¿Fue el hablar en otras lenguas sencillamente con el propósito de predicar el evangelio a cada uno en su propia lengua? (2:8-11; cf. 10:46). Nótese que quienes reciben el bautismo no siempre hablan en una lengua conocida, pero por lo general en una lengua desconocida (cf. 1 Co 14). En este caso se hablaron lenguas conocidas, porque como esta era la primera manifestación de esta clase, era necesario convencer a los judíos incrédulos que esa era una manifestación genuina del Espíritu, y no simplemente una jerigonza, como algunos pudieran haber pensado.

¿Qué dos efectos produjo en los oyentes esa manifestación? (vv. 12,13). ¿En qué sentido estaban borrachos los discípulos? (Ef 5:18). Nótese cómo los defendió Pedro en contra de la acusación de estar ebrios. Por lo general, los judíos no comían ni bebían antes de la hora de oración que era como a las nueve de la mañana. ¿Cómo explicó Pedro esta manifestación? (2:16-21). ¿Encontró la profecía de Joel su cabal cumplimiento en esta ocasión? ¿Cuándo se cumplirá cabalmente con relación a Israel? (Zac 12:10). ¿Quién en los tiempos del Antiguo Testamento oró por ese acontecimiento? (Nm 11:29). ¿Declara Pedro de inmediato en su sermón que Jesús es el Mesías? (v. 22; cf. v. 36). ¿Qué es lo primero que hace? ¿Qué primera prueba ofrece acerca de Cristo como el Mesías? ¿Qué segunda prueba? (v. 24). ¿Qué tercera prueba? (v. 33). ¿Cuál fue el efecto de este sermón? ¿Qué dijo Pedro a los judíos que hicieran? (v. 38). ¿Qué dos cosas seguirán al arrepentimiento de ellos? (v. 38). ¿Qué más les dijo que hicieran, además de arrepentirse? (v. 40). ¿Qué puede usted decir acerca de la unidad de los primeros cristianos? (vv. 44-47). ¿Cuál era la manifestación exterior de la unidad de ellos? (v. 45). ¿Cree usted que se les ordenó que tuvieran todas las cosas en común, o fue ese un acto espontáneo, nacido de un amor inspirado por el Espíritu Santo hacia los hermanos? ¿Debemos nosotros, bajo las condiciones en que ahora vivimos, seguir literalmente el ejemplo de ellos, o hemos de manifestar el mismo espíritu?

El capítulo 3 registra el primer milagro apostólico, Nótese sus características. Fue obrado en un hombre cuya enfermedad era incurable, y fue hecho públicamente para que pudiera ser verificado por todos.

¿Fueron comedidas las acciones del hombre sanado en el templo? En los tiempos del Nuevo Testamento, cuando la gente deseaba o recibía algo del Señor Dios, ¿acaso consultaban con el criterio general? (Lc 17:15; 19:3,4). ¿De quién Pedro quitó la vista del pueblo? (3:12). ¿A quién señaló él? (v. 13). ¿Qué contraste expone él entre la manera en que ellos trataron a Cristo y la manera en que Dios lo trató? (vv. 13-15). ¿Qué clase de persona consideraban los judíos que era Jesús? (Mt 26:65; Jn 9:24). ¿Qué dijo Pedro que se había hecho en su nombre? (v. 16). ¿Cuál fue la conclusión lógica de ese hecho en cuanto al carácter de Jesús? (Jn 9:33). ¿Tuvieron los judíos alguna excusa por su acto de crucificar a Jesús? (v. 17). ¿Fue esa ignorancia totalmente excusable? (Jn 12:37,38). ¿Quién fue un tipo de la nación judía en este sentido? (1 Ti 1:13). ¿Fue la nación judía rechazada porque crucificó al Hijo, o porque rechazó al Espíritu que testificó de su resurrección y exaltación? (cf. Hch 13:46). ¿Qué apelación hace Pedro a la nación? (v. 19). ¿Qué dice que seguirá al arrepentimiento de ellos como nación? (vv. 19,20). ¿Se arrepentirán alguna vez? (Zac 12:10; Mt 23:39; Ro 11:26). ¿Qué se quiere decir con "la restauración de todas las cosas" prometida por los profetas? (Is 11; Jer 23:5,6; Am 9:11-15; Zac 14:16-21). ¿Predijeron los profetas alguna vez la restitución final de los impíos y del diablo y sus ángeles? ¿A qué profetas los refiere Pedro? ¿Por qué deben ser ellos los primeros en creer a los profetas? (v. 25). ¿Qué privilegio tenía Israel? (v. 26; cf. Mt 15:24; Hch 13:46; Ro 1:16; 15:8).

El capítulo 4 registra la primera persecución de los apóstoles por parte de las autoridades religiosas.

¿Cuál era el tema central de la predicación de los apóstoles? (v. 2). ¿Por qué eso agraviaba a los saduceos? (Mt 22:23). ¿Cuál fue el resultado del último sermón de Pedro? (v. 4). ¿Qué es lo que explica la intrepidez de un pescador sin educación ante la presencia de los jefes religiosos? (v. 8). ¿De qué los acusó Pedro? (v. 10). ¿A qué versículos del Antiguo Testamento los refirió? (v. 11; cf. Sal 118:22). ¿Dónde Pedro probablemente aprendió ese pasaje junto con su significado y aplicación? (Mt 21:42). ¿Qué mensaje les dio? (v. 12). ¿La imagen de quién veían los sacerdotes en Pedro y Juan? (v. 13). ¿Por qué no podían actuar en contra de los apóstoles? (v. 14). ¿Qué admitieron ellos? (v. 16). ¿A qué debió haberles conducido ese reconocimiento? ¿Cuándo hicieron esos mismos un reconocimiento similar? (Jn 11:47). ¿Tuvo éxito el intento de ellos por intimidar a los apóstoles? (vv. 19,20). ¿Qué efecto tuvo ese milagro en el pueblo? (v. 21).

¿Qué hicieron los discípulos a causa de la oposición de los líderes? (4:24-31). ¿Qué Salmo citaron en su oración? (vv. 25,26; véase Sal 2). ¿Qué tres peticiones hicieron? (vv. 29,30). ¿Cuánto tiempo pasó antes que viniera la respuesta? ¿Qué tres cosas sucedieron? (v. 31).

¿Qué puede usted decir acerca de la consagración de la iglesia primitiva? (4:32-37). ¿Quién es mencionado aquí como un ejemplo de un cristiano consagrado? (v. 36). ¿Quiénes deseaban tener el mismo honor sin pagar el mismo precio? (5:1). ¿Qué había probablemente en el fondo de su pecado? (1 Ti 6:10). ¿A qué pecado condujo? (Lc 12:1). ¿En qué pecado finalmente culminó? ¿Cuál fue el castigo de su pecado? ¿Castiga Dios siempre ofensas semejantes de la misma manera, o castigó a estos dos para que fueran ejemplo a otros, y para demostrar que la Iglesia era una institución santa donde no se toleraría ningún engaño? ¿Cuál fue el efecto de ese juicio sobre la Iglesia? (5:11). ¿Sobre el pueblo? (v. 13). ¿Se interesarían los hipócritas en pertenecer a una iglesia tal? ¿Qué promesa del Señor tuvo su cumplimiento en 5:15,16? (Jn 14:12).

¿Qué efecto tuvo el ministerio de Pedro sobre los saduceos? (5:17). ¿Cómo procuraron ellos estorbar la Palabra de vida? ¿Qué tuvo Dios que decir sobre la cuestión? (5:20). ¿Qué cosa estaba inquietando a los saduceos? (v. 28). ¿Estaba la sangre del Señor realmente sobre ellos? (Jn 11:47-53). ¿Les dijo Pedro que la sangre de Jesús estaba sobre ellos? (vv. 30,31). ¿A qué dos testigos de la resurrección de Jesús mencionó Pedro? (v. 32). ¿Quién demostró más sabiduría que los otros líderes? (v. 34). ¿Quién era su discípulo distinguido? (22:3). ¿Era consejo sabio en lo que respecta a la sabiduría natural?

En el incidente mencionado, el doctor Griffith Thomas nota tres fuerzas representativas:

- el espíritu de error (los saduceos)
- el espíritu de contemporización (Gamaliel)
- el espíritu de verdad (Pedro)

El capítulo 6 registra la primera dificultad de la iglesia y su solución. Nótese que esta dificultad era inevitable, pues la organización de la iglesia no había aumentado en proporción a su crecimiento (v. 1).

Nótese también que era una dificultad seria, pues amenazaba una división de la iglesia entre aquellos judíos criados en Palestina (hebreos) y los que habían recibido una educación griega, o que habían vivido en países donde se hablaba griego (griegos). Esta dificultad fue arreglada en el espíritu de amor y cooperación, y encontró su solución en el aumento de organización, la institución de un nuevo orden en el ministerio de la iglesia (diáconos).

¿A qué ministerio deseaban los apóstoles limitarse? (6:4). ¿Qué tres cualidades para un diácono se mencionan aquí? (v. 3). Nótese que aun cuando aquí no se registra que estos fueron llamados diáconos, el ministerio de ellos los muestra como tales. (Diácono viene de una palabra griega que significa sirviente.) ¿Quién fue el más distinguido de todos esos diáconos? ¿Cómo dio testimonio el Señor de su agrado al ver el arreglo amistoso de la dificultad? (v. 7). ¿Es necesario que uno sea apóstol para poder obrar milagros? (v. 8). ¿Con quiénes disputó Esteban? ¿Por qué no pudieron resistir sus argumentos y su predicación? (v. 10; Lc 21:15). ¿A qué recurrieron ellos al fallarles los argumentos verbales? (vv. 11-14). ¿Cuál fue la acusación contra él? ¿Se veía él como un blasfemo? (v. 15). En su defensa, Esteban repasa la historia de Israel desde Abraham hasta Salomón. En su discurso hay los siguientes pensamientos:

1. La revelación divina es progresiva. Esteban había sido acusado de predicar que la ley de Moisés pasaría (v. 14). Aun cuando sus palabras fueron mal interpretadas y su significado pervertido, evidentemente Esteban había estado predicando que la época de la ley estaba pasando y que la época de la gracia se estaba introduciendo. De modo que muestra que Dios siempre ha estado dando nuevas revelaciones de sí mismo. Primero se reveló a Abraham mediante la institución del altar; a Moisés en la zarza ardiendo y en el Monte Sinaí; luego a Israel mediante el tabernáculo y por último mediante el templo. Esteban demuestra que la morada de Dios en el tabernáculo y en el templo era únicamente simbólica (vv. 48,49). Dios ahora

mora y se revela en realidad mediante una nueva institución, la Iglesia.

2. Se le había acusado de declarar que el templo sería destruido (6:14). Demuestra que el templo no es el único lugar santo, sino que Dios se revela en dondequiera que encuentre un corazón dispuesto. Se reveló a Abraham en Mesopotamia (v. 2); a José en Egipto (vv. 9-12); a Moisés en Egipto (v. 25), y en el desierto (vv. 30,33,38).

3. Israel siempre ha rechazado la primera oferta de la misericordia de Dios, ha sufrido por eso, y luego la ha aceptado la segunda vez (vv. 9-13,24-35). De la misma manera han rechazado a Jesús, pero después que hayan sufrido, aceptarán su segunda oferta.

¿Con qué dos acusaciones en contra de los líderes judíos concluyó Esteban su discurso? (vv. 51,52). ¿Qué versículos del Antiguo Testamento sostienen estas acusaciones? (Is 63:10; 2 Cr 36:15,16; Neh 9:30). ¿Los acusó Jesús de manera semejante? (Mt 5:12; 23:34-49). ¿Quiénes eran los verdaderos infractores de la ley? (v. 53). ¿Qué visión tuvo Esteban? (vv. 55,56). ¿Qué dijo él? ¿Quién había pronunciado palabras parecidas ante el mismo concilio? (Mt 26:64). ¿Cuáles fueron las dos últimas expresiones de Esteban? (vv. 59,60). ¿Quién dijo palabras similares en una ocasión semejante? (Lc 23:34,46). ¿A quién se menciona en este punto? ¿Fue la oración de Esteban por quienes lo apedreaban contestada en ese joven? (cf. 1 Ti 1:13).

El capítulo 8:1-4 registra la primera persecución general en contra de toda la iglesia. Saulo aparece aquí como el agente más activo en esta persecución. Llevado por el celo y energía que lo caracterizaban, llegó a ser el campeón del judaísmo en contra de lo que él creía ser la herejía del cristianismo. ¿Qué creía Saulo que estaba haciendo al perseguir a los cristianos? (Jn 16:2). ¿Cuál era su carácter moral y religioso? (Fil 3:5,6). A pesar de su moralidad, celo y sinceridad, ¿qué era mientras perseguía a los cristianos? (1 Ti 1:13). ¿Lo perdonó Dios alguna vez? ¿Se perdonó Pablo a sí mismo? (1 Co 15:9). ¿Impidió esa persecución la obra del Señor o la hizo avanzar? (8:4; 11:19-21).

II. El período de transición: la iglesia de Palestina y Siria (8:5 — 12:23)

1. El evangelio en Samaria (8:5-25).

2. El eunuco etíope (8:26-40).

3. La conversión de Saulo (9:1-22).

4. El ministerio de Pablo en Jerusalén y el viaje a Tarso (9:23-31).

5. El ministerio de Pedro en Lida y Jope (9:32-43).

6. La visión de Cornelio (10:1-8).
7. La visión de Pedro (10:9-18).
8. El primer sermón a los gentiles (10:19-48).
9. La defensa de Pedro por predicar a los gentiles (11:1-18).
10. El establecimiento de la iglesia en Antioquía (11:19-30).
11. La persecución de la iglesia por Herodes (cp. 12).

¿Quién es el Felipe mencionado en 8:5? (21:8). ¿Quién había sembrado primeramente la semilla en Samaria? (Jn 4). ¿Qué predicó Felipe? (v. 5). ¿Con quién se pone en contraste en este sentido? (v. 9). ¿Qué acompañó a la predicación de Felipe? (vv. 6,7). ¿Cuál fue el efecto general de este gran avivamiento? (v. 8). ¿Estaba Simón realmente convertido? (cf. vv. 21-23). ¿Qué clase de fe era la de él? (cf. Jn 2:23,24). ¿Qué motivo evidente estaba a la raíz de su decisión de seguir a Felipe? (vv. 18,19). ¿Había visto Simón manifestaciones del poder del Espíritu? (vv. 6,7). ¿Había visto gozo? (v. 8). ¿Qué había en el bautismo del Espíritu que lo impresionó? (vv. 18,19). ¿Manifestó Simón verdadero arrepentimiento? (v. 24). ¿Estaba realmente triste por su pecado, o tenía miedo de lo que pudiera acontecerle?

¿A dónde se le dijo a Felipe que fuera? (8:26). ¿Por qué era necesario que dejara la escena de un gran avivamiento para ir a un desierto? ¿Hubo alguna otra persona dispuesta a salir de su camino para hablarle a una sola alma? (Juan 4). ¿Por quién fue conducido Felipe? (v. 29). ¿Qué pregunta muy importante le hizo al eunuco? (v. 31). ¿De qué sentía necesidad ese hombre? ¿Cómo había suplido Jesús esta necesidad? (Jn 16:13; Lc 24:45). ¿Qué pasaje de la Escritura estaba leyendo el eunuco? ¿Qué no podía comprender? (v. 34). ¿Bajo qué condición bautizó Felipe al eunuco? (v. 37). ¿Qué modo de transportación rápida se usó aquí? (v. 39). ¿De qué es eso típico? (1 Ts 4:17).

¿Había disminuido el odio de Saulo hacia los cristianos? (9:14). ¿A qué ciudad iba a extender sus actividades? ¿Dónde estaba cuando vio al Señor? ¿A quién dijo Jesús que Saulo estaba persiguiendo? ¿Qué enseña esto respecto a la relación de los creyentes con el Señor? (Mt 10:40).

"Dura cosa te es dar coces contra el aguijón." En el Oriente, cuando un animal se mostraba rebelde, el que lo conducía lo hincaba con una vara que tenía la punta de hierro. Los movimientos del animal aumentaban su dolor. Jesús deseaba enseñar a Pablo que él estaba peleando en contra de Dios, y que al hacerlo así, se estaba perjudicando a sí mismo.

¿Cuánto tiempo después se arrepintió Saulo? (v. 6). ¿Qué título usó al dirigirse a Jesús? ¿Vio Saulo de veras al Señor? (1 Co 9:1). ¿Qué podía él siempre reclamar? (Gá 1:1). ¿A quién se comisionó para que ministrara a Saulo? ¿Dio el Señor instrucciones detalladas? (v. 11). ¿En qué se ocupó Saulo durante los tres días de su ceguera? (v. 11). ¿A qué tres clases iba Saulo a predicar? (v. 15). ¿Qué iba Jesús a revelarle a Saulo? (v. 16). ¿Qué lado del ministerio enseñaba Jesús primeramente a los discípulos en perspectiva? (Lc 14:25-33). ¿Les enseña el otro lado? (Mt 19:28,29). ¿Cómo se dirigió Ananías a Saulo? (v. 17). ¿Qué recibió Saulo en ese momento? ¿Qué hizo Pablo de inmediato? (v. 19).

¿Qué sucedió entre los versículos 22 y 23? (Gá 1:15-17). ¿Cuál fue la actitud de los discípulos hacia Pablo cuando éste fue a Jerusalén? (v. 26). ¿Quién se hizo amigo de él en ese tiempo? ¿En qué peligro estaba Pablo? (v. 29). ¿Qué visión tuvo en esta ocasión? (22:17,18). ¿A dónde fue enviado Pablo? ¿Cuánto tiempo permaneció allí? Como ocho años. ¿Cuál fue el efecto sobre la iglesia el hecho de que su perseguidor fuera quitado? (v. 31).

¿A dónde se dirigía Pedro en ese viaje? (9:32,43). ¿Qué sucedió durante ese tiempo? ¿Qué acciones de Pedro al resucitar a Tabita se asemejan a las del Señor cuando éste resucitó a la hija del príncipe de la sinagoga? (vv. 40-42; cf. Mr 5:40,41). ¿Cuál fue el efecto de los milagros de Pedro en Lida y Jope? ¿Cuál fue el propósito principal de la visita de Pedro a Jope? (10:6).

¿Qué tres cosas se dicen sobre el carácter de Cornelio? (10:2). ¿Cuál era su posición? ¿A quién profetizó Jesús la salvación de los gentiles? (Mt 8:5-13). ¿Era Cornelio un hombre salvo? (11-14). ¿Pero que había en la condición de su corazón que aseguraba que Dios le revelaría a Cristo? (vv. 2,35). ¿Había estado orando Cornelio sobre ese punto? (10:31). ¿Qué estaba haciendo cuando vio la visión? (v. 3). ¿Dónde por lo general se encuentra Dios con los hombres? (Dn 9:3,21; Hch 22:17,18). ¿Por qué los ángeles no le predicaron a Cornelio en vez de decirle dónde encontraría un predicador? (vv. 5,6; 2 Co 5:18). ¿Predicaron los ángeles alguna vez el evangelio? (Lc 2:10,11).

Nótese el significado de la visión de Pedro. Una voz del cielo le dijo que hiciera algo que era contrario a la ley de Moisés (vv. 12-14). Esto era simbólico de que la dispensación de la ley había de pasar. El hecho de que el mandato fue repetido indica que el propósito de Dios era firme (cf. Génesis 41:32). El hecho de que el lienzo fuera recogido en el cielo significa que el propósito simbolizado por el lienzo y los animales era divino.

¿Comprendió Pedro en ese momento el significado de la visión? (v. 17). ¿Cuándo lo entendió? (v. 22). ¿A quiénes llevó Pedro consigo? (v. 23). ¿Por qué? (vv. 45,46; 11:12). ¿Qué versículo condena la adoración de los santos de la iglesia romana? (v. 25). ¿Cuál dijo Pedro que era la actitud de los judíos hacia los gentiles? (v. 28). ¿Profetizó el Antiguo Testamento la salvación de los gentiles? (Sal 22:27; Is 49:6; Os 2:23). ¿Profetizó Jesús su salvación? (Mt 8:11; 21:23; Jn 10:16). ¿Enseñó alguna vez el Antiguo Testamento que el judío y el gentil pertenecerían al mismo cuerpo? (Ef 3:3-6).

¿Qué había aprendido Pedro? (vv. 34,35). ¿Qué dice el versículo 38 sobre Jesús? ¿Cuándo fue ungido? (Mt 3:16). ¿Con qué propósito? (cf. Lc 4:18). ¿Cómo supo Pedro eso? (v. 39). ¿Qué sucedió mientras hablaba Pedro? ¿Cuál fue el efecto sobre los judíos que estaban con Pedro? ¿Qué probó terminantemente a esos judíos prejuiciados que los gentiles habían recibido el Espíritu? ¿Cómo fueron salvos esos gentiles? (15:9; cf. Ro 10:17).

¿Qué demuestra el prejuicio de los judíos en contra de los gentiles? (11:2,3). ¿Cómo se defendió Pedro? ¿Cómo demostró que Dios no hace diferencia entre el judío y el gentil? (v. 15). ¿Qué se vieron obligados a admitir los judíos? (v. 18).

¿Cuán lejos viajaron los que fueron esparcidos por la persecución de Pablo? (11:19). ¿A quiénes limitaron su ministerio? (v. 20). ¿A quiénes predicaron algunos de ellos? (Nótese que la palabra "griegos" en algunas ocasiones significa "gentiles"). ¿Cuál era la condición espiritual de la iglesia en Antioquía? (v. 23). ¿Quién fue enviado a predicarles? ¿Qué tres cosas se dicen sobre él? ¿A dónde fue por ayuda? (v. 25). ¿Cuánto tiempo permanecieron en Antioquía? ¿Qué caracterizaba a los discípulos en ese tiempo? (11:26). ¿Qué don del Espíritu fue ejercitado en esta ocasión? (v. 28). ¿Qué demuestra la liberalidad de la iglesia en Antioquía? (v. 29).

El Herodes mencionado en 12:1 es Herodes Agripa I, nieto de Herodes el Grande (Mateo 2:1).

¿Se había profetizado indirectamente el martirio de Santiago? (Mt 20:22,23). ¿Por qué arrestó Herodes a Pedro? ¿A qué tenía acceso la iglesia? (v. 5). ¿Qué sucedió la última vez que la iglesia oró durante una crisis? (4:31). ¿Qué sucedió esta vez? ¿Daban la impresión los que oraban que en realidad esperaban una respuesta a sus oraciones? (v. 15). ¿Cuál puede haber sido su condición? (Lc 24:44). ¿Cuál fue el juicio de Dios sobre Herodes?

III. La iglesia de los gentiles (12:24 — 21:17)

1. El primer viaje misionero de Pablo (12:24 a 14:28).
2. El concilio en Jerusalén (15:1-35).
3. El segundo viaje misionero de Pablo (15:36 a 18:22).
4. El tercer viaje misionero de Pablo (18:23 a 21:17).

(En las secciones de los viajes de Pablo, se necesita un mapa. Se debe estudiar cada viaje de modo que pueda trazarse de memoria el itinerario de Pablo, mencionando brevemente lo que sucedió en cada lugar.)

PRIMER VIAJE DE PABLO

¿A quién llevaron Pablo y Bernabé de Jerusalén en esa ocasión? (12:25). ¿Qué parentesco tenía con Bernabé? (Colosenses 4:10). ¿Qué iglesia envió a Pablo y Bernabé? ¿Cómo empezó esta iglesia? (11:19). ¿Quién llamó a estos dos al ministerio? ¿Se dice que Marcos fue también llamado? ¿Qué puede explicar esto? (13:13). ¿Qué lugar ocupa Pablo en la lista de obreros de Antioquía? (13:1).

Tracemos ahora el viaje de Pablo y Bernabé, paso a paso. Si es posible, colóquese un mapa al frente.

Antioquía. Era la oficina general misionera de la Iglesia.

Seleucia. Era el puerto marítimo de Antioquía.

Chipre. Una isla en el mar Mediterráneo. El hogar primitivo de Bernabé (4:36).

Salamina. ¿Qué hicieron los misioneros en este lugar? (13:5).

Pafos. ¿Quién fue la primera persona que encontraron los misioneros en este lugar? ¿Qué procuró hacer? (13:8). ¿Qué lucha se ejemplifica aquí? (1 Jn 4:6; cf. 2 Ti 3:8). ¿Mediante qué poder pronunció Pablo juicio sobre el hechicero? (13:9). ¿Cuál fue el efecto de este juicio? (v. 12). ¿Qué cambio de nombre ocurre aquí? (v. 9).

Perge. ¿Quién ha sido el líder hasta este punto? (13:1; 12:25). ¿Quién asume la dirección ahora? (13:13). ¿Qué sucedió en este lugar? ¿Cómo podemos explicar la acción de Marcos? (cf. 13:2). ¿Llegó Marcos alguna vez a ser útil? (2 Ti 4:11).

Antioquía de Pisidia. El servicio de la sinagoga judía por lo general consistía en oraciones prescritas y la lectura de la ley y los Profetas. Si estaba presente un predicador o maestro, se le llamaba a dar un mensaje (cf. Lc 4:16-21). Pablo comenzó su mensaje con un repaso de la historia de Israel hasta el tiempo de David (vv. 17-25). Luego demostró que Jesús era de la simiente de David (vv. 25-33). Basaba las afirmaciones de Jesús como Hijo de Dios y Mesías en su resurrección de entre los muertos (vv. 26-37). Luego ofreció el evangelio a los judíos y les advirtió en contra de rechazarlo (vv. 38-41). ¿Quiénes estaban ansiosos por oír el evangelio? (v. 42). ¿Era grande el hambre que había por la Palabra de Dios en ese lugar? (v. 44). ¿Cuáles eran los sentimientos de los judíos al ver que la Palabra de Dios era predicada a los gentiles? (v. 45). ¿De qué profecía era esta actitud el cumplimiento? (Dt 32:21). ¿Cuál fue la actitud de ellos hacia el evangelio? (v. 45). ¿Que dijeron Pablo y Bernabé que era necesario? (v. 46). ¿Por qué? (Mt 10:6; 15:24; Jn 4:22; Ro 1:16; 15:8). ¿Qué dijo que significaría para los gentiles el rechazo del evangelio por parte de los judíos? (v. 46; cf. Ro 11:11). Aun cuando era perseguido por ellos ¿cuáles eran siempre los sentimientos de Pablo hacia su pueblo? (Ro 9:1-3; 10:1). ¿Cómo recibieron los gentiles el evangelio? (v. 48). ¿Qué hicieron los judíos habiendo fallado sus argumentos? ¿Qué hicieron Pablo y Bernabé? (v. 51). ¿Había algún mandamiento acerca de esto? (Mt 10:14).

Iconio. ¿Qué demuestra que Pablo aún no había abandonado a su pueblo? (14:1). ¿Cuáles fueron los dos resultados de su predicación en este lugar? (vv. 2,3). ¿Cómo confirmó el Señor la predicación de ellos? (v. 3). ¿Qué causó el ministerio de ellos en la ciudad? (v. 4). ¿Qué hicieron al oír hablar de la proyectada persecución? (v. 6). ¿Tenían algún mandamiento acerca de esto? (Mt 10:23).

Listra. ¿Quién fue sanado mediante el ministerio de Pablo en esta ciudad? ¿Por cuáles otros apóstoles fue sanado otro hombre paralítico? (3:7-8). ¿Qué deseaba hacer la gente a Pablo y a Bernabé? (14:13). ¿Qué apóstol tuvo una experiencia semejante? (10:25,26). ¿Qué talento de Pablo es notado aquí? (v. 12). ¿Cuánto duró la popularidad de ellos? (v. 19).

Derbe. ¿Qué hizo Pablo en esta ciudad? (14:21).

Listra, Iconio y Antioquía. ¿Qué exhortación les hizo Pablo a los discípulos en esos lugares? (v. 22). ¿Qué les dijo que esperaran? (v. 22). ¿Qué hizo él antes de salir de allí? (v. 23).

Pisidia. Esta es la provincia donde Antioquía estaba situada.

Perge. ¿Qué había sucedido aquí antes? (13:13). ¿Qué obra se hizo en este lugar? (14:25).

Atalia. Un puerto marítimo.

Antioquía. Aquí los apóstoles informaron de su obra. Estén listos para decir de memoria los diferentes lugares visitados por Pablo en su primer viaje, mencionando brevemente lo que sucedió en cada lugar.

El capítulo 15 registra la reunión del primer concilio cristiano, convocado para arreglar un problema muy importante; es decir, la relación de los gentiles con los judíos y las condiciones en que los primeros serían salvos. Las dos cuestiones que debían arreglarse eran: ¿Debían guardar los gentiles la ley de Moisés para poder ser salvos? ¿Debían tener los gentiles igualdad religiosa con los judíos?

Debe recordarse que la separación entre los judíos y los gentiles era tanto religiosa como social. Los judíos tenían una ley divina que aprobaba el principio y ponía en vigor la práctica de aislamiento nacional. No podían creer con facilidad que esta ley con la cual estaban conectados todos los gloriosos pasajes de su historia, había de durar sólo un período limitado; y no podemos menos que simpatizar con la dificultad que sentían en aceptar la idea de una unión cordial con los incircuncisos, aun cuando éstos hubieran abandonado la idolatría y observaran la moralidad. Y también, el carácter peculiar de la religión que aislaba a los judíos era de tal manera que colocaba obstáculos insuperables en lo tocante a la unión social con otros hombres. Sus observancias ceremoniales hacían imposible que comieran con los gentiles. El paralelo más cercano que podemos encontrar a esta barrera entre el judío y el gentil es la institución de las castas entre la población de la India, que se presenta a nuestros políticos como un hecho que causa perplejidad en el gobierno de las presidencias, y a nuestros misioneros, como el mayor obstáculo al cristianismo en el Oriente. Un hindú no puede comer con un parsi, o con un mahometano y entre los hindúes las comidas de los brahmanes se contaminan con la presencia de un paria aun cuando se traten y tengan libre intercambio en las transacciones comunes y corrientes de los negocios. Así era también en la época patriarcal. Era una abominación para los egipcios comer pan con los hebreos (Gn 43:32). El mismo principio fue aprobado divinamente por un tiempo en las instituciones mosaicas. Los israelitas que vivían entre los gentiles, se juntaban con libertad en los lugares públicos, comprando y vendiendo, conversando y disputando; pero sus familias estaban separadas. En las relaciones de la vida do-

méstica era "abominable" —como Pedro dijo a Cornelio—
"para un varón judío juntarse o acercarse a un extranjero".
Cuando Pedro regresó de la casa del centurión en Cesarea a
sus hermanos cristianos en Jerusalén, la gran acusación de
ellos en contra de él fue que había estado con hombres incircuncisos y había comido con ellos; y la débil condescendencia
de la que era culpable, según el verdadero principio de la unidad social que había sido reconocido públicamente, y que hizo
necesaria la reprensión de su apóstol hermano, fue que, después de comer con los gentiles, se retraía y apartaba, teniendo
miedo de los de la circuncisión (Gá 2:11,12).

Que estas dos dificultades, que parecían impedir la formación de una iglesia unida pudieran ser vencidas, es decir, primero cómo los gentiles debían ser unidos religiosamente sin
tener las obligaciones de toda la ley mosaica y segundo cómo
debían unirse socialmente como hermanos iguales en la familia de un Padre común, en ese día debe haber parecido imposible. Y sin la directa intercesión de la gracia divina hubiera sido
imposible.[1]

Cierto grupo de judíos creyentes hicieron de la cuestión un gran
problema, ya que, aun cuando reconocían que Dios había concedido
vida eterna a los gentiles, insistían en que la observancia de la ley de
Moisés era obligatoria en el caso de ellos, y que era necesario para su
salvación. Los miembros de ese grupo más tarde llegaron a ser los
peores enemigos de Pablo, y en diferentes períodos de su ministerio
hicieron cuanto estuvo en poder de ellos para menoscabar su autoridad (Gá 2:4). Era esta clase de hombres la que hizo que la iglesia de
los Gálatas volviera a la observancia de la ley mosaica (Gá 5:1-7).
Debe recordarse que esos hombres, conocidos como los judaizantes,
tenían la autoridad de las Escrituras del Antiguo Testamento para
sostener sus afirmaciones. (Aun no se había escrito el Nuevo Testamento.) El Antiguo Testamento predijo la salvación de los gentiles
(Sal 22:7; 86:9; Is 49:6), pero el Antiguo Testamento enseñaba que
era necesario someterse al rito de la circuncisión y la observancia de
otras ceremonias mosaicas para la unión con el pueblo de Dios
(Gn 17:14). De manera que vienen ante nosotros otros aspectos del
problema; es decir, de qué manera debían preservarse la libertad del
evangelio y la autoridad de las Escrituras. Ese y otros problemas en-

---

1 Conybeare y Howson.

cuentran solución en los discursos pronunciados por quienes estaban presentes en el concilio.

Nótese el discurso de Pedro (15:7-11). Su argumento principal es que el que les impartiera el Espíritu Santo era la verdadera prueba de la aceptación de los gentiles por Dios. El hecho de que estos últimos recibieran el don del Espíritu Santo tanto como los judíos prueba que Dios no hace ninguna diferencia entre los creyentes, sean judíos o gentiles (v. 8). El hecho de que los gentiles recibieran el Espíritu antes de someterse a alguna ceremonia externa demuestra que ninguna observancia exterior de la ley mosaica era necesaria para la salvación. Aun cuando bajo el pacto antiguo la circuncisión era requerida como una condición para pertenecer al pueblo escogido, la acción de Dios en salvar y bautizar a los gentiles sin la observancia de tal rito indicaba que Él había hecho un nuevo pacto, y que el antiguo estaba pasando (Jer 31:32). Era por la fe, no por las obras de la ley, que los gentiles eran justificados (v. 9). Dios había librado a todos los creyentes del pesado yugo de la ley; así que el imponer esa carga sobre los gentiles era tentar a Dios (v. 10). Los mismos creyentes judíos no eran salvos por la ley sino por la gracia (v. 11).

Pablo y Bernabé se conformaban con decir lo que Dios había obrado entre los gentiles (v. 12). El hecho de que Dios estaba salvando a los gentiles, llenándolos del Espíritu y obrando milagros, sin ninguna intención por parte de ellos para guardar la ley, probaría que lo último era innecesario para su salvación.

Pedro había declarado la igualdad de judíos y gentiles. Pero los fariseos podían objetar: "¿Cómo puede ese hecho reconciliarse con las Escrituras que enseñan la supremacía de los judíos sobre los gentiles?" (Is 61:5,6; Zac 14:18). Santiago anticipa esa objeción y la contesta dando un bosquejo del programa divino para la época. Ante todo, explica que no todos los gentiles serán salvos durante esta época, sino sólo ciertos individuos para completar, junto con los judíos escogidos, la Iglesia (v. 14). Entonces seguirá la restauración de Israel como una nación, y su exaltación subsecuente sobre las naciones (v. 16). Después de eso, todas las naciones se volverán al Señor (v. 17).

Nótese la decisión del concilio (vv. 19-29). No se les exigió a los gentiles que se circuncidaran ni que guardaran la ley de Moisés. Sin embargo, ciertas prohibiciones fueron impuestas sobre los gentiles: tenían que abstenerse de la idolatría y la fornicación, y no debían comer animales estrangulados ni la sangre de esos animales

(Lv 7:22-27). Las primeras dos prohibiciones fueron dictadas por la ley moral; las otras dos, por la ceremonial. Los pecados de fornicación e idolatría se mencionan porque son los pecados que serían de tentación especial para aquellos salvos de entre los paganos. Las dos últimas prohibiciones representaban una concesión a las creencias judías. Sin embargo, no había contemporización en ninguna cuestión fundamental.

Las más desvergonzadas violaciones de pureza tenían lugar en conexión con los sacrificios y fiestas celebradas en honor de las divinidades paganas. Así que todo lo que tendiera a conservar a los convertidos gentiles aun de una asociación accidental o aparente con aquellas escenas de vicio, hacía que se libraran de la corrupción más fácilmente y permitía a los judíos convertidos ver a sus hermanos cristianos con menos sospecha y antipatía. Esa parece ser la razón por la cual encontramos un pecado reconocido mencionado en el decreto junto con las observancias ceremoniales que serían sólo temporales y tal vez locales. Debemos ver todo el tema desde el punto de vista judío, y considerar cómo las violaciones de la moralidad se asociaban con las contradicciones de la ley ceremonial en el mundo gentil. Casi no es necesario decir que se le da mucho énfasis adicional a la parte moral del decreto, cuando recordamos que fue dirigido a quienes vivían en la proximidad de los santuarios libertinos de Antioquía y Pafos.[1]

El concilio resultó en una victoria para el grupo de Pablo y un reconocimiento de su llamamiento y ministerio (Gá 2:9).

Concluiremos este tema dando las cuatro fases de esta gran verdad, la unión del judío y gentil en un cuerpo:

(1) Esta verdad era, en siglos pasados, un misterio (Ef 3:5,6). El Antiguo Testamento enseñó la salvación de los gentiles pero no que formaran con los judíos, un solo cuerpo.

(2) Llegó a ser una revelación (Hch 10:11-18,34,35; 15:7-9).

(3) Llegó a ser un problema (Hch 15).

(4) Después llegó a ser una realidad (Gá 3:28).

---

1 Conybeare y Howson.

SEGUNDO VIAJE DE PABLO

¿Qué suceso lamentable marcó el principio del segundo viaje misionero? (15:36-39). ¿Estorbó eso a la obra de Dios? ¿Se volvió a mencionar a Bernabé y Marcos en Hechos? ¿Quién recibió la aprobación de los hermanos? (15:40).

Ahora trazaremos el segundo viaje de Pablo (15:36 a 18:22). Siguiendo el arreglo del doctor Hurlbut, dividiremos el viaje en tres secciones: Las estaciones en Asia, las estaciones en Europa y las estaciones del regreso.

Siria y Cilicia. En estas dos provincias Pablo visitó las iglesias que ya habían sido establecidas allí.

Derbe. ¿Que sucedió la última vez que estuvieron en esta ciudad? (14:21).

Listra. ¿A quién encontró Pablo allí? ¿Cuál era su nacionalidad? ¿Qué se dice acerca de su carácter?

Frigia, Galacia y Misia. ¿Qué limitación se le puso al ministerio de Pablo en estas provincias? ¿Por qué? (16:9).

Troas. ¿Qué llamamiento recibió Pablo allí?

Filipos. Notemos el humilde principio de la iglesia en Europa; una pequeña reunión de oración. Luego observemos el primer conflicto de los apóstoles con el paganismo (vv. 19 40). Se menciona por primera vez la ciudadanía romana de Pablo (v. 37). Esa ciudadanía le sirvió para buen propósito más tarde en su ministerio. Los que tenían el privilegio de la ciudadanía romana eran los nacidos en Roma (salvo los esclavos); los que eran nacidos en una colonia romana, es decir, un pueblo al cual se le extendían los derechos de la ciudadanía romana (Filipos era una de éstas); aquellos cuyos padres eran ciudadanos (Pablo pudo haber obtenido su ciudadanía de esta manera); y los que compraban su ciudadanía (Hch 22:28). Los siguientes eran los privilegios de un ciudadano romano:

- Siempre podía exigir protección pronunciando la frase: "Soy ciudadano romano."
- No podía ser condenado sin un juicio.
- No podía ser azotado.
- No podía ser crucificado.
- Podía apelar desde los tribunales comunes hasta el emperador.

Anfípolis, Apolonia. Pablo no se detuvo por mucho tiempo en ninguno de estos lugares.

Tesalónica. ¿A quiénes les predicó Pablo primero en este lugar? ¿Cuál fue su mensaje a ellos? (17:3). ¿Cuáles fueron los efectos de su predicación? (vv. 4,5)

Berea. ¿A quiénes les predicó Pablo primero? ¿Cuál era el carácter de estos judíos? ¿Cuáles fueron los efectos de la predicación de la Palabra? (vv. 12,13). ¿Quién estuvo en Berea mientras Pablo permaneció en Atenas?

Atenas. Notemos el encuentro de Pablo con los miembros de dos escuelas de filosofía: los epicúreos y los estoicos. (La filosofía es esa rama del conocimiento que tiene por objeto el descubrimiento de la verdad respecto a Dios, al hombre y al universo, hasta donde esas verdades pueden ser aseguradas por la razón humana). Los epicúreos eran escépticos que rechazaban toda religión. Creían que el mundo se había hecho por casualidad, que el alma es mortal, y que el placer es el fin principal de la vida. Los estoicos eran panteístas; es decir, creían que todo es parte de Dios. Creían que la virtud es el fin principal de la vida. Fijémonos en el mensaje de Pablo. Muestra la relación de Dios con el universo (vv. 24,25), y con el hombre (vv. 26-29). Luego declara el gobierno moral de Dios para el mundo. Ese gobierno ha de ser perfectamente manifestado en el último juicio (v. 31). ¿Cuáles fueron los dos efectos de la predicación? (vv. 32-34).

Corinto. ¿A quien encontró Pablo en esta ciudad? ¿Quién se unió a Pablo en este lugar? ¿Cuál fue el efecto de su predicación a los judíos? ¿Qué animaba a Pablo a permanecer allí a pesar de la oposición? (18:9). ¿Cuánto tiempo permaneció Pablo en Corinto? ¿Quién protegió a Pablo en esta ocasión? (v. 12).

Fue desde Corinto donde Pablo escribió sus dos epístolas a los tesalonicenses. Las escribió con el propósito de confirmar a los recién convertidos, confortándolos en medio de la persecución, exhortándolos a la santidad y consolándolos respecto a sus muertos.

Cencrea. Era un puerto cerca de Corinto, desde donde salió Pablo. ¿Se había establecido una iglesia aquí? (Ro 16:1).

Éfeso. ¿A quién dejó Pablo en este lugar? (18:19). ¿Qué ministerio tuvieron allí más tarde Priscila y Aquila? (18:26). ¿Por qué estaba ansioso por volver a Jerusalén? (v.21). ¿Qué prometió hacer antes de salir?

Cesarea. Era la capital romana de Palestina y era un puerto.

Jerusalén. Pablo se detuvo aquí a saludar a la iglesia (18:22).

Antioquía. Aquí informó de los resultados de su viaje misionero.

TERCER VIAJE DE PABLO

Ahora trazaremos el tercer viaje misionero de Pablo.

Antioquía. El punto de partida de todos los viajes misioneros de Pablo.

Galacia y Frigia. Pablo viajó por estas provincias confirmando y animando a los creyentes de las iglesias que había establecido allí.

Éfeso. Notemos la preparación previa para el ministerio de tres años en este lugar (18:24). Apolos, un culto judío-alejandrino, había estado predicando el mensaje de Juan el Bautista, preparando de esta manera el camino para que Pablo revelara más cabalmente a Cristo y su salvación. ¿Cuál era el deseo sincero de Pablo para todos los creyentes? (19:2). ¿Qué les escribió más tarde a los creyentes de esta ciudad? (Ef 5:18). ¿Eran realmente salvos estos hombres antes de recibir el Espíritu? (19:5; cf. 8:36,37). ¿Qué sucedió después que fueron salvos? (v. 6). ¿Cuánto tiempo predicó Pablo en la sinagoga? ¿Qué hizo cuando se levantó la oposición? ¿Cuanto tiempo continuó predicando en la escuela de Tiranno? (v. 10). ¿Hasta dónde esparció la Palabra te Dios desde Éfeso? (v. 10).

Nótese qué milagros especiales hizo Pablo en Éfeso. Se le concedió eso a Pablo porque Éfeso era el centro principal de idolatría en Asia. Era una fortaleza de los poderes de las tinieblas. Por esta causa Dios le dio poder adicional a su siervo para triunfar sobre Satanás. Algunos exorcistas profesionales (los que hacían un negocio de echar fuera demonios) procuraron usar ese nombre mediante el cual Pablo había obrado milagros. Sufrieron severamente por su atrevimiento. Su castigo enseñó a los efesios que el nombre de Jesús era un nombre poderoso, un nombre sagrado que no podía tomarse en vano (19:17). Muchos creyentes fueron afectados por este incidente y confesaron algunos de sus pecados, especialmente el pecado de entremeterse en las ciencias ocultas (vv. 18,19). Luego siguió un gran avivamiento (v. 20). Notemos que la visión misionera de Pablo se está ensanchando; debe predicar en Roma (v. 21). Los versículos 23 al 41 registran un incidente que testifica en una manera concreta del éxito de Pablo en Éfeso. Había dado un golpe tan fuerte a esta gran fortaleza de Satanás, que la adoración de Diana estaba disminuyendo. Esto alarmó a los que fabricaban ídolos, los cuales levantaron un tumulto en contra de Pablo.

Durante su estadía en Éfeso, Pablo escribió la Primera Epístola a los Corintios. Después de la partida de Pablo, surgieron serios desórdenes en la iglesia de Corinto. Estaba dividida y se toleraba la inmoralidad. El hermano demandaba a su hermano en los tribunales, y la Cena del Señor había sido degradada al nivel de una comida corriente, donde la embriaguez era común. Para corregir esos abusos y para contestar algunas preguntas que habían hecho acerca del matrimonio, la comida y los dones del Espíritu, Pablo les escribió una carta.

Macedonia (20:2). Es posible que Pablo visitara a Filipos, Tesalónica y Berea en ese tiempo. Fue allí donde Pablo escribió su segunda carta a los Corintios. La escribió para animar al gran cuerpo de la iglesia que se había arrepentido al recibir su primera carta y para reprender a un pequeño grupo que persistía en despreciar sus mandatos.

Grecia. (20:2). La misión principal de Pablo en este país fue visitar la iglesia de Corinto para corregir abusos, y para tratar con una minoría rebelde que se negaba a reconocer su autoridad. Estando en Corinto, escribió las epístolas a los Gálatas y a los Romanos. Escribió la primera para restaurar la iglesia de los Gálatas, que estaba bajo la influencia de predicadores legalistas, había empezado a observar la ley de Moisés como un medio de salvación y santificación. Escribió la segunda para dar a la iglesia romana una declaración de las grandes verdades que Pablo predicaba y para anunciarles su intención de visitarlos.

Filipos. Al salir de Grecia, Pablo fue rumbo a Jerusalén (19:21). Los compañeros de Pablo fueron antes que él hacia Troas (20:4,5).

Troas. ¿Cuánto tiempo permaneció Pablo aquí? ¿En qué día acostumbraba la iglesia reunirse para sus cultos semanales? (20:7). ¿Hay algún otro versículo en la Escritura que hable acerca de esto? (1 Co 16:1,2). ¿Qué incidente sucedió aquí?

Asón. Mientras el resto de los compañeros de Pablo se embarcaron de Troas, Pablo fue a pie hasta ese lugar, donde fue recogido por el barco.

Mitilene, Quío, Samos. Pequeñas islas por donde pasó el barco en el que iba Pablo.

Trogilio. Un pueblo en la costa de Asia Menor.

Mileto. Mientras el barco se detuvo aquí, Pablo llamó a los ancianos de la iglesia de Éfeso y les predicó un discurso de despedida. En los versículos 17 al 21 Pablo repasa su ministerio entre ellos. ¿Cómo había servido al Señor? (v. 20). ¿Cuán completo era su ministerio? (v. 20). ¿Cuál fue su mensaje? (v. 21). ¿Qué le esperaba? (vv. 22,23). ¿Cuáles eran sus sentimientos en vista de esto? (v. 24).

¿Había cumplido Pablo su responsabilidad entre ellos? (v. 26). ¿Cómo? (v. 27; cf. Ez 33:1-9). ¿Qué exhortación les hace a los ancianos? (v. 28). ¿En vista de qué peligros venideros? (v. 29). ¿Había Pablo simplemente predicado el evangelio entre ellos? (v. 35).

Cos, Rodas. Dos pequeñas islas retiradas en la costa de Asia Menor.

Pátara. Aquí el apóstol cambió de nave.

Tiro. ¿Que mensaje recibió Pablo aquí? (21:4)

Tolemaida. ¿Cuánto tiempo permaneció Pablo aquí?

Cesarea. Aquí se profetizaron las persecuciones venideras de Pablo en Jerusalén. Antes de contestar negativamente la pregunta en cuanto a si Pablo estaba haciendo o no la voluntad de Dios al ir a Jerusalén, deben observarse los hechos siguientes: Pablo siempre fue obediente a la dirección del Señor (16:6-10); sus palabras en 21:13 son las de una persona que siente que está en la voluntad del Señor; otros vieron en la actitud de Pablo la voluntad de Dios (21:14); no era natural en un hombre como Pablo correr riesgos sin necesidad; las cosas que sufrió en Jerusalén no eran necesariamente una señal de que estuviera fuera de la voluntad de Dios (Hch 9:16; 23:11); era la voluntad del Señor que Pablo estuviera ante Nerón (27:24). Tal vez los discípulos de Tiro (21:4) predijeran por medio del Espíritu la persecución de Pablo, y luego añadieron el propio consejo de ellos.

Jerusalén. Tan pronto como Pablo llegó a esta ciudad, el concilio de la iglesia se congregó para oír el informe de Pablo.

IV. Escenas finales en la vida de Pablo (21:18 — 28:31)

1. Pablo y los judíos cristianos (21:18-26).

2. Pablo y los judíos no cristianos (21:27-31).

3. El arresto de Pablo (21:32-40).

4. La defensa de Pablo ante los judíos y el resultado (22:1-30)

5. Pablo ante el concilio judío (23:1-10).

6. Su traslado a Cesarea (23:11-35).

7. Pablo ante Félix (24).

8. Pablo ante Festo (25).

9. Pablo ante Agripa (26).

10. El viaje de Pablo a Roma (27 y 28).

Pablo fue bien recibido por la iglesia en Jerusalén (21:17,18); pero se sentían acongojados por su seguridad personal, porque se había esparcido el rumor de que Pablo estaba predicando en contra de la ley de Moisés y que estaba persuadiendo a los judíos a abandonarla. Por causa de este rumor (que era falso), los judíos en Jerusalén se sentían hacia Pablo como nosotros nos sentiríamos hacia un anarquista; uno opuesto a la ley y el orden. Para poder desarmar la hostilidad de los judíos y para probar la falsedad del rumor, Pablo consintió en la observancia de una ceremonia judaica. Al hacer esto, no transigió en ninguna cuestión fundamental, sino que obró de acuerdo con los principios siguientes expuestos por él mismo en sus escritos: se hizo judío a los judíos para poder ganar a los judíos, con la misma voluntad con que se hizo gentil para poder ganar a los gentiles (1 Co 19:20,21); había dado como regla que ningún hombre cambiaría sus observancias exteriores por causa de haberse hecho cristiano (1 Co 7:17-19). La acción de Pablo respecto al testimonio de Timoteo (16:3) probó la falsedad de la acusación de que estaba persuadiendo a los judíos a abandonar la ley de Moisés. Al aconsejarle a Pablo que hiciera una ceremonia del ritual judaico, Santiago le aseguró que eso no implicaba contemporizar en la cuestión de la causa de la salvación gentil (v. 25).

La acción de Pablo no lo salvó de la enemistad de los judíos no cristianos (vv. 27-31). Algunos de los que lo oyeron predicar en Asia Menor (v. 27) lo reconocieron y de inmediato pusieron al pueblo en su contra. Si no hubiera sido por la intervención de los soldados romanos, Pablo habría sido asesinado.

Nótese la defensa de Pablo (22:1-21). Les aseguraba que sus creencias y su vida actual no podían ser el resultado de una diferencia original entre él y sus oyentes, porque él era un verdadero judío (v. 3), enseñado por el maestro judío más notable de la época (v. 3), y era tan celoso de la ley y tan opuesto a los cristianos como lo eran ellos (vv. 4,5). Pablo entonces les mostró lo que causó su cambio de creencia y su actitud hacia los cristianos; es decir, una visión del Señor mismo (vv. 6-16). La razón por la cual estaba predicando a los gentiles despreciados era porque el Señor mismo lo había enviado (vv. 17-21). Nótese lo que sucedió al mencionar a los gentiles (v. 22).

Nótese cómo la ciudadanía romana de Pablo lo protegió en esa ocasión (22:25). El decir que se era "ciudadano romano" en cualquier parte del imperio eran suficientes para dar protección a quien las pronunciaba.

Entonces llevaron a Pablo ante el concilio judío, y allí declaró su inocencia (23:1). La acción injusta y cruel del sumo sacerdote al ordenar que lo abofetearan, indujo a Pablo a hacer una severa denuncia en contra de aquél. En el calor de su indignación se olvidó del sumo sacerdote y vio sólo a un gobernante tiránico. Aun cuando no podía honrar al hombre, honró el puesto que ocupaba (v. 5). Es interesante notar que la denuncia de Pablo del sumo sacerdote fue profética, pues unos doce años más tarde éste murió de manera violenta.

Viendo que el concilio tenía prejuicios en su contra y que no había esperanza de recibir justicia y misericordia por parte de ellos, Pablo recurrió a una estratagema. Sabía que los saduceos y los fariseos estaban divididos en cuanto a la doctrina de la resurrección. Así que apeló a la sección farisaica del concilio, y apeló a la clemencia de ellos sobre la base de que él estaba en juicio por la predicación de una doctrina que ellos mismos aceptaban. Esa apelación dividió al concilio y condujo a la protección de Pablo por los romanos. Más tarde, el descubrimiento de una conspiración para asesinar a Pablo condujo a que fuera escoltado a Cesarea por una compañía de soldados romanos. En esta ciudad compareció ante el gobernador Félix.

Tomaremos nota aquí de las acusaciones hechas en contra de Pablo y sus respuestas a ellas (24:1-21). En ese discurso y el que fue pronunciado ante Agripa seguiremos el análisis dado por el doctor Stifler.

La acusación era triple (vv. 5,6):

* sedición, "un promotor de sediciones entre los judíos"
* herejía, "un cabecilla de la secta de los nazarenos"
* sacrilegio, "quien también había profanado el templo"

Pablo refutó la acusación de sedición demostrando que el tiempo era demasiado corto (v. 11), que su conducta lo refutaba (v. 12), y que no había prueba de eso (v. 13). En respuesta a la acusación de herejía, afirmó su creencia en las Escrituras judaicas (v. 14), y profesó tener la misma esperanza que tenían los judíos (vv. 15,16). Era evidente que no había cometido sacrilegio, ya que había llevado limosnas y ofrendas a su nación (v. 17), y fue encontrado purificado en el templo (v. 18), y no había testigo presente que probara la acusación (v. 19).

Nótese la actitud de Félix hacia Pablo en público (vv. 22,23), en privado (v. 25), y el resultado del juicio (v. 27).

Entonces llevaron a Pablo ante Festo, el nuevo gobernador (25:1). Viendo que Festo era amigable hacia los judíos (25:9), Pablo se valió de su derecho como ciudadano romano para apelar al emperador (v. 11). Esto quitó el caso de las manos de Festo.

Nótese la defensa de Pablo ante Agripa (cp. 26). Es un argumento para justificar su creencia y predicación de la resurrección. Esa creencia, Pablo afirma, no es un delito, porque Pablo siempre ha sido un fariseo cuyo artículo principal de fe ha sido la misma esperanza (vv. 4-6). Sus acusadores creen esta misma doctrina, por lo tanto son inconsecuentes en atacarlo (v. 7). Pablo no comenzó a predicar el evangelio por voluntad propia, porque anteriormente se oponía al mismo (vv. 8-12). Lo llevó al ministerio una revelación de Jesucristo (vv. 13-18). Era una obediencia a esa revelación divina lo que únicamente causaba la oposición de los judíos (vv. 19-22). Su enseñanza respecto a la muerte y resurrección de Cristo está de acuerdo con la enseñanza de Moisés y los profetas (vv. 22,23).

¿Cuál fue el efecto de ese discurso sobre Félix? ¿Sobre Agripa?

Ahora trazaremos el viaje de Pablo a Roma (cps. 27 y 28).

CUARTO VIAJE DE PABLO

Cesarea. De este puerto, donde había estado prisionero durante dos años, Pablo se embarcó hacia Roma. Como compañeros tenía a Aristarco (27:2) y a Lucas (indicado por el uso del pronombre "nosotros").

Sidón. Aquí se le permitió a Pablo que visitara a sus amigos.

Mitra. Una ciudad en la costa sur de Asia Menor, donde Pablo cambió de nave.

Gnido. Un puerto en la costa de Asia Menor. El barco no pudo entrar por causa de vientos contrarios.

Creta. Una isla al sur de Grecia.

Buenos Puertos. Aquí permaneció la nave por algún tiempo. El consejo de Pablo fue que permanecieran en este puerto durante el invierno, y de esta manera evitar un peligro que él previó. El patrón de la nave no aceptó ese consejo, sino que procuró llegar al puerto de Fenicia. Su intento fue frustrado por una tempestad que se levantó. La predicción de Pablo se cumplió. Por catorce días y noches fueron llevados por la tempestad hasta que llegaron a la isla de Malta.

Malta. ¿Cuánto tiempo permaneció Pablo en esta isla? (28:11).

Siracusa. Un pueblo en la costa oriental de la isla de Sicilia. La nave permaneció aquí tres días.

Regio. Un pueblo al extremo de la tierra de Italia.

Puteoli. Uno de los puertos principales de Italia. Aquí Pablo encontró algunos hermanos.

El Foro de Apio y las Tres Tabernas. Dos aldeas donde los hermanos romanos fueron a encontrarse con Pablo.

Roma. Lo primero que Pablo hizo después de llegar a Roma fue convocar a los jefes judíos para defenderse de las acusaciones que le hacían, y a fin de obtener una audiencia amigable. Fue el último intento que se registra para ganar a los judíos. Nótese el resultado de su predicación a ellos (28:24-28; cf. Mt 13:13-15; Jn 12:40; Mt 21:43).

El doctor Grifith-Thomas ve la providencia de Dios en el encarcelamiento de Pablo, de la manera siguiente:

1. Estaba a salvo de los judíos.

2. Llegó a ser conocido por todos (Fil 1:12,13).

3. Tuvo oportunidad de testificar a los soldados que lo custodiaban.

4. Fue visitado por amigos de las diferentes iglesias.

5. Tuvo oportunidad de escribir algunas de sus epístolas más selectas: Filipenses, Filemón, Colosenses, Efesios.

De la tradición y de algunas referencias, se ha deducido que Pablo fue puesto en libertad por un período de unos dos años (véase Fil 1:24-26; 2:24; Flm 24; 2 Ti 4:17), y luego fue arrestado de nuevo y finalmente ejecutado durante la persecución de los cristianos por Nerón. Durante ese período de libertad se cree que escribió las epístolas a Timoteo y a Tito.

Debido a su importancia, hemos abarcado el libro de Hechos de una manera más completa que los libros anteriores. Ahora se presenta la siguiente lista de capítulos con sus temas.

Capítulo

1. Poder

2. Pentecostés

3. Pedro y Juan

4. Sacerdote y Oración

5. Castigo

6. Cristianos pobres

7. Esteban perseguido

8. Felipe

9. Conversión de Pablo

10. La visión de Pedro

11. La explicación de Pedro

12. Encarcelamiento de Pedro

13. Primer viaje misionero de Pablo

14. El regreso de Pablo

CUARTA PARTE

EL NUEVO TESTAMENTO
EPÍSTOLAS Y APOCALIPSIS

44

Romanos

Tema. La Epístola a los Romanos es una respuesta completa, lógica e inspirada a la gran pregunta de los siglos: "¿Cómo se justificará el hombre con Dios?" (Job 9:2). En el Antiguo Testamento, los Evangelios y los Hechos, se encuentran esparcidas en diferentes lugares en enseñanzas respecto a esa gran doctrina que forma la misma base de Romanos: la justificación por la fe. Le ha tocado al apóstol Pablo reunir esas enseñanzas y, añadiéndoles las revelaciones especiales que se le concedieron, nos ha dado la más completa declaración de doctrina que se encuentra en el Nuevo Testamento, incorporada en una epístola a la que se le ha que llamado "la catedral de la doctrina cristiana". Resumiremos el tema de Romanos de la siguiente manera: La justificación de los pecadores, la santificación de los creyentes, y la glorificación de los santificados, por la fe y por el poder de Dios.

Por qué se escribió. Mientras estaba en Corinto en su última visita, Pablo conoció a una hermana cristiana llamada Febe que iba para Roma (Ro 16:1,2). Aprovechó la oportunidad de esta circunstancia para enviar por medio de ella una carta a la iglesia en ese lugar diciéndoles de su futura visita y dándoles una declaración de las verdades que se le habían revelado.

Cuándo se escribió. Durante la última visita de Pablo a Corinto (2 Co 13:1; Hch 20:1,2).

Bosquejo

Se puede dividir la epístola en estas tres secciones generales:

1. Doctrinal: Desarrollo del argumento de Pablo sobre la justificación por fe (1 — 8).

2. Dispensacional (9 — 11). En los capítulos 1 al 8 y 12 al 16 Pablo trata con la iglesia. En los capítulos 9 al 11, se aparta por un tiempo para hablar acerca de Israel y para mostrar la relación de ellos con el plan de la salvación de Dios. Esta sección contesta la pregunta: ¿Qué lugar ocupa la nación judía en el plan de salvación de Dios?

3. Práctica: Exhortaciones relativas a la vida cristiana (12 — 16).

Usaremos el siguiente bosquejo como base de nuestro estudio:

    I. Condenación (1:1 — 3:20)

    II. Justificación (3:21 — 5:21)

    III. Santificación (6 — 8)

    IV. Dispensación (9 — 11)

    V. Exhortación (12 — 16)

I. Condenación (1:1 — 3:20)

Antes de comenzar el estudio del argumento principal de Pablo, notemos:

1. Saludo (1:1-7).

2. Introducción (1:8-15), en la que Pablo expresa su intención de visitar la iglesia de Roma.

3. Tema (1:16,17). El versículo 16 contiene en breve el tema de toda la epístola. El evangelio es:

(1) poder de Dios para salvación

(2) para todo el que cree

(3) al judío primeramente

(4) y también al griego

Pablo comienza su gran argumento de la justificación por la fe exponiendo su primera proposición; es decir, todo el mundo es culpable ante Dios y está bajo condenación. Demuestra que:

1. Los paganos están bajo condenación (1:18-32), porque habiendo tenido una revelación de Dios en el principio (vv. 19,20), la rechazaron (v. 21). Este rechazo de la luz condujo a la ignorancia espiritual (v. 22), la ignorancia espiritual condujo a la idolatría (vv. 23-25), y la idolatría condujo a la corrupción moral (vv. 26-32).

2. El judío está bajo condenación (cp. 2). En vez de humillarse por su conocimiento de la ley, como debió haberlo hecho, se ha vuelto criticón y se ha justificado, y su justificación propia lo ha cegado al hecho de que a los ojos de Dios no es mejor que los paganos que no tienen la ley (2:1-16). En efecto, su conocimiento de la ley aumenta su condenación y lo hace más culpable que los paganos que no han tenido la ley.

3. No hay diferencia entre el judío y el gentil, ambos están bajo pecado, sin esperanza alguna de ser justificados por la obras de la ley o por algún medio humano (3:1-20).

II. Justificación (3:21 — 5:21)

La sección anterior concluyó con un cuadro del mundo entero

culpable ante Dios, encerrado en la cárcel del pecado, y esperando el castigo de la ley. Del lado humano no hay manera de escape; éste debe venir del lado divino. El camino de escape es ahora revelado: justificación por la fe. Por justificación queremos decir ese acto judicial de Dios por medio del cual los que ponen su fe en Cristo son declarados justos ante sus ojos y libres de culpa y castigo. Puede ilustrarse por la absolución de un prisionero por el juez, declarándolo inocente. En ésta hay lo siguiente:

1. El hecho de la justificación por la fe (3:21-31). El judío no puede concebir la justicia aparte de la ley. Pero como la ley condena en lugar de justificar, no puede traer salvación. Pero ahora Dios revela una justicia que es aparte de la ley, un don (v. 24), obtenido por todos los que creen en Cristo (v. 22), y hecho posible por su muerte expiatoria (v. 25). Por el hecho de que Cristo murió y pagó la pena de la ley, Dios puede ser justo y justificador (v. 26); es decir, puede absolver a un pecador sin hacer a un lado las exigencias de su santa ley.

2. Ilustraciones de la justificación por la fe del Antiguo Testamento (cp. 4). Remitiendo al judío a sus propias Escrituras, Pablo le muestra que la doctrina antes mencionada no es nueva. En primer lugar, menciona a Abraham. Si algún judío tenía derecho a reclamar justificación por las obras, era Abraham, el "padre de los creyentes", el "amigo de Dios". Este patriarca era justo ante la vista de Dios; pero su justicia era por la fe y no por las obras (vv. 1-3). David era un "hombre según el corazón de Dios". Él recibió este testimonio no por causa de su propia justicia, pues cometió muchos pecados, sino por causa de su fe (vv. 6-8).

3. Los resultados de la justificación por la fe (5:1-11).

4. La seguridad obtenida de la justificación por la fe (5:12-21). Tan seguro como la unión con el primer Adán trae pecado, condenación y muerte, así también la unión con el segundo Adán trae justicia, justificación y vida.

III. Santificación (6 — 8)

En los capítulos 1 al 5 Pablo ha estado tratando de los pecados, la manifestación externa del pecado en nuestra naturaleza y de la culpa que sigue a esos pecados. En los capítulos 6 al 8 trata del pecado; es decir, con la naturaleza pecaminosa misma. La primera sección se refiere a nuestro rescate de la culpa y pena; la segunda sección, a nuestro rescate del poder del pecado. La primera trata de nuestras acciones; la segunda de nuestra naturaleza. Los capítulos 6 al 8 contestan la pregunta: ¿Cuál es la relación del cristiano ahora que ha sido justificado? ¿Cuál es la relación del cristiano al pecado? La respuesta a esta pregunta puede reducirse a una palabra: Santificación, es decir, separación del pecado y separación para Dios.

En esta sección aprenderemos que:

1. El cristiano está muerto al pecado (cp. 6). Su bautismo fue simbólico de su identificación con Cristo en muerte y resurrección (vv. 1-10). El cristiano ha de considerarse por la fe muerto al pecado (vv. 11,12); y esa consideración encuentra su aplicación práctica dejando todo pecado conocido y rindiéndose a Dios (v. 13).

2. El cristiano es librado de la ley como un medio de santificación (cp. 7). Como la muerte disuelve la relación matrimonial, de la misma manera la muerte del creyente al pecado lo liberta de la ley (vv. 1-6), para que se una en matrimonio con Cristo. Esa relación con la ley lo tenía constantemente bajo condenación, porque requería una justicia que la naturaleza humana corrompida no podía producir. Esto no era tanto la culpa de la ley, porque era buena, santa y espiritual. La falta estaba en la naturaleza carnal que no podía cumplir sus requisitos. Después de describir su propia experiencia al descubrir la naturaleza espiritual de la ley y su propia incapacidad de guardarla, Pablo da una exclamación, que es tanto un llamado de ayuda como una pregunta: "¡Oh miserable hombre de mí! ¿quién me librará del cuerpo de esta muerte?"

3. La respuesta a esta exclamación se encuentra en el capítulo 8 donde aprendemos que la justicia que la ley requiere es obrada en nosotros por medio del Espíritu Santo que viene a destronar al pecado, producir los frutos de justicia, dar testimonio de nuestra relación de hijos, y a ayudarnos en la oración.

IV. Dispensación (9 — 11)

Hasta aquí Pablo ha estado mostrando el plan de salvación de Dios, y ha llegado a la conclusión de que la salvación es por la fe en Cristo para todos los que creen, ya sean judíos o gentiles. Ha estado tratando de la salvación en relación con el individuo; pero ¿cuál es su relación con Israel como nación? Si ellos, como nación, han sido rechazados, ¿qué llega a ser de las promesas el Antiguo Testamento de restauración nacional? Si Israel es el pueblo escogido de Dios, a quien se le encomendó su Palabra, al cual se le dieron los pactos y la ley, ¿por qué es que como nación ha rechazado a su Mesías? ¿Será Israel restaurado alguna vez? ¿Cuál ha de ser la actitud de los cristianos hacia él? Esas preguntas son anticipadas por Pablo y contestadas por él en la sección que vamos a estudiar. Resumamos el contenido de esta sección:

1. El tema del capítulo 9:1-29 es como sigue: Aun cuando la mayor parte de la nación judía ha rechazado a Cristo, las promesas de Dios respecto a su redención nacional no han fallado, porque dentro de la nación hay un remanente fiel, el cual, cuando llegue el tiempo de la completa restauración de Israel, formará el núcleo de la nueva nación.

2. El tema de los capítulos 9:30 a 10:21 es como sigue: El rechazo de Israel es enteramente su culpa.

3. El pensamiento principal del capítulo 11 es como sigue: El rechazo de Israel no es total ni final. No es total porque hay un remanente de la nación que es fiel a Dios y su salvación es una garantía de la salvación de toda la nación (vv. 1-10). No es final, porque después que se complete el número de gentiles en la iglesia, Dios enviará al Redentor que llevará a toda la nación a esa condición de bienaventuranza y gloria milenarias predicha por los profetas (vv. 11-36).

V. Exhortación (12 — 16)

Como en otras epístolas doctrinales de Pablo, Romanos tiene una sección práctica. El apóstol podrá llevar a sus lectores a las cimas más elevadas de la doctrina cristiana, pero nunca deja de traerles de nuevo a la tierra donde han de aplicar la doctrina a la vida diaria. La sección antes expuesta sigue al capítulo 8. Los capítulos 9 al 11 son como un paréntesis; es decir, están insertados por causa de su gran importancia, pero no son necesarios para completar el sentido de la epístola. Romanos estaría completo — cuando menos en forma — sin estos capítulos. El "así que" de 12:1 es el eslabón que conecta esta sección con los primeros ocho capítulos.

Por lo que se ha expuesto en esos capítulos — su justificación, santificación y esperanza de una glorificación venidera —, los cristianos han de consagrarse a Dios, servirse los unos a los otros en amor, y andar en sabiduría y santidad delante del mundo. Resumiremos el contenido de esta sección de la manera siguiente:

1. El deber del cristiano como miembro de la iglesia (12:1-21): consagración (vv. 1,2); servicio (vv. 3-8); amor hacia los hermanos (vv. 9-21).

2. Su deber como miembro del estado (13:1-7): obediencia a la autoridad.

3. Su deber hacia otros miembros del estado (13:8-14): amor.

4. Su deber hacia los hermanos más débiles (14:1 — 15:13): tolerancia.

5. Conclusión (15:14 — 16:27). El ministerio de Pablo entre los gentiles (vv. 14-21); su propuesta visita (vv. 22-33); saludos (16:1-23); bendición (vv. 24-27).

Resumen temático de los capítulos:

1. La culpa de los paganos.
2. La culpa de los judíos.
3. Condena universal.
4. Justificación por fe.
5. Resultados de la justificación.
6. Libertad del pecado.
7. Libertad de la ley.
8. Libertad de la condenación.
9. La elección de Israel.
10. El rechazo de Israel.
11. La restauración de Israel.
12. Consagración.
13. Deberes al estado.
14. Deberes a los hermanos débiles.
15. La obra de Pablo y su futura visita.
16. Saludos.

45

Primera a los corintios

Tema. Se escribió esta epístola con el propósito de corregir desórdenes que habían surgido en la iglesia de Corinto y para establecer ante los creyentes una norma de conducta cristiana. Así que podemos declarar su tema de la manera siguiente: la conducta cristiana con relación a la iglesia, al hogar y al mundo.

Por qué se escribió. Pablo visitó Corinto en su segundo viaje misionero (cf. Hch 18). Mientras estaba en Éfeso, oyó hablar de desórdenes que se habían cometido en la iglesia de Corinto, y se cree que hizo una visita apresurada a esa ciudad en esta ocasión. (Esa visita se infiere de la declaración en 2 Co 12:14, donde dice que estaba a punto de visitarlos por tercera vez. La primera visita fue hecha durante su segundo viaje misionero, y la última, después de escribir 2 Corintios). Después de volver a Éfeso, les escribió una epístola (ahora perdida) instruyéndolos acerca de su actitud hacia los miembros de la iglesia que pecan (1 Co 5:19). Más tarde, miembros de una familia de Corinto visitaron a Pablo y le informaron acerca de las divisiones que se habían suscitado en la iglesia. Una respuesta llegó a la primera carta de Pablo (7:1) haciendo ciertas preguntas relativas a la conducta cristiana. Para corregir los desórdenes que habían surgido, y para contestar las preguntas, Pablo escribió su Primera Epístola a los Corintios. Podemos resumir de esta manera el propósito de Pablo al escribir esta epístola.

- Para corregir los desórdenes siguientes:
  1. divisiones
  2. inmoralidad
  3. disputas entre los santos
  4. desórdenes durante la Cena del Señor.
  5. desórdenes durante el culto
- Para contestar las preguntas siguientes:
  1. respecto al matrimonio
  2. respecto a la comida ofrecida a los ídolos
  3. respecto a los dones del Espíritu

Cuándo se escribió. Al final de los tres años de la estadía de Pablo en Éfeso (Hch 20:31; 1 Co 16:5-8).

Bosquejo

   I. Corrección de desórdenes morales y sociales (1 — 8)
  II. Autoridad apostólica (9)
 III. Orden de la Iglesia (10 — 14)
 IV. La resurrección (15)
  V. Conclusión (16)

I. Corrección de desórdenes morales y sociales (1 — 8)

Estudiaremos los temas siguientes:

1. Introducción (1:1-9).

2. Divisiones (1:10-16).

3. La sabiduría de Dios y la sabiduría del hombre (1:17 a 2:16).

4. Los ministros cristianos, su relación de unos para con otros y hacia los creyentes (cps. 3 y 4).

5. Inmoralidad (cp. 5).

6. Santos en los tribunales (6:1-8).

7. La santidad del cuerpo (6:9-20).

8. Matrimonio (cp. 7).

9. Respecto a las comidas ofrecidas a los ídolos (cp. 8).

Pablo denuncia las divisiones existentes entre los corintios. El espíritu de división casi había destruido el amor cristiano. Los corintios, poseídos de una admiración indebida hacia la dirección humana, se habían alistado bajo los nombres de los diferentes ministros, a quienes procuraban establecer unos contra otros como jefes rivales. Algunos admiraban el celo y poder de Pablo; otros veían en el ilustre Apolos al predicador ideal; otros que tal vez pertenecían al grupo judaizante tenían a Pedro, el apóstol de los judíos, como el líder modelo; otros aún, evidentemente desanimados por estas divisiones, se autotitulaban sencillamente seguidores de Cristo (1:12).

Pablo dedica una sección bastante larga a una comparación de la sabiduría de Dios con la sabiduría del hombre, y a la demostración de la incapacidad de este último para revelar las cosas de Dios (1:17 a 2:1-16), su reprensión y renuncia de la sabiduría y filosofía simplemente humanas se comprenderá cuando tomemos en consideración que los griegos tenían una profunda admiración hacia el saber y la cultura, y que había el peligro de que ellos redujeran el cristianismo a un sistema meramente intelectual, convirtiéndolo así en una de las muchas escuelas de filosofía que existían en su país. Era ese mismo amor hacia la sabiduría humana lo que había conducido a una estimación indebida de la dirección humana, y que, a su vez, había resultado en divisiones entre ellos.

En los capítulos 3 y 4 Pablo ataca la raíz de la cuestión demostrando claramente la relación del ministro hacia Dios, hacia el uno para con el otro, y hacia la gente.

Mientras los corintios se estaban gloriando en su intelectualidad, y estaban divididos en cuanto a la dirección, estaban tolerando en medio de ellos la inmoralidad de la clase más baja (5:1,2). Pablo, haciendo uso de su autoridad apostólica (véase Mt 16:19; 18:17,18), excomulga al ofensor (es decir, lo quita de la comunión con la iglesia), y lo entrega, por así decirlo, a la mano castigadora de Satanás (cf. Job 1:12; 2 Co 12:7), para que pueda ser llevado al arrepentimiento (v. 5). De la Segunda Epístola a los Corintios aprendemos que este hombre se arrepintió (2 Co 2:6-8).

Algunos de los corintios habían estado exponiendo a vituperio la causa de Cristo por ir al juzgado los unos contra los otros ante jueces incrédulos (6:1-8), Pablo les dice claramente que si ellos han de reinar con Cristo y juzgar al mundo y aun a los ángeles, deben ser capaces de juzgar sus propios casos y arreglar sus propias disputas.

Las palabras que se encuentran en el capítulo 6:9-20 son dirigidas en contra de una clase de gente conocida en la historia de la Iglesia como los antilegalistas. Estos eran creyentes profesantes, que yendo al otro extremo del legalismo, se declaraban enteramente libres de los requisitos morales de la ley. De algunas de las declaraciones de Pablo al efecto de que los creyentes no están bajo la ley, y que no son justificados por ninguna observancia externa, estos herejes habían deducido falsamente que todos los actos exteriores eran indiferentes y uno podía hasta ser un criminal. Al refutar ese error, Pablo da énfasis a la santidad del cuerpo.

En el capítulo 7 Pablo contesta una pregunta de los corintios respecto al matrimonio. Debe recordarse que todas las declaraciones contenidas aquí no se hacen como mandatos (7:6), sino que muchas son sugerencias de un hombre guiado por el Espíritu, que está considerando el matrimonio con relación a las condiciones locales en Corinto (la prevalencia de inmoralidad, 7:1), y con relación a las persecuciones venideras de la iglesia (vv. 26-29). Debe notarse también que este capítulo no contiene todas las enseñanzas del Nuevo

Testamento sobre el matrimonio. Para un estudio completo de la cuestión, deben investigarse las referencias sobre el tema que se encuentran en el Nuevo Testamento.

El capítulo 8 trata de la cuestión de la libertad cristiana. Algunos de los creyentes corintios, que habían sido salvos del paganismo, se sentían libres en su conciencia para aceptar invitaciones a fiestas en templos de ídolos, porque, razonaban ellos, "el ídolo no es nada en el mundo, y no hay más que un Dios" (8:4). Pablo reconoció esas razones, pero les advierte a los creyentes últimamente mencionados que había cristianos más débiles que no estaban familiarizados con esos hechos, y que tropezarían y caerían en el pecado si veían a un creyente esclarecido comiendo en un templo de ídolos.

II. Autoridad apostólica (9)

En este capítulo Pablo se defiende en contra de una pequeña sección de la iglesia que estaba negando su autoridad como apóstol (6:18; 9:3). Una de las acusaciones de ellos era que él no estaba pidiendo apoyo económico porque le faltaba autoridad para hacerlo.

Pablo menciona como prueba de su apostolado el hecho de que había visto al Señor (v. 1), y se refiere a ellos como una iglesia fruto de su ministerio (v. 2). Reclama autoridad con otros apóstoles (vv. 4-6). Prueba que él, como ministro del evangelio, tiene derecho al sostenimiento económico, mediante una ilustración natural (v. 7), por una cita de la ley (vv. 9,10), por una ilustración del templo (v. 13). Luego explica por qué no había hecho uso de ese derecho: no deseaba estorbar al evangelio llegando a ser una carga para la gente (v. 12: cf. 2 Ts 3:8,9) el hecho de predicar el evangelio sin ser carga era su recompensa (v. 18); al predicar el evangelio se consideraba sencillamente un "siervo inútil" (v. 16; cf. Lc 17:10) porque sólo estaba cumpliendo con su deber (v. 16).

Pablo está dispuesto a echar a un lado sus derechos y adaptarse a todas las condiciones, y a toda clase de hombres para poder salvar unas cuantas almas (vv. 19-23). Tiene una buena razón para hacer estos sacrificios. Porque así como los deportistas griegos, durante su período de entrenamiento, se negaban muchos placeres y comodidades, y se sujetaban a tareas duras para poder ganar una corona de hojas, de la misma manera él estaba dispuesto a hacer sacrificios para poder ganar una corona incorruptible (vv. 24-27).

III. Orden de la Iglesia (10 — 14)

Bajo este subtítulo estudiaremos los temas siguientes:

1. Una advertencia en contra de caer de la gracia (10:1-13).
2. La libertad cristiana y la idolatría (10:14-13).
3. La conducta de las mujeres en las asambleas (11:1-17).
4. Desórdenes durante la Cena del Señor (11:18-34).
5. Los dones del Espíritu, su diversidad y distribución (cp. 12).
6. El espíritu que ha de regular el uso de estos dones (cp. 13).
7. Las reglas para su regulación en las asambleas

Aun cuando los corintios han recibido grandes bendiciones y han sido beneficiarios de la gracia de Dios, Pablo les advierte que hay una posibilidad de caer de su elevada posición espiritual. Prueba esto mediante una comparación de ellos con Israel.

En el capítulo 10:14-33, Pablo continúa el tema del capítulo 8; es decir, la libertad cristiana con relación a frecuentar las fiestas paganas. A aquellos cristianos que se sentían libres para asistir a las fiestas paganas (cf. 8:10), Pablo pronuncia una advertencia en contra de caer en los lazos de la idolatría. Aun cuando los cristianos puedan sentirse libres para disfrutar de algunas libertades, han de considerar si esas indulgencias son para edificación de los creyentes en general (v. 24). Al comprar en la carnicería, los cristianos no han de preguntar si la carne ha sido ofrecida a los ídolos, para evitar una inquietud innecesaria de su conciencia (v. 25). Pero si un cristiano acepta una invitación para comer con una amistad pagana, y se le dice que la comida ha sido ofrecida a los ídolos, no debe tocarla, porque al participar de ella bajo esas circunstancias, le haría aparecer que estaba condescendiendo con la idolatría, y su acción sería una piedra de tropiezo para muchos (vv. 27-29).

El capítulo 11:1-16 trata de la conducta de las mujeres en las asambleas. A primera vista, parece que los versículos tratan de la cuestión si debe o no una mujer usar velo en la iglesia. Pero leyendo más profundamente descubrimos que tratan de la relación de la mujer al hombre, ordenada por Dios. El versículo 3 parece ser la clave de esta sección. En la época de Pablo, las mujeres usaban un velo como símbolo de su sujeción al hombre. El evangelio le había dado a la mujer una libertad que antes nunca había tenido, aboliendo la distinción de los sexos en lo que respecta a la salvación y el estado de gracia (Gá 3:28). Parece que por causa de esta libertad, las mujeres de Corinto reclamaban igualdad con el hombre en todo respecto, y como una declaración abierta de este derecho, venían a profetizar y a orar sin el velo. Al hacerlo así violaban el orden divino que es como sigue: Dios es la cabeza de Cristo; Cristo del hombre; y el hombre de la mujer (v. 3).

Los versículos restantes de este capítulo tratan de los desórdenes en la Cena del Señor. Tal parece, que antes de participar de la Cena del Señor, los creyentes participaban de una comida común juntos, conocida comúnmente como la fiesta de amor. Durante esta fiesta, muchos de los corintios cedían a la glotonería y a la embriaguez (vv. 20-22), con el resultado de que no estaban en condición adecuada para participar del sacramento. Después de explicar lo sagrado y el significado de la Cena del Señor (vv. 23-26), Pablo les advierte a los cristianos en contra de participar de ella indignamente (vv. 27-29), para que no caigan bajo el castigo divino (vv. 30-32).

Los capítulos 12, 13 y 14 tratan del tema de los dones espirituales. El capítulo 12 trata de la diversidad y distribución de los dones; el capítulo 13, del espíritu que debe caracterizar su uso; el capítulo 14, de las reglas que rigen su manifestación en la asamblea.

IV. La resurrección (15)

El capítulo 15 es el gran capítulo de la resurrección en la Biblia. Pablo se vio obligado a tratar de la doctrina de la resurrección de una manera bastante cabal, porque había habido una negación de tal doctrina. Tal vez interpretando mal la enseñanza de Pablo respecto a la resurrección espiritual del pecado, algunos habían pensado en eso como la única resurrección; otros probablemente, que pertenecían el grupo de los antilegalistas (véanse las notas del cp. 6:9-20), no les interesaba ver la resurrección de un cuerpo del cual habían abusado mediante los pecados de la impureza.

V. Conclusión (16)

Resumiremos el capítulo 16 de la manera siguiente:

1. Respecto a la colecta para los santos judíos asesinados (vv. 1-4).

2. Respecto a la visita que Pablo intentaba hacer (vv. 5-9).

3. Respecto a la visita de Timoteo a ellos (vv. 10,11)

4. Respecto a Apolos (v. 12).

5. Exhortaciones y saludos (vv. 13-24).

Para poder imprimir el contenido de Corintios en la mente, hay que aprenderse de memoria el siguiente resumen de los capítulos:

1. Divisiones.
2. Sabiduría de Dios y sabiduría del hombre.
3. Ministros.
4. Ministros (continuación).
5. Inmoralidad.
6. Santos en los tribunales.
7. Matrimonio.
8. Libertad cristiana.
9. Autoridad apostólica.
10. Idolatría.
11. La Cena del Señor.
12. Dones.
13. Amor.
14. Desórdenes en el culto.
15. Resurrección.
16. Saludos.

46

Segunda a los corintios

Tema. De todas las epístolas de Pablo, 2 Corintios es la más personal. Es una revelación de su corazón, de sus sentimientos más íntimos y motivos más profundos. Esa revelación de su corazón no era una tarea agradable para el apóstol, sino una que más bien le desagradaba. La presencia de falsos maestros en Corinto, que estaban dudando de su autoridad, impugnando sus motivos y menoscabando su autoridad, hizo necesario que defendiera su ministerio. Al hacer esta defensa fue obligado a relatar experiencias de las cuales él hubiera preferido callar; y a través de toda su epístola tiene cuidado de informar a sus lectores de este hecho. Teniendo en mente que 2 Corintios es la vindicación personal del ministerio de Pablo, resumiremos su tema de la manera siguiente: El ministerio de Pablo, sus motivos, sacrificios, responsabilidades y eficiencia.

Por qué se escribió.

1. Después de escribir la primera carta en Éfeso, Pablo fue a Troas, donde esperó a Tito para que le llevara una respuesta de Corinto (2 Co 2:13).

2. Decepcionado en su expectativa, Pablo fue a Macedonia donde encontró a Tito, quien le llevó la noticia de que la iglesia en su mayoría había respondido a sus exhortaciones, pero que había una pequeña minoría que se negaba a reconocer su autoridad.

3. Para consolar y animar a los primeros, y amenazar a los últimos, Pablo escribió su segunda carta

Por qué se escribió.

1. Para consolar a los miembros arrepentidos de la iglesia.

2. Para advertir a la minoría rebelde.

3. Para advertir en contra de los falsos maestros.

4. Para rechazar los ataques hechos sobre su ministerio por estos falsos maestros.

Dónde se escribió. Probablemente en Filipos, durante su tercer viaje misionero.

Bosquejo

El libro es sumamente difícil de analizar. Según dice un escritor:

Es casi imposible analizar esta carta, pues es el menos sistemático de los escritos de Pablo. Se asemeja a un río africano. Durante algún tiempo fluye mansamente, y uno está esperanzado en hacer un análisis satisfactorio; luego, viene de repente una poderosa catarata y un terrible levantamiento, en el cual se quiebran las grandes profundidades de su corazón.

Dividiremos el libro en cuatro secciones, de la manera siguiente:

I. Una mirada hacia atrás (1:1 — 2:13)

II. Dignidad y eficacia del ministerio de Pablo (2:14 — 7:1-16)

III. Colecta para los santos necesitados de Judea (8 y 9)

IV. Defensa de Pablo de su apostolado (10:1 — 13:14)

I. Una mirada hacia atrás (1:1 — 2:13)

1. Dios sostiene a Pablo en la tribulación para que él a su vez pueda consolar a otros (1:1-11).

2. ¡Mis motivos son puros! (1:12-14).

3. Por qué Pablo retardó su visita (1:15 a 2:11).

4. La espera ansiosa de Pablo de noticias de Corinto (2:13,14).

II. Dignidad y eficacia del ministerio de Pablo (2:14 — 7:1-16)

1. Los triunfos de Pablo en el evangelio (2:14-17).

2. Pablo se defiende de los judaizantes y demuestra que el Nuevo Pacto es mejor que el Antiguo (3:1 a 4:6).

3. En enfermedad, peligro y persecución la fuerza de Pablo viene del poder de Dios y de la esperanza de la vida eterna (4:7 a 5:10).

4. El secreto de la actividad de Pablo es su sentido de responsabilidad hacia Cristo (5:11-21).

5. Pablo defiende su fidelidad en predicar el evangelio (6:1-13).

6. ¡Separaos! (6:14 a 7:1).

7. Pablo les ruega a los creyentes que no hagan caso a los malos informes acerca de él (7:2-4).

8. Por qué Pablo esperó a Tito (7 5

III. Colecta para los santos necesitados de Judea (8 y 9)

1. ¡Recordad el ejemplo de los pobres macedonios y sobre todo el ejemplo de Jesús! (8:1-15).

2. Pablo recomienda a los portadores de los fondos (8:16-24).

3. ¡Estad listos para dar liberalmente y así cosechar la bendición de Dios! (cp. 9)

IV. Defensa de Pablo de su apostolado (10 — 13)

1. Pablo establece un contraste entre él mismo y los falsos maestros (10:1-18).

2. Suplica que lo toleren por causa de su amor para con ellos (11:1-6).

3. Por qué Pablo no pidió sostenimiento (11:7-15).

4. Señales y visiones divinas, el servicio fiel y los sufrimientos, prueban el derecho de Pablo al Apostolado (11:16 a 12:13).

5. Les suplica que no hagan necesario que él use su poder para disciplinarlos (12:14 a 13:10).

6. Conclusión (13:11-14).

47

Gálatas

Tema. La cuestión de si los gentiles debían guardar la ley de Moisés había sido decidida en el concilio en Jerusalén. La decisión fue que los gentiles eran justificados por la fe sin las obras de la ley. Pero esa decisión no parecía satisfacer al partido judaizante, que todavía insistía en que, aunque los gentiles eran salvos por la fe, su fe era perfeccionada por la observancia de la ley de Moisés. Al predicar ese mensaje de la mezcla de la ley y la gracia, se esforzaban por volver a todos los convertidos de Pablo en contra de él y en contra del mensaje que predicaba. Tuvieron éxito hasta el punto de traer bajo la carga de la ley a toda la iglesia de Galacia: una iglesia gentil. Para restaurar a esa iglesia a su anterior estado de gracia, Pablo le escribió esta epístola, el tema de la cual es: La justificación y la santificación no son por las obras de la ley, sino por la fe.

Ocasión en que se escribió. Pasando por Galacia en su segundo viaje, Pablo se detuvo por causa de enfermedad (Hch 16:6; Gá 4:13). Fue bien recibido por los gálatas, y estableció una iglesia allí (Gá 1:6; 4:14). Mientras estaba en Grecia en su primer viaje misionero (Hch 20:2), recibió las noticias de que los gálatas se habían impuesto sobre sí el yugo de la ley. Eso lo llevó a escribir esta epístola.

Por qué se escribió

1. Para oponerse a la influencia de los maestros judaizantes que estaban procurando menoscabar la autoridad de Pablo.

2. Para refutar los errores siguientes, que ellos enseñaban:

(a) Obediencia a la ley mezclada con fe es necesaria para la salvación.

(b) El creyente es hecho perfecto guardando la ley.

3. Para restaurar a los gálatas que habían caído de la gracia.

Cuándo se escribió. Durante el tercer viaje misionero de Pablo.

Bosquejo

I. El apóstol de la libertad (1 y 2)

II. La doctrina de la libertad (3 y 4)

III. La vida de libertad (5 y 6)

I. El apóstol de la libertad (1 y 2)

En los primeros dos capítulos, Pablo se defiende en contra de las siguientes acusaciones formuladas en contra de él por parte de los judaizantes:

1. Negaban que fuera un verdadero apóstol de Cristo, porque no había recibido su comisión personalmente del Señor, como los Doce.

2. Decían que era sólo un maestro enviado por los apóstoles, de modo que su enseñanza debía ser aceptada únicamente cuando estuviera de acuerdo con la de ellos.

3. Lo acusaban de propagar enseñanzas no aprobadas por el concilio de Jerusalén.

Nótese cómo Pablo respondió a esas acusaciones:

1. En el primer versículo de la epístola da énfasis a su comisión divina como apóstol. Luego saluda a los creyentes (vv. 24). Notemos que hay una ausencia de la acción de gracias a Dios que caracterizan a sus otras epístolas, porque está escribiendo a una iglesia que ha caído de la gracia. Está asombrado de lo rápido que se han vuelto del verdadero evangelio a lo que él llama un evangelio diferente (v. 6). Sin embargo, ese evangelio diferente no es otro evangelio, porque sólo hay uno. Lo que quiere decir es que este mensaje que han oído es una perversión del evangelio (v. 7). Sobre quienes prediquen un evangelio diferente, él pronuncia una maldición (vv. 8,9).

2. En los versículos 10-24 refuta la acusación de que recibió su enseñanza y comisión de los apóstoles, pues dice que las recibió del Señor mismo.

3. En el capítulo 2:1-10, Pablo muestra que el ministerio y mensaje fueron aprobados por los directores del concilio de la iglesia en Jerusalén. Catorce años después de su conversión, Pablo fue a Jerusalén a asistir al concilio y allí defendió su predicación de la justificación de los gentiles sólo por la fe (2:1; cf. Hch 15:1,2).

4. En lugar de que los Doce encontraran falta en Pablo, como se había dicho, Pablo afirma que él encontró falta en uno de ellos (Gá 2:11-21). Después de su visión (Hch 10:18), y su experiencia en la casa de Cornelio, Pedro echó a un lado sus prejuicios judíos y se mezcló libre en intercambio social con los gentiles. Pero cuando algunos de los judíos cristianos estrictos llegaron de Jerusalén, quienes evidentemente vieron con ojos de crítica su conducta (y esos judíos que estaban con él) se separó de los gentiles (vv. 11-13). Esa manera de obrar la condenó Pablo como una simulación cobarde.

II. La doctrina de la libertad (3 y 4)

Pablo reprende a los gálatas por volverse de la verdad de la justificación por la fe y les dice que su experiencia espiritual no tuvo ninguna conexión con su observancia de la ley (3:1-5). Luego toma el argumento de que la justificación es por la fe, aparte de las obras de la ley (3:6 al 4:7). Los siguientes son sus puntos principales:

1. Aun Abraham, el amigo de Dios, no fue justificado por sus obras, sino por su fe (v. 6). Así que en lugar de que los guardadores de la ley de Moisés sean los hijos de Abraham (cf. Mt 3:9), son los que son justificados por la fe los que pueden reclamar ese derecho (v. 7).

2. El pacto que Dios hizo con Abraham fue un pacto de fe (vv. 8,9). Esto no tiene conexión con el pacto Mosaico el cual era un pacto de obras (v. 10). El pacto de Abraham fue hecho primero; pero la ley, con su maldición, fue agregada, y de esta manera bloqueó el camino para que la bendición de Abraham viniera al mundo. Pero Cristo por su muerte quitó la maldición de la ley (v. 13), para que la bendición de Abraham viniera sobre los gentiles lo mismo que a los judíos (v. 14).

3. Luego Pablo explica la relación entre los pactos abrahámico y mosaico (3:5-18). Si la bendición de Abraham ha de venir por las obras de la ley, entonces la recepción de esa bendición es condicional por guardar la ley; pero el pacto hecho con Abraham es incondicional (v. 18). La inferencia del último versículo es que si por guardar la ley la bendición de Abraham ha de venir al mundo, entonces esa bendición nunca vendrá: porque ninguno puede ser justificado por la ley.

4. Pablo luego explica el propósito de la ley y su relación al creyente (3:9 — 4:7). Los anteriores argumentos de Pablo hacen surgir la pregunta del judío: Si la ley no puede salvar, ¿por qué entonces Dios se la dio al hombre? (v. 19). El pacto abrahámico prometió salvación por fe sin las obras de la ley. Pero ¿cómo podía Dios enseñar al hombre que la salvación era únicamente por la fe y no por ningún esfuerzo de su parte? Sólo colocándolo bajo la ley y mostrándole que su naturaleza pecaminosa no podía guardar perfectamente sus preceptos, de esta manera haciéndole recurrir a la fe como un medio de salvación (v. 19). La ley no está en oposición al pacto abrahámico, porque nunca se intentó que salvara al hombre (v. 21): fue dada para mostrarle al hombre su necesidad de la salvación por la fe (vv. 22,23). Pablo les ruega que vuelvan a la plena libertad del evangelio (4:8-31).

III. La vida de libertad (5 — 6)

Esta sección puede resumirse en las exhortaciones siguientes:

1. Estad firmes en la libertad de gracia porque la ley no puede salvaros (5:1-6)

2. Apartaos de los falsos maestros que han pervertido el evangelio y os han hecho esclavos al legalismo (5:7-12).

3. Aun cuando estáis libres de la ley mosaica, no estáis libres para pecar. Andad en amor y así cumpliréis la ley (5:13,14).

4. Seréis tentados aun por la baja naturaleza, pero obedeced la dirección del Espíritu y seréis victoriosos (5:16-26).

5. Llevad los unos las cargas de los otros, y sed pacientes con los que pecan (6:1-5).

6. Sostened a vuestros pastores y de esta manera segaréis la bendición divina (6:6-10).

7. Conclusión (6:11-18). Guardaos de los judaizantes. Sé muy bien que desean ganaros sencillamente para tener una reputación de celo. Gloriaos sólo en la cruz, en la cual únicamente hay verdadera salvación.

48

Efesios

Tema. Entre todas las epístolas de Pablo, la Epístola a los Efesios se destaca por su profundidad y por su sublimidad en la enseñanza. Se le ha llamado "la epístola del tercer cielo de Pablo" porque se remonta desde las profundidades de la ruina hasta las cimas de la redención, y "los Alpes del Nuevo Testamento" porque allí Dios nos invita a subir paso a paso, hasta que lleguemos al punto más elevado posible donde el hombre puede estar, en la presencia de Dios mismo.

La Epístola a los Efesios es una gran exposición de una doctrina fundamental de la predicación de Pablo, es decir, la unidad de todo el universo en Cristo, la unidad del judío y gentil en su cuerpo: la Iglesia, y el propósito de Dios en ese cuerpo para el tiempo y la eternidad. La epístola se divide en dos secciones: doctrinal (1 — 3) y práctica (4 — 6).

En la primera sección, Pablo expone la grandeza y gloria del llamamiento cristiano; en la segunda demuestra cuál debe ser la conducta del cristiano en vista de su llamamiento. En breve enseña que un llamamiento santo exige una manera santa de vivir.

Él les pide a sus lectores que se eleven a la más alta dignidad de su llamamiento. Al hacerlo, surge un cuadro de la iglesia como un cuerpo predestinado antes de los siglos, para unir al judío y al gentil, lo cual por los siglos venideros tiene que exhibir ante el universo la plenitud de la vida divina, viviendo la vida de Dios, imitando el carácter de Dios, usando la armadura de Dios, peleando las batallas de Dios, perdonando como Dios perdona, educando como Dios educa, y todo esto para que cumpla la obra más amplia por la cual Cristo ha de ser el centro del universo.

Resumiremos el tema de la manera siguiente: La iglesia es escogida, redimida y unida en Cristo; por lo tanto, la iglesia debe andar en unidad y en novedad de vida, en la fuerza del Señor y con la armadura de Dios.

Por qué se escribió. Había dos peligros que amenazaban a la iglesia en Éfeso: La tentación de sumergirse en las normas paganas y la falta de unidad entre judíos y gentiles. Para contrarrestar el primer peligro, Pablo expone la santidad del llamamiento cristiano en contraste con su antigua condición pecaminosa como paganos. Para guardarse en contra del segundo, presenta al Señor Jesús como haciendo la paz entre judíos y gentiles mediante la sangre derramada en la cruz, y formando de los dos un nuevo cuerpo.

Cuándo se escribió. Durante el primer encarcelamiento de Pablo en Roma. Fue enviada por medio de Tíquico, quien también llevó cartas a los colosenses y a Filemón.

Bosquejo

La epístola se presta para un arreglo en triples, como sugiere el doctor Riley en su libro Efesios, la epístola triple.

Sección doctrinal:
El llamamiento de la Iglesia (1 — 3)

I. La triple fuente de nuestra salvación (1:1-18)

II. La triple manifestación del poder de Dios (1:19 — 2:22)

III. Una triple declaración respecto a Pablo (3)

Sección práctica:
La manera de andar de la Iglesia (4 — 6)

I. Una triple exhortación a toda la iglesia (4:1 — 5:21)

II. Una triple exhortación a la familia (5:22 — 6:9)

III. Una triple expresión de la vida espiritual (6:10-24)

SECCIÓN DOCTRINAL
EL LLAMAMIENTO DE LA IGLESIA (1 — 3)

I. La triple fuente de nuestra salvación (1:1-18)

Nuestra salvación, que es la suma de todas las bendiciones, encuentra su fuente en:

1. La predestinación por el Padre, quien nos escogió antes de la fundación del mundo para ser sus hijos y para ser sin mancha ni arruga (1:4-6).

2. La redención por el Hijo, por medio del cual nos es dado conocimiento del plan eterno de Dios para el universo, y una herencia eterna (1:7-12).

3. El sello por el Espíritu, que es las arras: un primer pago de la redención completa que será nuestra en el futuro (1:13,14).

Pablo pronuncia una oración para que los efesios puedan tener un conocimiento aún más profundo y cabal del privilegio y poder de su salvación (1:15-18).

II. La triple manifestación del poder de Dios (1:19 — 2:22)

1. El poder de Dios fue manifestado con relación a Cristo (1:19-23) de tres maneras:

(a) Resurrección

(b) Ascensión

(c) Exaltación

2. Su poder fue manifestado con relación al individuo de las tres maneras siguientes:

(a) Resurrección espiritual (2:1-5).

(b) Ascensión espiritual (v. 6).

(c) Poder para hacer buenas obras y demostrar la gracia de Dios por toda la eternidad (vv. 7-10).

3. Su poder fue manifestado con relación a toda la humanidad (2:11-22). Cubría tres clases:

(a) Los gentiles (vv. 11-13). Con relación a Israel, eran extranjeros; con relación a los pactos, eran extraños, porque todos los pactos fueron hechos a Israel; con relación a Dios estaban condenados, pero ahora son hechos cercanos por la sangre de Cristo.

(b) Los judíos (v. 14-17). Entre el judío y el gentil existía una rígida línea de demarcación con respecto a la religión. En el templo en Jerusalén había un patio especial para los gentiles, separado del "patio de Israel" por la pared intermedia de separación (v. 14). Esa pared indicaba que a los gentiles se les prohibía seguir más allá, bajo la pena de muerte. Pero en el templo espiritual de Dios ya no hay una línea divisoria; el judío y el gentil tienen "acceso por un mismo Espíritu al Padre".

(c) La Iglesia de Dios (vv. 19-22). El gentil adoraba en su templo de ídolos, el judío en el gran santuario en Jerusalén. Ahora, ambos han dejado estos edificios hechos por manos de hombres para formar un gran templo espiritual, cuya principal piedra del ángulo es Cristo, cuyo fundamento son los apóstoles y profetas del Nuevo Testamento, y cuyas piedras son los cristianos individuales: el conjunto formando un gran templo habitado por Dios por medio del Espíritu.

III. Una triple declaración respecto a Pablo (3)

1. El ministerio de Pablo era predicar el misterio del evangelio. El misterio era la gran verdad de que el judío y el gentil serían coherederos y miembros del mismo cuerpo (v. 6). Estuvo escondido en Dios desde la fundación del mundo, y no fue revelado bajo la dispensación del Antiguo Testamento (vv. 5,9) Las Escrituras del Antiguo Testamento enseñaron la salvación de los gentiles, pero no formando un cuerpo con los judíos.

2. La oración de Pablo (vv. 13-19).

3. La alabanza de Pablo (vv. 20,21)

SECCIÓN PRÁCTICA:
LA MANERA DE ANDAR DE LA IGLESIA (4 — 6)

I. Una triple exhortación a toda la Iglesia (4:1 — 5:21)

1. Una exhortación a la unidad (4:1-16). Nótense tres hechos respecto a la unidad:

(a) Cualidades esenciales a la unidad: mansedumbre y humildad, paciencia, tolerancia (vv. 1-3).

(b) Una descripción de la unidad (vv. 4-6).

(c) El método de producir la unidad: por el uso de los dones, y mediante el ministerio, cuyo oficio es traer al cuerpo a una perfección espiritual y una unidad con Cristo (vv. 7-16).

2. Una exhortación para vivir una vida nueva: desechar al hombre viejo y no vivir como los demás gentiles; revestirse del hombre nuevo y vivir en conformidad con el plan de Dios (4:17-32).

3. Una exhortación para andar de una manera nueva (5:1-20). El doctor Riley sugiere tres características de la manera de andar del creyente como se sugiere por la mención triple de la palabra "andar".

(a) Andar en amor (vv. 1-7).

(b) Andar en la luz (vv. 8-14).

(c) Andar diligentemente (vv. 15-20).

II. Una triple exhortación a la familia (5:21 — 6:9)

1. Esposas y esposos (5:2-24).

2. Hijos y padres (6:1-3).

3. Esclavos y amos (6:5-9).

III. Una triple expresión de la vida espiritual (6:10-24)

1. Poder (6:10-17). Una exhortación a ponerse toda la armadura de Dios (esta figura fue sugerida probablemente por la armadura de los soldados romanos que estaban custodiando a Pablo) para que el cristiano comprenda su fuerza y pelee sus batallas.

2. Oración (6:18,19). El "cuándo", "cómo" y "por quién" de la oración.

3. Paz (6:20-24). Después de hacer una referencia personal a Tíquico, el apóstol termina con una bendición.

49

Filipenses

Tema. A la Epístola a los Filipenses se le ha llamado "el más dulce de todos los escritos de Pablo", y "la más hermosa de todas las cartas de Pablo, en la cual expone su corazón, y cada frase brilla con un amor más tierno que el de una mujer." A través de toda la epístola se siente el amor de Pablo por los filipenses; y la actitud de ellos hacia él muestra que su amor era mutuo. No hay cuestiones de controversias, no hay severas reprensiones, ni un corazón adolorido por parte de Pablo por ningún serio desorden. Había algunas divisiones, es cierto, pero parece que no eran de una naturaleza seria. Al tratar de ellas el apóstol usa un tacto y juicio especiales. En lugar de pronunciar severas denuncias en contra de los grupos implicados, crea un ambiente de unidad y amor mediante el frecuente empleo de palabras que sugieren comunión y cooperación; tales como "colaboradores", "compañeros de milicia", y palabras semejantes, sugiriendo la idea de unidad y compañerismo. Él crea un ambiente de fe y adoración mediante la repetición del nombre del Señor, y les hace olvidar sus insignificantes diferencias al presentarles, mediante las palabras, un admirable cuadro de Aquel que, aun cuando era Dios, se anonadó y se humilló para la salvación de los demás. Al buscar el tema de la epístola, seremos guiados por el uso frecuente de ciertas palabras. Un gran erudito dijo que el resumen de Filipenses es: "Me regocijo, regocijaos vosotros." La carta está llena de gozo.

En cada capítulo, como el sonido de campanas de plata, resuenan las palabras "gozo", "regocijaos" y "regocijándome." A pesar de las prisiones y a pesar del hecho de que descansa a la sombra del cadalso, el apóstol puede regocijarse. Resumiremos el tema de la manera siguiente: El gozo de la vida y el servicio cristiano, manifestados bajo todas las circunstancias.

Por qué se escribió. Epafrodito, el mensajero de la iglesia de Filipos, y a quien se le confió un regalo para el apóstol, cayó enfermo a llegar a Roma. Al recobrar su salud volvió a Filipos y Pablo aprovechó la oportunidad de esta circunstancia para enviar una carta de expresión de gracias y exhortación a la iglesia de cuya condición Epafrodito había notificado a Pablo.

Cuándo se escribió. Alrededor de 64 d.C., durante el primer encarcelamiento de Pablo en Roma.

Bosquejo

I. La situación y la obra Pablo en Roma (1)

II. Tres ejemplos de abnegación (2)

III. Advertencias en contra del error (3)

IV. Exhortaciones finales (4)

I. La situación y la obra de Pablo en Roma (1)

1. El saludo de Pablo (1:1-11).

2. Su regocijo en la cárcel (vv. 12-30).

(a) Su regocijo a pesar de las cadenas (vv. 12-14). Su encarcelamiento ha resultado en el adelanto del evangelio. Se ha difundido la noticia de su encarcelamiento y predicación por todos los cuarteles militares, y desde allí a otras partes de la ciudad. Los cristianos en Roma han sido inspirados a un esfuerzo evangelístico por causa de su valor.

(b) Su gozo a pesar de los que, en el espíritu de contención, están predicando el evangelio por motivos no sinceros (probablemente los judaizantes) (vv. 15-18). Pero como Cristo está siendo proclamado, el apóstol se regocijará.

(c) Su gozo a pesar de la perspectiva de muerte (vv. 19-30). Le importa poco al apóstol si vive o muere, porque en cualquiera de los dos casos su deseo es glorificar a Cristo. Sería mejor para él morir y estar con Cristo; sin embargo, prefiere vivir y terminar su obra y ayudar la fe de los filipenses. Tiene esperanza de ser puesto en libertad y de esa manera poder visitarlos. Pero ya sea que los vea o no, desea que anden de una manera digna del evangelio, proclamando su mensaje a pesar de la persecución.

II. Tres ejemplos de abnegación (2)

Pablo comienza con una exhortación a la unidad, que estaba en peligro de echarse a perder por algunas diferencias insignificantes entre los creyentes (vv. 1,2). Esta unidad debía efectuarse por parte de ellos, por medio del espíritu de humildad y negación propia (vv. 3,4). "No mirando cada uno a lo suyo propio, sino cada cual también a lo de los otros." Luego el apóstol menciona tres ejemplos de aquellos cuyo principio de vida era el sacrificio por otros.

1. El ejemplo de Cristo (2:5-16), quien, aun cuando era igual a

Dios, se despojó de su gloria, se deshizo de su poder, y se humilló hasta la muerte de la cruz por otros.

Luego el apóstol añade una triple exhortación:
(a) Una exhortación a la perseverancia en la fe (vv. 12,13).
(b) Una exhortación a la obediencia (vv. 14-16).
(c) Una exhortación a la actividad misionera (v. 16).

2. El ejemplo de Timoteo (2:17-24). Él era un ministro que ejemplificaba cabalmente la exhortación de Pablo en el versículo 4 (cf. vv. 20,21).

3. El ejemplo de Epafrodito (2:25-30). En este cristiano tenemos un ejemplo de uno que derramó libremente su vida por otros. Habiendo estado a la muerte por el exceso de trabajo, estaba angustiado, no por causa de su propia aflicción, sino porque las noticias de su enfermedad habían causado tristeza a otros.

III. Advertencias en contra del error (3)

1. Una advertencia en contra del legalismo (3:1-14). A uno que no esté familiarizado con esos maestros, le parecerá indebidamente severo el referirse a ellos como "perros" y "obradores de iniquidad" pero Pablo veía en las enseñanzas de ellos — la salvación por las obras exteriores de la ley — algo que menoscabaría la vida y la fe cristianas. De acuerdo con esto denuncia a los judaizantes como enemigos del evangelio. Pablo tenía tanto de que alabarse en cuanto a privilegios sociales y religiosos como esos maestros judaizantes (vv. 4-6); pero los ha rechazado todos y los cuenta como estiércol (vv. 7,8) para poder ganar a Cristo y ser hallado en Él teniendo la justicia, no de la ley, sino de la fe (vv. 9,10). Su justificación y santificación por la fe en Cristo no lo ha adormecido a una seguridad descuidada, sino que prosigue al blanco hacia el premio de esa perfección que será consumada en la primera resurrección (vv. 11-14).

2. Una exhortación a la unidad en doctrina (vv. 15,16). Los que son espiritualmente maduros han de tomar esta misma actitud hacia la perfección cristiana mencionada por Pablo, y estar de acuerdo con ella. Si hay diferencias menores, en las cosas no esenciales, Dios aclarará eso. Estos versículos revelan el tema que estaba causando divisiones entre los filipenses; es decir, el tema de la perfección cristiana.

3. Una advertencia en contra del antilegalismo (vv. 17-19). Del lado judío la iglesia estaba expuesta al peligro del legalismo. Del lado gentil, al peligro del antilegalismo, una doctrina que enseñaba

que el creyente no estaba bajo ninguna ley. La adherencia a esta enseñanza a menudo daba como resultado naufragio de fe y pureza.

4. Una exhortación a la santidad (vv. 20,21). Deben tener una manera de andar celestial, porque tienen una esperanza celestial. Es una esperanza de glorificación a la venida del Señor.

IV. Exhortaciones finales (4)

1. Exhortaciones a:
   (a) Estar firmes (v. 1).
   (b) Sentir lo mismo (v. 2).
   (c) Cooperación con los obreros cristianos (v. 3).
   (d) Regocijarse (v. 4).
   (e) Tolerancia y modestia (v. 5).
   (f) Libertad de la ansiedad (vv. 6,7).
   (g) Tener mente santa (v. 8).
   (h) Cristianismo práctico (v. 9).

2. Gracias a los creyentes por sus presentes (vv. 10-20).

3. Saludos y bendiciones (vv. 21-23).

50
Colosenses

Tema. La ocasión para escribir la Epístola a los Colosenses fue la introducción de enseñanzas erróneas en la iglesia. Tal parece que en medio de ellos había aparecido un maestro que estaba propagando un sistema doctrinal que era una mezcla de legalismo judío y filosofía pagana. Era el elemento pagano del sistema — después del tiempo de Pablo conocido como gnosticismo — lo que constituía el mayor peligro para la fe de la iglesia. Los gnósticos se enorgullecían de poseer una sabiduría mucho más profunda que aquella revelada en las Sagradas Escrituras, una sabiduría que era patrimonio de unos pocos favorecidos. ("Gnósticos" viene del vocablo griego que significa "conocimiento.") Creían que la materia es inherentemente mala, de modo que un Dios santo no podía haberla creado. Los ángeles, decían ellos, eran los creadores de la materia. Un Dios puro no tenía comunicación directa con el pecador, sino que se comunicaba con él mediante una cadena de ángeles intermediarios que formaban, por así decirlo, una escalera desde la tierra al cielo.

El doctor Jowett describe una forma de la creencia de ellos:

> La carne es mala, Dios es esencialmente santo, entre lo malo y lo santo no puede haber comunión. Es imposible — dice la herejía — que lo santo toque lo esencialmente malo. Hay un abismo infinito entre los dos y el uno no puede tocar ni tener intimidad con el otro. La herejía tuvo que idear algunos medios por los cuales se pudiera cruzar ese abismo, y por los cuales el Dios esencialmente santo pudiera venir a tener comunión con el estado esencialmente malo en que moraba el hombre. ¿Qué se podía hacer? Decía que del Dios esencialmente santo emanaba un ser un poco menos santo, y luego del segundo emanaba un tercero menos santo aún, y del tercero un cuarto, y así sucesivamente, con creciente pérdida de santidad, con la divinidad más y más empobrecida, hasta que apareció uno (Jesús) que estaba tan despojado de la divinidad y santidad, tan semejante al hombre que podía tocar al hombre.

Puede verse claramente que esa herejía daba un golpe a la soberanía, deidad y al mesiazgo de Jesucristo, y lo colocaba en la misma categoría de los ángeles mediadores. Pablo se enfrenta a ese error demostrando que Jesucristo, en vez de ser un simple ángel intermediario, es el Creador del universo, el Creador de los mismos ángeles. Exalta al Señor Jesús a su lugar señalado por Dios como la Cabeza del universo, y el único Mediador reconciliando a toda la creación con Dios. Resumiremos el tema de la manera siguiente: La preeminencia de Cristo; Él es primero en la naturaleza, primero en la iglesia, primero en la resurrección, ascensión y glorificación; Él es el único Mediador, Salvador y fuente de vida.

Por qué se escribió. Los colosenses, al enterarse de que habían encarcelado a Pablo, enviaron a Epafras, su servidor, a informar al apóstol respecto al estado de ellos (1:7,8). Por medio de Epafras, Pablo supo que falsos maestros estaban procurando sustituir la fe cristiana por una doctrina que era una mezcla de judaísmo y filosofía pagana. Para combatir ese error, escribió la epístola.

Cuándo se escribió. La Epístola a los Colosenses fue enviada por Tíquico, el mismo mensajero que llevó las de Efesios y Filemón. Fue probablemente escrita para el mismo tiempo.

NOTA. Colosas era una ciudad de Frigia, una provincia de Asia Menor.

Bosquejo

   I. Introducción: Saludos (1:1-12)

   II. Explicación: La verdadera doctrina declarada (1:13 — 2:3)

   III. Refutación:Lafalsadoctrinapuestaaldescubierto(2:4-23)

   IV. Exhortación:Conductasantarequerida(3:1 — 4:6)

   V. Conclusión: Saludos (4:7-18)

I. Introducción: Saludos (1:1-12)

1. El saludo de Pablo (1:1,2).

2. Su gratitud (vv. 3-8). Le da gracias a Dios por el amor y el fruto de la iglesia colosense, que le dio a conocer por medio de Epafras, su servidor y probablemente el fundador de la iglesia.

3. Su oración (vv. 9-12).

II. Explicación: La verdadera doctrina declarada (1:13 — 2:3)

1. La persona y posición de Cristo (1:14-19).

(a) Es nuestro Redentor por causa de su sangre expiatoria (vv. 13,14)

(b) Es la cabeza de la creación natural del universo porque es su Creador (vv. 15-17).

(c) Es la cabeza de la creación espiritual — la Iglesia — porque con su resurrección la trajo a la existencia (v. 18).

(d) Es el preeminente, porque en Él mora la plenitud de los poderes y atributos divinos (v. 19).

2. La obra de Cristo: una obra de reconciliación (12 a 2:3).

(a) La extensión de la reconciliación: todo el universo, tanto material como espiritual (v. 20).

(b) Los beneficiados por la reconciliación: los que una vez eran enemigos de Dios (v. 21).

(c) El propósito de la reconciliación: que los hombres sean presentados santos, sin mancha e irreprensibles ante la vista de Dios (v. 22).

(d) La condición de la plena consumación de la reconciliación: una continuación en la fe (v. 23).

(e) El ministro del mensaje de reconciliación: Pablo (1-24 a 2:3). Por sus sufrimientos esta llenando la medida de los sufrimientos de Cristo. (En un sentido, Cristo todavía sufre a través de los miembros perseguidos de su Iglesia) (véase Hch 9:4). Su ministerio es revelar el gran misterio de los siglos; es decir, que Cristo es en Dios, la esperanza de gloria. Esto explica su interés por los colosenses, aunque nunca los ha visto (2:1-3).

III. Refutación: La falsa doctrina puesta al descubierto (2:4-23)

Pablo exhorta a los colosenses a que no se dejen descarriar por los falsos razonamientos de los filósofos (2:4-7), porque en Cristo tienen la plenitud de la revelación divina (2:3). Les advierte en contra de los siguientes errores:

1. Gnosticismo (vv. 8-10). Los creyentes han de tener cuidado de no ser engañados por los argumentos de la filosofía humana, que son simplemente el "A-B-C" (rudimentos) del conocimiento mundano (v. 8). No tienen necesidad de más perfección del así llamado elevado conocimiento de los gnósticos, porque como cristianos están llenos de la plenitud de Aquel en quien mora toda la plenitud de la divinidad corporalmente, y quién es la cabeza de todos los poderes angélicos.

2. Legalismo (vv. 11-17). En estos versículos Pablo demuestra:

(a) La relación del creyente al rito de la circuncisión (vv. 11,12). Han pasado por una circuncisión espiritual que representa muerte a los pecados del cuerpo, cuya muerte se expresa exteriormente por la ordenanza cristiana del bautismo.

(b) La relación de ellos a la ley moral (vv. 13-15). Muertos en delitos y pecados, estaban condenados por la ley, pero Cristo, por su muerte, pagó la deuda contra ellos (cf. Gá 3:13,14).

(c) La relación de ellos a la ley ceremonial (vv. 15,16). Las fiestas, los días santos y otras observancias ceremoniales judías no eran sino tipos y sombras señalando hacia Cristo. Ahora como Cristo ha venido y cumplido los tipos, estos últimos son innecesarios. Por lo tanto, el cristiano no está obligado a observar ninguna fiesta o día santo judíos.

3. Misticismo falso (vv. 18,19). El misticismo es la enseñanza que afirma que, por comunión directa con Dios, puede adquirirse un conocimiento más profundo de las verdades divinas que las que se obtienen por las Escrituras. Los colosenses no han de ser engañados por los que enseñan que hay que adorar a los ángeles, y que basan su doctrina en revelaciones imaginarias del otro mundo.

4. Ascetismo (vv. 20-23). Doctrina que enseña que la mortificación del cuerpo y la renuncia a las comodidades físicas son necesarias para la santidad. Esas prohibiciones en contra de probar ciertos alimentos y de disfrutar de comodidades físicas, son reglas meramente hechas por el hombre para alcanzar la santidad (vv. 21,22). Estas restricciones, aun cuando ofrezcan una apariencia de humildad y piedad a quienes las practiquen, no pueden en sí mortificar las obras de la carne (v. 23). El cristiano no necesita esas prohibiciones porque ha muerto al pecado y está viviendo una vida nueva con Cristo (v. 20).

IV. Exhortación: Conducta santa requerida (3:1 — 4:6)

1. La unión del creyente con Cristo y su conducta en vista de este hecho (3:1-4).

2. Muerte al "hombre viejo" — Desechando las concupiscencias de la baja naturaleza (vv. 5-9).

3. El revestirse del "hombre nuevo" — El cultivo de las virtudes de la vida nueva en Cristo (vv. 10-17).

4. Exhortaciones a la familia (3:18 a 4:1).

5. Exhortaciones finales (4:2-6).

IV. Conclusión: Saludos (4:7-18)

1. La misión de Tíquico y de Onésimo (vv. 7-9).

2. Saludos de diferentes personas (vv. 10-14).

3. Saludos de Pablo (vv. 15-17).

4. Bendición (v. 18).

51
Primera a los tesalonicenses

Tema. La primera lectura de esta epístola revelará el hecho de que hay un tema que se destaca sobre todos los demás: la segunda venida del Señor. Debe notarse que cada capítulo termina con una referencia a ese acontecimiento. Pablo trata de esa verdad más en su uso práctico que en el doctrinal, aplicándola directamente a la actitud y vida del creyente. Así que podemos resumir el tema de esta epístola de la manera siguiente: La venida del Señor con relación al ánimo, consuelo, vigilancia y santificación del creyente.

Por qué se escribió. Se escribió la epístola con los propósitos siguientes:

1. Para consolar a los creyentes durante la persecución (3:1-5)

2. Para consolarlos con respecto a la partida de algunos de sus seres queridos que habían muerto en la fe (4:13), Los tesalonicenses temían que los que habían partido perdieran el gozo de ser testigos de la venida del Señor.

3. Parece que algunos, en la expectativa de la pronta venida del Señor habían caído en el error de suponer que no era necesario trabajar (4:11,12).

Cuándo se escribió. Escrita desde Corinto poco después de la partida de Pablo de Tesalónica.

Bosquejo

El señor Roberto Lee presenta el bosquejo siguiente:

La venida del Señor es:

I. Una esperanza inspiradora para el recién convertido (1)

II. Una esperanza alentadora para los siervos fieles (2)

III. Una esperanza pur*ificadora* para el creyente (3:1 — 4:12)

IV. Una esperanza consoladora para los afligidos (4:13-18)

V. Una esperanza des*pertadora* para el cristiano que está   durmiendo (5)

Con humildad y cortesía cristiana, Pablo menciona a sus colaboradores, colocándolos al mismo nivel con él (1:1). ¿Por cuáles tres cosas recomienda Pablo a los creyentes? (v. 3; cf. 1 Co 13:13, y hágase un contraste de las primeras palabras de Ap 2:2). ¿Cómo predicó Pablo el evangelio a esos creyentes? (v. 5). ¿De quién se hicieron seguidores? (v. 6, cf. 1 Co 11:1). ¿Cómo recibieron el evangelio? (v. 6, cf. Hch 13:50-52). ¿Cuál era la relación de ellos con las otras iglesias? (v. 7). ¿Cuál era su relación con la evangelización del país que los rodeaba? (v. 8). ¿Qué actitud de ellos con relación al pecado y a Dios hizo que alcanzaran salvación? (v. 9). ¿Cuál era su actitud presente? (v. 10).

¿A qué suceso se refiere Pablo en 2:2? (Hch 16:19-40). ¿Qué se dice respecto a sus motivos en predicar el evangelio? (vv. 3-6). ¿Qué se dice respecto a su actitud hacia esos creyentes? (vv. 7-12). ¿Podía Pablo, como apóstol, haber reclamado sostenimiento económico? (1 Co 9:6,14). ¿Por qué no lo exigió de los tesalonicenses? (2:6,9). ¿Qué testimonio debe tener todo verdadero ministro del evangelio? (v. 10). ¿Cómo recibieron los tesalonicenses el evangelio? (v. 13). ¿Con quién los compara Pablo? (v. 14). ¿Cuál dijo que era el pecado culminante de la nación judía? (v. 16, cf. Mt 23:13). ¿Cuál era el deseo de Pablo cuando estaba en Atenas? (v. 18, cf. Hch 17:15). ¿Qué será una fuente de regocijo en el cielo para el ministro del evangelio? (v. 19).

¿Quién se unió a Pablo en Atenas? (3:1,2; cf. Hch 17:15). ¿Por qué Pablo envió de ahí a Timoteo a los tesalonicenses? (3:2,3). ¿Qué les había dicho que esperasen? (v. 4; cf. Hch 14:22). ¿Qué temía él? (v. 5) ¿Qué nuevas trajo Timoteo a su regreso? (v. 6). ¿Qué era la vida misma para el apóstol? (v. 8). ¿Cuál era su sincero deseo? (v. 10). ¿Su oración? (vv. 11,12) ¿Era esa una oración importante en el versículo 12? (Jn 13-34,35; Ro 13:9; 1 Co 13:13; Gá 5.6). ¿Qué sería la consumación de su amor? (v. 13).

¿En contra de qué pecado común entre los gentiles Pablo les advierte? (4:1-7). ¿Qué dice Pablo acerca de su autoridad? (v. 8; cf. Hch 15:28). ¿Qué verdad debe saber un creyente por naturaleza como hijo de Dios? (v. 9; cf. 1 Jn 3:18). ¿A qué mandamiento se refiere Pablo en el versículo 11? (2 Ts 3:10). ¿Por cuáles dos razones fue dado este mandamiento? (v. 12). ¿Dónde aprendió Pablo las verdades expuestas en los versículos 13-18? (v. 15).

¿Cómo vendrá el día del Señor con relación al incrédulo? (5:1-3). ¿Vendrá como un ladrón en la noche para el creyente? (v. 4). Aun cuando no sepamos el tiempo exacto de la venida del Señor, ¿podremos saber cuándo estará a la puerta? (Mt 24:32). ¿Con qué compara Pablo la condición pecaminosa del mundo? (v. 7). ¿Qué relación tiene el versículo 9 a la enseñanza de que la iglesia pasará por la tribulación? ¿Cuál ha de ser la actitud del creyente hacia sus líderes? (vv. 12,13). ¿Qué exhortación les hace a quienes se inclinen a suprimir las manifestaciones genuinas del Espíritu? (v. 19). ¿Qué advertencia les hace a quienes exalten las manifestación sobre la Palabra de Dios? (v. 20). ¿Cuál ha de ser nuestra actitud hacia los mensajes y profecías en lenguas? (v. 21). ¿Cuál es el plan perfecto de Dios para todo creyente? (v. 23). ¿Cuándo será consumada esa obra? (v. 23; cf. Fil 3:21; 1 Jn 3:2). ¿Qué hace posible el cumplimiento de la oración pronunciada en el versículo 23? (v. 24).

52
Segunda a los tesalonicenses

Tema. La Segunda Epístola a los Tesalonicenses expone la segunda venida del Señor en su relación a los creyentes perseguidos, a los pecadores sin arrepentimiento y a una iglesia apóstata.

¿Por qué se escribió? Se escribió con los siguientes propósitos:

1. Para consolar a los creyentes durante una nueva irrupción de persecuciones (1:4).

2. Para corregir una falsa enseñanza al efecto de que el día del Señor ya había venido (2:1). Las severas persecuciones habían hecho pensar a algunos que la gran tribulación ya había empezado.

3. Para reprender a algunos que estaban andando desordenadamente (3:6).

Cuándo se escribió. Se escribió poco después de la primera epístola de Pablo a la misma iglesia.

Bosquejo

Este se centraliza alrededor de la segunda venida del Señor con relación a:

    I. Los creyentes perseguidos (1:1-7)

    II. Los no arrepentidos (1:8-12)

    III. La apostasía (2:1-12)

    IV. El servicio (2:13 — 3:18)

Pablo comienza la epístola con el saludo acostumbrado (1:1,2). Le da gracias a Dios por el hecho de que los creyentes están creciendo en gracia y amor (v. 3), y los alaba por su paciencia en las persecuciones (v. 4). La paciencia de ellos en estas persecuciones muestra que creen que la justicia de Dios finalmente prevalecerá (v. 5), cuando los impíos sufrirán (v. 6), y a los justos se les dará descanso (v. 7). Esto tendrá lugar después que Cristo se haya llevado a su pueblo (v. 10).

El capítulo 2 es el corazón de la epístola. La frase "día de Cristo" (v. 2) debe leerse "día del Señor". Las palabras "día del Señor" se refieren a ese período de tiempo durante el cual Dios tratará en juicio con Israel y las naciones, el cual será un período de gran tribulación (cf. Jl 1:15; 2:1; 3:14; Is 2:10-22). Parece que algunos falsos maestros habían estado difundiendo la creencia de que el día del Señor ya había venido (2:2). Sostenían esa enseñanza mediante supuestas revelaciones espirituales y por una carta falsificada, supuestamente de Pablo (v. 2). Esa enseñanza causó gran consternación entre los creyentes, que estaban temerosos de haber perdido el arrebatamiento, del cual Pablo había hablado en su primera epístola. Para corregir esta falsa creencia Pablo mencionó los siguientes acontecimientos que deben preceder a la venida del día del Señor:

1. Apostasía de la iglesia profesante (v. 3).

2. El arrebatamiento del pueblo de Dios (v. 7). Eso no está declarado directamente, pero la implicación es muy fuerte. "Hasta que el que ahora impide (es decir, estorba) sea quitado del medio." Aquí se hace referencia a un poder que está impidiendo que el misterio de iniquidad venga a su consumación. La referencia directa es al Espíritu Santo; la referencia indirecta es a la iglesia en la cual mora el Espíritu. Nuestro Señor se refiere a los creyentes como la sal de la tierra, es decir, el elemento que preserva y que impide la corrupción (Mt 5:13). Una vez que sea quitado ese elemento preservativo, la iniquidad y el desorden inundarán al mundo.

3. La revelación del anticristo (vv. 3,4). ¿Cuál es la enseñanza general de las Escrituras respecto a este hombre? (Dn 7:8,11,21,25,27; 8:23; 9:27; Jn 5:43; 1 Jn 4:3; Ap 13:4-8; 19:19).

El capítulo 3 contiene varias exhortaciones que no requieren ninguna explicación especial.

53

Primera a Timoteo

Tema. La Primera Epístola a Timoteo es la primera de las conocidas como epístolas pastorales (las otras dos son Segunda de Timoteo y Tito), así llamadas porque son dirigidas a ministros con el propósito de instruirlos en el gobierno de la iglesia. Se escribió esta epístola para Timoteo, el fiel compañero y discípulo de Pablo. Éste la escribió después de ser puesto en libertad luego de su primer encarcelamiento. Los viajes del apóstol después de ese acontecimiento no pueden trazarse con certeza. Se cree que visitó a España (Ro 15:24). Luego navegó a Mileto y vino a Colosas (Flm 22). De ahí fue a Éfeso, donde dejó a Timoteo encargado de la iglesia, la cual estaba en peligro por falsas doctrinas (1 Ti 1:3). Pasando al norte, Pablo vino a Troas donde se embarcó para Macedonia (1 Ti 1:3). De Macedonia escribió la epístola para instruir a Timoteo en cuanto a sus deberes y también para animarlo, porque el joven era de un carácter sensible y retraído, y por consiguiente inclinado a ceder en afirmar su autoridad. Resumiremos el tema de la manera siguiente: Las cualidades y los deberes del ministro cristiano, y su relación con la iglesia, el hogar y el mundo.

Por qué se escribió. A fin de instruir a Timoteo en los deberes de su cargo, para animarlo y para advertirle en contra de los falsos maestros.

Cuándo se escribió. Probablemente en Macedonia durante el intervalo entre los dos encarcelamientos de Pablo.

Bosquejo

I. Sana doctrina (1)

II. Oración pública (2)

III. Cualidades ministeriales (3:1-13)

IV. Falsa doctrina (3:14 — 4:11)

V. Instrucciones pastorales (4:12 — 6:2)

VI. Exhortaciones finales (6:3-21)

I. Sana doctrina (1)

1. Saludo (1:1,2).

2. La obra especial de Timoteo en Éfeso (vv. 3-11). Debía contender por la sana doctrina. La iglesia estaba amenazada por los siguientes errores:

(a) Gnosticismo (v. 4). Las teorías e interminables genealogías del gnosticismo (genealogías de los poderes celestiales y de ángeles intermediarios) simplemente conducían a vanas especulaciones.

(b) Legalismo (vv. 5-11). El objetivo del encargo de Pablo ("el fin del mandamiento") es enseñar el amor nacido de una conciencia buena y de fe no fingida (v. 5). Pero algunos se han extraviado del principio del amor como poder dominante en la vida del creyente. Han estado enseñando la justificación por la ley, aunque no tienen cualidades como maestros (vv. 6,7). Pasan por alto el hecho de que la ley no era para aquellos en cuyo corazón está escrita, sino que su propósito era despertar la conciencia de los pecadores (vv. 8-11).

3. El testimonio de Pablo (vv. 12-17). El principal de los pecadores ha llegado a ser el principal de los santos; el blasfemo ha llegado a ser el predicador; el destructor de la iglesia ha llegado a ser su constructor. A él, el mayor de los pecadores, se le mostró misericordia a fin de que pudiera ser un ejemplo vivo de la misericordia de Dios.

4. El encargo a Timoteo (vv. 18-20). La exhortación del versículo 5 se repite, reforzada por dos hechos:

(a) El recuerdo de las profecías que habían sido pronunciadas en su ordenación (v. 18).

(b) La advertencia tomada del naufragio doctrinal de los maestros a quienes Pablo había excomulgado (vv. 19,20).

II. Oración pública (2)

1. Por quien orar. Los cristianos han de orar por todos los hombres, sobre todo por los reyes y los que tienen autoridad (vv. 1-7).

2. La actitud de los hombres y mujeres en la oración pública (vv. 8-15).

(a) Los hombres han de orar levantando manos limpias de pecado, y teniendo el corazón libre de murmuraciones secretas e incredulidad (v. 8).

(b) Las mujeres se han de vestir modestamente, adornándose con buenas obras en lugar de trajes ostentosos (vv. 8-10). Las mujeres han de observar el orden instituido por Dios de los sexos; es decir, que el hombre es la cabeza de la mujer, y el que ejerce autoridad en el hogar y en la iglesia (vv. 11-14). Hablando en general, la esfera de actividad de la mujer está más bien en el hogar y no en el ministerio (v. 15). Notemos que para poder tener una interpretación bien equilibrada del versículo 12 es necesario tener en mente los dos hechos siguientes: (1) El énfasis en el versículo 12 parece estar en la usurpación de autoridad por parte de la mujer sobre el hombre; es decir, tomar para sí una autoridad que Dios no le ha dado. (2) Pablo está hablando en términos generales y particularmente de las mujeres casadas. Otros versículos de la Escritura demuestran claramente que Dios, en casos particulares concede un ministerio a la mujer (Éx 15:20,21; Jue 4:4; 2 R 22:14; Jl 2:28; Hch 21:8,9; Ro 16:1; 1 Co 11:5; Fil 4:3).

III. Cualidades ministeriales (3:1-13)

1. Las cualidades necesarias para los obispos (vv. 1-7). Las iglesias locales del tiempo de Pablo, en vez de ser gobernadas por un pastor, eran gobernadas por un grupo de ancianos u obispos (supervisores) (Hch 20:28; Tit 1:5,6,7; 1 P 5:1-3; Fil 1:1). Es evidente que ese era el mejor arreglo para aquella época. Más tarde, uno de los ancianos era nombrado a un lugar de dirección sobre los demás, y finalmente, cada iglesia local vino a ser gobernada por un anciano o director, en cooperación con los diáconos. Este cambio era perfectamente permisible porque el Nuevo Testamento no da un sistema de gobierno firme y preciso para la iglesia. Expone principios fundamentales, y luego permite a cada iglesia organizarse de acuerdo con las necesidades de la época y del país particular.

2. Las cualidades necesarias para los diáconos (vv. 8-13). Los diáconos eran aquellos a quienes se les confiaban los asuntos temporales de la iglesia, tales como administrar los fondos.

IV. Falsa doctrina (3:14 — 4:11)

1. Se menciona el propósito de las instrucciones de Pablo en los versículos que forman la clave de la epístola (vv. 14,15). Es que Timoteo sepa cómo obrar en todas las cuestiones pertenecientes a la casa de Dios, que es la Iglesia del Dios viviente y depositaria de la verdad.

2. El misterio de la piedad (v. 16). El fundamento de esta verdad de la cual la iglesia es guardián, es el misterio de la piedad, cuyo misterio comprende los siguientes fundamentos del evangelio:

(a) La encarnación de Cristo: "Dios fue manifestado en la carne."

(b) La resurrección de Cristo: "justificado en el Espíritu"

(cf. Ro 1:4). Al crucificar a Cristo, el mundo lo declaró injusto; Dios, levantándolo de los muertos lo declaró justo (lo justificó).

(c) La manifestación de Cristo: "visto por los ángeles." (1 Co 15:54).

(d) La proclamación de Cristo: "predicado a los gentiles."

(e) La aceptación de Cristo: "creado en el mundo."

(f) La exaltación de Cristo: "recibido en gloria."

3. En contraste al misterio de la piedad, Pablo menciona el misterio de la impiedad (4:1-5). En los últimos días habrá una apostasía de la fe (v. 1). En los días de Pablo esa apostasía estaba representada por la herejía gnóstica.

> El error especial atacado aquí es la herejía gnóstica; y en las epístolas pastorales son apreciadas siete características de esta falsa doctrina: la pretensión de un conocimiento, esclarecimiento e iluminación superiores; una religión espuria con especulaciones inútiles y vacías; un verdadero desorden, cauterizando la conciencia con un hierro candente; una interpretación alegórica de las Escrituras, eliminando la resurrección, etc.; una forma vacía de piedad en la que las palabras tomaban el lugar de las obras; una contemporización entre Dios y Mammón, reduciendo la piedad a una cuestión de ganancia mundanal; una pretensión de santidad superior, que permitía aun los pecados flagrantes haciendo profesión de un motivo puro.

4. La actitud de Timoteo hacia las enseñanzas erróneas (vv. 6-11). Debe evitar esas teorías religiosas y especulativas que enseñan un ascetismo sin provecho. El ejercicio corporal (en un sentido religioso) como el ayuno y la abstinencia de ciertos alimentos, tiene un valor temporal limitado; pero la piedad es provechosa para todo, tanto para esta vida presente como para la venidera (vv. 7-11).

V. Instrucciones pastorales (4:12 — 6:2)

1. Instrucciones relacionadas con Timoteo mismo (4:12-16).

2. Instrucciones con relación a diferentes clases en la iglesia:

(a) Hombres mayores y jóvenes; mujeres mayores y jóvenes (5:1,2).

(b) Viudas (vv. 3-17). Era la costumbre de la Iglesia primitiva sostener a las viudas destituidas (Hch 6:1). A Timoteo se le instruye que se ocupe del sostenimiento económico de esas viudas que tienen necesidad y que tienen carácter intachable (vv. 3-8). Muchos comentaristas creen que otra clase de viudas se menciona en los versículos 9 y 10; es decir, las que servían en la iglesia como diaconisas y que se comprometían a dedicarse a diferentes formas de servicio de caridad. No debían admitirse a las viudas jóvenes porque en muchos casos quebrantaban su acuerdo con la iglesia y se casaban (vv. 11-16).

(c) Ancianos (vv. 17-25). Los ancianos que gobernaran bien y que enseñaran debían recibir remuneración generosa (vv. 17,18). Cualquiera acusación contra ellos que no fuera respaldada por dos o más testigos había de ser ignorada (v. 19). Cuando sea probado que un anciano sea culpable de grande pecado, ha de ser reprendido públicamente (v. 20). Timoteo no ha de ordenar a los ancianos de una manera apresurada (v. 22). Imponer las manos sobre un hombre es identificarse con su pecado. Timoteo ha de tener precaución al imponer las manos u ordenar a los ancianos, porque aun cuando los pecados y faltas de algunos hombres son evidentes, en otros no vienen a la luz inmediatamente (vv. 24,25).

(d) Siervos (6:1,2). Los siervos han de desempeñar servicio honrado a los amos creyentes e incrédulos.

VI. Exhortaciones finales (6:3-21)

A Timoteo se le exhorta a:

1. Separarse de los falsos maestros que enseñaban lo contrario a la doctrina de Pablo, y que suponen que la religión es con el propósito de ganancia material (v. 3-10).

2. Huir del amor al dinero y seguir las verdaderas riquezas que consisten en virtudes cristianas (v. 11).

3. Pelear en la lucha gloriosa por la fe y a echar mano del premio de la vida eterna (v. 12).

4. Guardar la encomienda que Pablo le ha dejado sin mácula ni reprensión (vv. 13-16).

5. Pedirles a los ricos a que no confíen en su riqueza, sino en Dios que es el dueño de todas las cosas; y a usar su dinero aquí de tal modo que produzca interés para toda la eternidad (vv. 17-19).

6. Guardar la sagrada encomienda evitando las teorías filosóficas del gnosticismo (vv. 20,21).

54

Segunda a Timoteo

Tema. Después que Pablo hubo dejado a Tito en Creta, navegó al norte, procurando ir a Nicópolis por el camino de Troas y Macedonia (Tit 3:12). Trófimo, su compañero de viaje, se enfermó en el viaje y se quedó en Mileto (2 Ti 4:20). Navegando a Troas el apóstol permaneció en la casa de uno llamado Carpo. Para ese tiempo se levantó la persecución en contra de los cristianos, instigada por el emperador Nerón, quien los acusó de incendiar a Roma. Pablo, el líder reconocido de los cristianos, fue arrestado, probablemente en Troas, y su arresto debe de haber sido tan repentino, que algunas de sus pertenencias se quedaron atrás (2 Ti 4:13).

Al llegar a Roma, se puso al apóstol bajo fuerte custodia. Sabiendo que su martirio se acercaba, escribió ésta, su última carta Timoteo, rogándole a éste que lo visitara. Pablo necesitaba mucho a su hijo en la fe, porque los de Asia, que lo debieron haber sostenido, lo habían abandonado; por causa de la reciente persecución, la mayoría de los cristianos temían mostrarle amistad.

Conociendo el temperamento tímido de Timoteo, que podía hacerlo rechazar el riesgo de la persecución que le pudiera acarrear una visita a la capital, Pablo lo exhorta a que no tema la persecución, ni que se avergüence de él, el apóstol, sino que sea valiente en su testimonio y que sufra trabajos como fiel soldado de Jesucristo, También le aconseja en cuanto a su actitud hacia los falsos maestros y sus doctrinas. Se ha sugerido el siguiente tema para esta epístola: Lealtad al Señor y a la verdad en vista de la persecución y apostasía.

Por qué se escribió. Se escribió la epístola por las razones siguientes: para pedir la presencia de Timoteo en Roma; para advertirle acerca de los falsos maestros; para animarlo en sus deberes; para fortalecerlo en vista de las persecuciones venideras.

Cuándo se escribió. Poco antes del martirio de Pablo en Roma.

Bosquejo

I. Introducción (1:1-5)

II. Exhortaciones en vista de los sufrimientos y persecuciones venideras (1:6 — 2:13)

III. Exhortaciones en vista de la apostasía actual (2:14-26)

IV. Exhortaciones en vista de la apostasía futura (3:1 — 4:8)

V. Conclusión (4:9-22)

I. Introducción (1:1-5)

Lo siguiente es el contenido de la introducción:

1. El llamamiento de Pablo: un apóstol nombrado por la voluntad de Dios para proclamar la promesa de vida en Cristo (v. 1).

2. El saludo de Pablo a Timoteo (v. 2).

3. Las oraciones incesantes de Pablo por él (v. 3)

4. El deseo de Pablo de volver a verlo, recordando las lágrimas de Timoteo en su última partida (v. 4).

5. Los recuerdos de Pablo: la fe no fingida de Timoteo, una fe que moró primero en el corazón de su madre y de su abuela (v. 5).

II. Exhortaciones en vista de los sufrimientos y persecuciones venideras (1:6 — 2:13)

Pablo exhorta a Timoteo:

1. A despertar — encender en una llama viva — el don de Dios que le fue dado en su ordenación y a desechar el espíritu de cobardía como inconsecuente con el espíritu de ese don (vv. 6,7).

2. A ser valiente frente a la persecución (vv. 9-11).

3. A retener lo que se le ha encomendado por el poder del espíritu que moraba en él (vv. 13,14).

4. A reconocer la actitud que los creyentes están tomando hacia el apóstol.

(a) Algunos como los de Asia, lo estaban abandonando (v. 15).

(b) Otros como Onesíforo lo estaban sosteniendo (vv. 1-18).

5. A ser fuerte en el poder de la gracia de Dios (2:1).

6. A encargar a otros las instrucciones que él había recibido de Pablo (2:2).

7. A estar preparado para esforzarse:

(a) como un soldado, rindiendo servicio de todo corazón (vv. 3,4)

(b) como un atleta, observando las reglas del juego (v. 5)

(c) como un agricultor, recibiendo la recompensa de la paciente labor (vv. 6,7)

8. A recordar dos cosas:

(a) el evangelio del Cristo resucitado que capacita a Pablo a sufrir trabajos por causa de los escogidos (vv. 8-10)

(b) la palabra fiel: sufrir con Cristo es reinar con Él; negarlo es sufrir pérdida (vv. 11-13).

III. Exhortaciones en vista de la apostasía actual (2:14-26)

A Timoteo se le exhorta a:

- instar a los cristianos a evitar las discusiones vanas (2:14)
- ser un verdadero maestro de la Palabra de Dios, evitando la palabrería vana e irreverente de lo falsos maestros (vv. 15-21)
- huir, no sólo de la mala doctrina, sino también de la vida mala; a seguir, no sólo la verdadera doctrina, sino también la vida verdadera (v. 22)
- evitar las especulaciones vanas y superficiales que causan contenciones, y que estorban la obra del predicador (vv. 24-26)

IV. Exhortaciones en vista de la apostasía futura (3:1 — 4:8)

Se le exhorta a Timoteo:

1. A evitar los falsos maestros, porque:

(a) En el futuro surgirá una vacía profesión de religión, combinando una ausencia completa de poder con una norma baja de moralidad (3:1-5).

(b) Los ministros de esta religión se caracterizarán por su falta de principio y su oposición a la verdad (vv. 6-9).

2. A permanecer fiel a sus convicciones, recordando:

(a) La lección que el sufrimiento es la porción del cristiano en este mundo, como se ilustra por el ejemplo de Pablo (vv. 11-13)

(b) Las lecciones aprendidas de la vida santa de Pablo (vv. 10,14)

(c) Las lecciones que ha aprendido de las santas Escrituras (vv. 16,17).

3. A cumplir su deber completo como un evangelista, predicando la Palabra con incansable paciencia, adaptando su enseñanza a toda capacidad, predicando, rogando y reprobando, aunque las oportunidades parezcan favorables o desfavorables (4:1,2). Ha de hacer esto por dos motivos:

(a) En el futuro la gente se impacientará con la sana enseñanza y la rechazará (vv. 3,4).

(b) El ministerio de Pablo está para terminar; está confiando en que Timoteo continúe su obra hasta donde pueda hacerlo (vv. 5,6).

V. Conclusión (4:9-22)

1. Una petición urgente (4:9,10). Como un mensaje de un padre anciano y moribundo a su único hijo, viene la petición de Pablo a Timoteo: "Procura venir presto a mí" (v. 9). El apóstol está solo. Demas lo ha abandonado; los demás están ausentes en diferentes misiones. Sólo Lucas está con él.

2. Instrucciones especiales (4:11-13).

(a) Timoteo ha de traer a Marcos, que había comprobado ser digno de la confianza del apóstol (v. 11).

(b) Timoteo había de traer su capa, los libros y pergaminos (v. 13). El apóstol debe de haber estado en una celda sin fuego durante el invierno.

Se vivifica lo patético de la actitud de Pablo al citar una carta de Guillermo Tyndale (traductor inglés de las Escrituras que fue martirizado en el siglo XVI). Mientras estaba en la cárcel por la causa de Cristo, escribió desde las celdas húmedas de Vivorde: "Le suplico a su señoría que, si por el Señor Jesús he de permanecer aquí durante el invierno, le ruegue al administrador sea tan amable de enviarme, de las cosas mías que él tiene, una gorra más caliente. Siento el frío muy fuertemente en la cabeza. También una capa más caliente, porque la que tengo es muy delgada. También algo de tela para remendar mis polainas. Mi sobretodo está todo gastado, mis camisas también están acabadas. Él tiene una camisa mía de lana. Me gustaría que me la enviara. Pero más que todo imploro su bondad para que haga lo que pueda a fin de que el administrador sea tan generoso que me envíe mi Biblia hebrea, y mis libros de gramática y vocabulario a fin de emplear mi tiempo en su lectura.[1]

3. Un opositor amargado (vv. 14,15). A Timoteo se le advierte en contra de Alejandro, tal vez uno que había testificado en contra de Pablo en el tribunal.

4. El juicio de Pablo y la primera defensa (vv. 16,17). El segundo encarcelamiento de Pablo fue más riguroso que el primero. Durante el primer encarcelamiento tenía su propia casa alquilada; durante el segundo, estaba muy bien custodiado. Durante el primero estaba ro-

---

1 Percy C. Parker.

deado por sus amigos; durante el segundo, estaba casi solo. Durante el primero, esperaba que lo soltaran pronto; en el segundo, estaba esperando la muerte. Evidentemente fue acusado de un grave delito, probablemente el de ser uno de los principales instigadores del incendio de Roma.

Esta alteración en el trato de Pablo corresponde exactamente con el que la historia de los tiempos nos había de conducir a esperar. Hemos llegado a la conclusión de que su liberación tuvo lugar temprano en el año 63 d.C., así que estaba muy distante de Roma cuando la primera persecución imperial en contra del cristianismo estalló, en consecuencia del gran incendio en el año siguiente. Cuando la alarma y la indignación del pueblo se agitaron por la tremenda ruina del incendio que destruyó casi la mitad de la ciudad, esto respondió al propósito de Nerón (quien fue acusado de haber causado el incendio) para desviar la ira del populacho de sí mismo y guiarla hacia los ya odiados partidarios de una nueva religión. Tácito, un historiador romano, describe el éxito de este recurso y relata los sufrimientos de los mártires cristianos, quienes fueron muertos en circunstancias de la más agravante crueldad. Algunos fueron crucificados y otros disfrazados con pieles de bestias y perseguidos con perros hasta la muerte; algunos fueron envueltos impregnados de materias inflamables e incendiados por la noche a fin de que sirvieran para iluminar el circo del Vaticano y los jardines de Nerón, donde ese diabólico monstruo exhibía las agonías de sus víctimas al público, y él mismo se deleitaba revolviéndose entre los espectadores en traje de carretero. Tan brutalizados como estaban los romanos por el espectáculo de combates humanos en el anfiteatro y endurecidos por el prejuicio popular en contra de la secta "ateísta", las torturas de las víctimas les provocaba compasión. "Una multitud muy grande — informa Tácito — pereció de esa manera." Por su declaración, parece que el simple hecho de profesar el cristianismo era suficiente para justificar su ejecución, ya que a todo el cuerpo de creyentes se le consideraba implicado en el delito de incendiar la ciudad. Eso fue durante el primer frenesí que siguió al incendio; y aun entonces. Sólo algunos de los que perecieron eran ciudadanos romanos. Desde ese tiempo, han pasado muchos años, y ahora se le otorgaría un decente respeto a las formas de la ley en tratar con uno, que, como Pablo, poseía el privilegio de ciudadanía. Sin embargo, podemos comprender que un jefe de una secta tan odiada sería sometido a severo castigo.

Tenemos un relato de la primera audiencia de la causa de Pablo de su propia pluma. "En mi primera defensa ninguno me ayudó, antes me desampararon todos: no les sea imputado. Mas el Señor me ayudó, y me esforzó para que por mí fuese cumplida la predicación, y todos los gentiles oyesen; y fuí librado de la boca del león." Vemos por esta declaración que era peligroso hasta aparecer en público como el amigo o consejero del apóstol. Ningún abogado se aventuraría a abogar por su causa, ningún "procurador" a ayudarle a arreglar la evidencia, ningún "patrono" para que apareciera como su defensor y para desaprobar, según se acostumbraba hacer antiguamente, la sentencia. Pero tenía un Intercesor más poderoso y un Abogado más sabio, que nunca lo abandonaría. El Señor Jesús siempre estaba cerca de él, pero ahora se sentía visiblemente presente en la hora de necesidad . . . De la descripción antes mencionada podemos comprender hasta cierto punto las características externas de su juicio. Evidentemente insinúa que habló ante un auditorio grande, para que todos los gentiles pudieran oír; y esto corresponde a la suposición que de acuerdo con la historia somos guiados a hacer, que él fue juzgado en una de esas grandes basílicas que estaban en el foro...

Las basílicas eran edificios rectangulares de gran tamaño, de manera que una vasta multitud de espectadores estaba siempre presente en cualquier juicio que motivara el interés público. Ante un auditorio semejante fue donde se llamó a Pablo a hablar en su defensa. Sus amigos terrenales lo habían abandonado, pero su Amigo celestial estuvo a su lado. Fue fortalecido por el poder del Espíritu de Cristo, y no sólo abogó su propia causa, sino la del evangelio. Al mismo tiempo se defendió con éxito en contra de la primera de las acusaciones que presentaron en su contra, que tal vez lo acusaba de conspirar con los incendiarios de Roma. Fue librado del peligro inmediato, y salvado de una muerte ignominiosa y dolorosa que habría sido su suerte si hubiera sido condenado por una acusación semejante.[1]

5. Saludos y bendición (4:19,20).

NOTA: La tradición dice que Pablo fue decapitado en Roma.

---

1 Conybeare y Howson, *Vida y Epístolas de San Pablo.*

55

Tito

Tema. La Epístola a Tito sigue a la Primera Epístola a Timoteo en orden de composición. Después de escribir la epístola últimamente mencionada, Pablo navegó con Tito a Creta donde lo dejó para que pusiera en orden a las iglesias desorganizadas. Tito, pagano de nacimiento (Gá 2:3), era probablemente uno de los convertidos de Pablo (Tit 1:4). Estuvo presente con el apóstol en el concilio de Jerusalén (Hch 15). A pesar de la insistencia de los judaizantes, Pablo se negó a circuncidarlo (Gá 2:3). El apóstol tenía gran confianza en él y le confiaba misiones importantes (2 Co 7:6,7,13-16; 2 Co 8:16-24). Sabiendo que el carácter indigno y vicioso de los cretenses y la presencia de falsos maestros haría que su tarea fuera difícil, Pablo escribió a Tito una carta para instruirlo y animarlo en sus deberes. La epístola es corta, con sólo tres capítulos; pero condensa en su corta extensión una gran cantidad de instrucción abarcando doctrina, moral y disciplina. Martín Lutero dijo de ella: "Esta es una epístola corta, pero una quintaesencia de doctrina cristiana, y compuesta de tal manera, que contiene todo lo necesario para el conocimiento y la vida cristiana." Resumiremos su tema de la manera siguiente: La organización de una verdadera iglesia de Cristo; y una apelación a la iglesia a ser fiel a Cristo.

Cuándo se escribió. Poco después de Primera de Timoteo, probablemente de algún punto en Asia Menor.

Por qué se escribió. Para instruir a Tito en la organización de la iglesia cretense y para instruirlo es el método de tratar con la gente.

Bosquejo

    I. El orden y la doctrina de la iglesia (1)

   II. La conducta de la iglesia (2 y 3)

I. El orden y la doctrina de la iglesia (1)

1. Introducción: el saludo de Pablo a Tito (vv. 14).

2. La misión especial de Tito en Creta: poner en orden la iglesia desorganizada (v. 5).

3. Las cualidades para los ancianos (vv. 69).

4. La razón para ejercitar gran cuidado en escoger ancianos: la presencia de maestros falsos (vv. 10-16). Respecto a estos maestros, notemos:

(a) Su carácter: insubordinado y engañoso y dado a la charlatanería (v. 10).

(b) Sus motivos: ganancia material (v. 11).

(c) Sus enseñanzas: tradiciones judías y leyendas (v. 14); por ejemplo, mandamientos respecto a la abstención de ciertas viandas (v. 15; cf. Mr 7:1-23; Ro 14:14).

(d) Sus pretensiones: profesan ser verdaderos maestros del evangelio, pero sus vidas pecadoras desmienten su profesión (v. 16).

Nótese que Pablo al exponer el carácter de los cretenses (vv. 12,13), cita a un poeta cretense, Epiménides (600 a.C.). Los escritores antiguos hablan del amor a la ganancia por parte de los cretenses, de la ferocidad, del fraude, la falsedad y la depravación general de ellos. "Cretanizar" era sinónimo de "mentir", como "corintianizar" lo era de corromper.

II. La conducta de la iglesia (2 y 3)

1. La conducta del creyente con relación de uno para con el otro (2:1-15).

2. La conducta del creyente con relación al mundo exterior (3:1-8).

3. Qué ha de evitar: discusiones respecto a genealogías celestiales y puntos minuciosos de la ley de Moisés (v. 9).

4. A quiénes ha de evitar: los herejes (vv. 10,11). Un hereje es una persona que causa una división en la iglesia enseñando una doctrina no bíblica. En los días de Pablo, la moral pervertida era a menudo la compañera de la doctrina pervertida.

5. Instrucciones finales (vv. 12-15).

56

Filemón

Tema. La Epístola a Filemón es la única muestra de la correspondencia privada de Pablo que se ha preservado. Por la vislumbre que presenta de cortesía, prudencia y destreza del apóstol, se ha conocido como "la epístola de la cortesía". No contiene ninguna enseñanza respecto a la doctrina cristiana o a la conducta cristiana. Su valor principal está en el cuadro que presenta de la obra práctica exterior de la doctrina cristiana en la vida diaria, y de la relación del cristianismo a los problemas sociales.

Reuniremos nuestro tema de la historia relatada por la epístola, una historia que tiene su centro alrededor de un esclavo fugitivo llamado Onésimo. Éste era más afortunado que algunos de sus compañeros esclavos en que tenía por amo a un cristiano, a Filemón, un convertido de Pablo. Por razones no mencionadas, Onésimo huyó de su amo, y al hacerlo probablemente se llevó consigo alguna de la propiedad de su amo. Se fue a Roma, donde se convirtió bajo la predicación de Pablo. En él encontró el apóstol un creyente sincero y un amigo fiel.

Onésimo había llegado a ser tan querido para Pablo que con gusto éste último lo hubiera retenido para que le sirviera en su cautiverio. Pero el apóstol tuvo que hacer un sacrificio. Aunque Onésimo se había arrepentido de su pecado, había un llamamiento hacia la restitución que podía hacerse sólo por el regreso del siervo sometiéndose a su amo. El cumplimiento del deber implicaba un sacrificio no sólo para Pablo, sino que exigía uno mayor por parte de Onésimo, que al volver a su amo estaba expuesto a un castigo severo. La crucifixión era la pena que por lo general se imponía a los esclavos que huían.

El sentido de justicia requería que Pablo devolviera al siervo; pero el constreñimiento del amor lo hizo interceder por él y salvarle del castigo. Tomando su pluma escribió una carta cortés y acertada de súplica afectuosa y vehemente, identificándose con Onésimo.

Después de saludar a Filemón y a su familia (vv. 1-3), Pablo lo elogia por su amor, fe y hospitalidad (vv. 4-7). El apóstol tiene una súplica que hacer. Como Pablo, el apóstol, podría ordenar; pero como Pablo el anciano, el prisionero del Señor más bien prefiere rogar a Filemón (vv. 8,9). Su petición es que éste reciba de nuevo a Onésimo, uno que en un tiempo fue inútil, pero que ahora ha llegado a ser útil: Onésimo, el propio hijo en la fe de Pablo (vv. 10-12). Apreciaba tanto al esclavo que lo hubiera retenido como su siervo, pero sin el consentimiento de Filemón, no actuaría (vv. 13,14). Tal vez fuera la providencia de Dios que Onésimo hubiera partido, para que pudiera volver a estar para siempre con su amo, no como siervo, sino como hermano (vv. 15,16). Pablo se identifica con Onésimo; si éste debe algo, el apóstol lo pagará. Pero Filemón debe recordar que él está en deuda con Pablo en un sentido, por su salvación (v. 19). Es la confianza de Pablo, que Filemón obedecerá y aún hará más de lo que se le pide (v. 21). La epístola concluye con los saludos acostumbrados (vv. 22-25).

De los versículos 16 al 21 podemos inferir confiadamente que a Onésimo se le dio su libertad. Así que por la regeneración del individuo y por la unión del amo y siervo en Cristo, fue resuelto el problema de la esclavitud; cuando menos en una familia. Resumiremos el tema de la epístola de la manera siguiente:

El poder del evangelio en la solución de los problemas sociales.

Cuándo se escribió. Fue enviada con Tíquico con las cartas a los colosenses y efesios.

Bosquejo

I. Introducción: Saludos (vv. 1-3)

II. Elogio de Filemón (vv. 4-7)

III. Intercesión por Onésimo (vv. 8-21)

IV. Conclusión: Saludos (vv. 22-25)

VALORES DE LA EPÍSTOLA

1. Valor personal. Radica en que presenta una vista interior del carácter de Pablo, revelando su amor, humildad, cortesía, generosidad y tacto.

2. Valor providencial. Aprendemos que Dios puede estar aún en las circunstancias más enojosas (v. 15).

3. Valor práctico. Nos anima a buscar y redimir a lo más bajo y degradado. Onésimo no tenía nada que lo recomendara, porque era un esclavo fugitivo, y peor aún, un esclavo de Frigia, una región no-

toria por el vicio y la insensatez de sus habitantes. Pero Pablo lo ganó para Cristo.

4. Valor social. La epístola presenta la relación del cristianismo con la esclavitud. Durante el tiempo de Pablo había alrededor de seis millones de esclavos en el imperio romano. La suerte de ellos, por lo general, era desdichada. Considerados propiedad de sus amos, estaban por completo a merced de ellos. No tenían derechos ante la ley. Por la ofensa más ínfima podían ser azotados, mutilados, crucificados o tirados a las bestias feroces. No se les permitía matrimonios permanentes, sino sólo unión temporal, la cual podía deshacerse según la voluntad del amo. Tal vez se preguntará: ¿Por qué el cristianismo no procuró derribar este sistema? Porque al hacerlo así se hubiera requerido una tremenda revolución; y la religión de Cristo reforma por amor, y no por fuerza. Enseña principios que minan y derrocan los malos sistemas. Este método de reforma está bien ilustrado en el caso de Filemón y Onésimo. Amo y siervo fueron unidos en el Espíritu de Cristo y en esa unión fueron extinguidas todas las diferencias sociales (Gá 3:28). Aun cuando Pablo no dio un mandamiento directo a Filemón de que libertara a Onésimo, las palabras en los versículos 16 y 21 pueden implicar que ése era el deseo del apóstol.

5. Valor espiritual. Nos proporciona algunos tipos sobresalientes de nuestra salvación. Los incidentes siguientes sugerirán tipos: Onésimo abandonando a su amo; Pablo encontrándolo; Pablo intercediendo por él; su identificación con el esclavo; su oferta de pagar la deuda; Filemón recibe a Onésimo por causa de Pablo; la restauración del esclavo al favor de su amo.

57
Hebreos

Tema. Se escribió, como lo sugiere su nombre, particularmente a los judíos creyentes, aunque tiene un valor e interés permanente para todos los creyentes en todas las épocas. La lectura de la epístola revelará el hecho de que el cuerpo de hebreos cristianos a que se refiere estaba en peligro de descarriarse de la fe. Comparados con la nación en conjunto, ellos eran una pequeña compañía de poca importancia, considerados como traidores por sus compatriotas y eran el blanco de su sospecha y odio. Sentían su aislamiento, apartados como estaban de la nación. Los amenazaba una grande persecución. Oprimidos por las pruebas presentes y por el pensamiento de adversidad futura, habían cedido al desaliento. Se estaban retardando en su progreso espiritual (5:14); muchos estaban descuidando la asistencia a los cultos (10:24,25). Muchos, cansados de andar por fe, estaban mirando hacia el magnífico templo de Jerusalén con sus sacrificios y su ritual imponente. La tentación era abandonar el cristianismo y volverse al judaísmo.

A fin de impedir esa apostasía, se escribió esta epístola, cuyo propósito principal es mostrar la relación del sistema mosaico con el cristianismo, y el carácter simbólico y transitorio del primero. Ante todo, el escritor expone la superioridad de Jesucristo sobre todos los mediadores del Antiguo Testamento; luego señala la superioridad del nuevo pacto sobre el antiguo, como la superioridad de la sustancia a la figura, del antitipo al tipo, de la realidad al símbolo.

Esos creyentes estaban perplejos y desanimados por las múltiples tentaciones, y por el hecho de tener que andar en medio de la adversidad por la fe en la desnuda Palabra de Dios, sin ningún sostenimiento o consuelo visible. El escritor de la epístola les prueba que los personajes dignos del Antiguo Testamento pasaron por experiencias similares, andando por fe, confiando en la Palabra de Dios a pesar de todas las circunstancias adversas y aun frente a la muerte (cp. 11). Así que, como sus antepasados, los creyentes debían "esforzarse como viendo al Invisible". Puede resumirse el tema de la manera siguiente: La religión de Jesucristo es superior al judaísmo porque tiene un pacto mejor, un sumo sacerdote mejor, un sacrificio y un tabernáculo mejores.

Autor. No hay otro libro del Nuevo Testamento cuyo autor sea más discutido, ni ninguno del cual la inspiración sea más indiscutible. El libro es anónimo. Por causa de la diferencia en estilo de los otros escritos de Pablo, muchos eruditos ortodoxos niegan que él lo haya escrito. En el siglo tercero Tertuliano declaró que su autor fue Bernabé. Lutero sugirió que lo escribió Apolos.

> Finalmente podemos observar, que no obstante las dudas que hemos registrado, no debemos tener escrúpulos al hablar de esta porción de las Escrituras como "la Epístola de Pablo el Apóstol a los Hebreos" . . . Ya sea que fuera escrita por Bernabé, por Lucas, por Clemente o por Apolos, representa las ideas y está impregnada de la influencia del gran apóstol, cuyos discípulos, bien pueden llamarse los principales de estos hombres apostólicos. Por medio de los escritos de éstos, no menos que por los suyos, él estando muerto, aún habla.[1]

Por qué se escribió. Para evitar la apostasía de los judíos cristianos que estaban tentados a volver al judaísmo.

Dónde se escribió. Evidentemente en Italia (13:24).

Bosquejo

    I. Superioridad de Jesús a los mediadores y líderes del   antiguo pacto (1:1 — 8:6)

   II. Superioridad del nuevo pacto sobre el antiguo (8:7 — 10:18)

  III. Exhortaciones y advertencias (10:19 — 13:25)

I. Superioridad de Jesús a los mediadores y líderes del antiguo pacto (1:1 — 8:6)

1. Jesús es superior a los profetas porque:

(a) En tiempos pasados las revelaciones de Dios a los profetas eran parciales, y eran dadas en diferentes tiempos y de diversas maneras (v. 1).

(b) Pero en esta dispensación Dios ha dado una revelación perfecta por medio de su Hijo (vv. 2,3).

---

1 Conybeare y Howson, *Vida y Epístolas de San Pablo.*

2. Jesús es superior a los ángeles (1:4-14) por las siguientes razones:

(a) Ningún ángel individual fue jamás llamado.

(b) Pero en esa dispensación Dios ha dado una revelación perfecta por medio de su Hijo (vv. 2,3)

(c) Mientras los ángeles sirven, el Hijo reina.

(d) El Hijo no es una criatura, sino el Creador.

(e) A ningún ángel se le promete autoridad universal, porque su función es el servicio (vv. 13,14).

3. Exhortación en vista de las anteriores declaraciones (2:1-4). Si la desobediencia a la palabra de los ángeles trajo castigo, ¿cuál será la pérdida si no se acepta la salvación declarada por el Señor?

4. Jesús fue exaltado sobre los ángeles. ¿Por qué fue hecho menor que ellos? (2:5-18). Por las razones siguientes:

(a) Para que la naturaleza humana pudiera ser glorificada y para que el hombre pudiera tomar su lugar otorgado por Dios como gobernante del mundo venidero (vv. 5-8).

(b) Para que Él pudiera cumplir el plan de Dios muriendo por todos los hombres (v. 9).

(c) Para que el Salvador y los salvados pudieran ser uno solo (vv. 11-15).

(d) Para que pudiera cumplir todas las condiciones de un sacerdote fiel (2:16-18).

5. Jesús es mayor que Moisés (3:1-6), porque:

(a) Moisés era sólo parte de la familia de Dios; Jesucristo es el fundador de esa familia (vv. 2,3).

(b) Moisés fue sólo un siervo; Jesucristo es el Hijo (vv. 5,6).

6. Exhortaciones en vista de las declaraciones (3:1 a 4:5). El cristiano es miembro de una familia espiritual presidida por el Hijo de Dios. Pero el cristiano debe tener cuidado, porque este privilegio puede perderse, así como el privilegio de entrar a Canaán fue perdido por muchos israelitas por su incredulidad y desobediencia. Aun cuando estos israelitas habían experimentado la salvación de Jehová en el Mar Rojo, no entraron a la Tierra Prometida. El pecado que los excluyó fue el pecado de incredulidad. Es un pecado que, si se persiste en él, excluirá al judío cristiano de los privilegios de su herencia.

7. Jesús es mayor que Josué (4:6-13).

(a) Josué condujo a los israelitas al reposo de Canaán, que fue sólo un tipo del reposo espiritual al cual Jesucristo conduce a los creyentes (v. 6-10)

(b) Exhortación en vista de esa declaración (vv. 11-13).

Procuremos entrar en ese reposo de Dios, que ninguno caiga en semejante ejemplo de desobediencia del antiguo Israel, y pierda así la segunda oportunidad. Porque la Palabra de Dios en la cual baso mi argumento, no es algo del pasado ni externo para nosotros: está viva aún. Está llena de energía. Es más penetrante que toda espada de dos filos, que parte no solamente la carne, sino que se abre paso hasta la línea divisoria entre la vida animal y el espíritu inmortal: penetra hasta lo más recóndito de nuestra naturaleza; analiza aun las emociones y los propósitos de lo más profundo del corazón. Aún más, no hay ninguna cosa creada que no sea manifiesta en su presencia; antes todas las cosas están desnudas y abiertas a los ojos de Aquel a quien tenemos que dar cuenta.[1]

8. El sumo sacerdocio de Jesucristo (4:14 a 5:10).

(a) El hecho del sacerdocio de Jesús (v. 14). Los creyentes han de asirse a la fe que poseen, porque no están sin un fiel sacerdote, como sus hermanos no cristianos pueden hacerles creer. El sumo sacerdote de ellos, aun cuando invisible, intercede siempre por ellos.

(b) Las cualidades de Jesús como sumo sacerdote:

(1) Puede simpatizar con la flaqueza humana (4:14 a 5:13,7-9), porque Él mismo, como los hombres, sufrió tentación y padeció sufrimientos, pero con esta diferencia: no pecó.

(2) Fue llamado de Dios, como lo fue Aarón (5:4-6,10).

9. El escritor rompe el hilo de su pensamiento para pronunciar palabras de reprensión, exhortación, advertencia y ánimo:

(a) Una reprensión (5:11-14). Él está para discutir un profundo tema típico — respecto a Melquisedec —; pero teme que, por la falta de ellos de madurez espiritual, a él le resulte difícil explicarlo.

(b) Una exhortación (6:1-3). Ellos deben pasar del estado elemental de la doctrina cristiana y seguir adelante hacia el conocimiento maduro. La expresión "comienzo en la doctrina de Cristo" puede referirse a las doctrinas fundamentales del cristianismo en las cuales los convertidos eran instruidos antes del bautismo.

---

1 Traducción del doctor Way.

(c) Una advertencia (6:6-8). La advertencia contenida en estos versículos es en contra de la apostasía, la cual es un rechazo voluntario de las verdades del evangelio por parte de quienes han experimentado su poder. La verdadera naturaleza del pecado referido en estos versículos será mejor comprendida cuando recordemos a quienes se está dirigiendo, y la peculiar relación de la nación judía a Cristo. Los judíos del tiempo del escritor podían dividirse en dos clases con relación a la actitud de ellos hacia Cristo: quienes lo aceptaron, para quienes Él era el Hijo de Dios; y quienes lo rechazaron como un impostor y un blasfemo. El judío cristiano que se apartaba del cristianismo y volvía al judaísmo, estaría testificando por ese hecho que creía que Cristo no era el Hijo de Dios, sino un falso profeta que merecía la crucifixión; estaría poniéndose de parte de los que fueron responsables de su muerte. Antes de su conversión, ese mismo judío cristiano, en cierto sentido, participaba de la culpa de su nación al crucificar a Cristo. Al abandonar a Cristo y volver al judaísmo estaría rechazando al Hijo de Dios por segunda vez y crucificándolo otra vez.

(d) Un estímulo (vv. 9-20). Aunque los amonesta de esa manera, el escritor tiene confianza de que los creyentes no se apartarán de la fe (v. 9). Han sido diligentes en el cumplimiento de buenas obras (v. 10); él desea que ellos desplieguen la misma diligencia en el cumplimiento de la esperanza de su herencia espiritual (v. 11). En eso han de ser seguidores de los que, mediante la fe y la paciencia, lograron la realización de su esperanza por ejemplo, Abraham (vv. 12,13). La esperanza del cristiano es una segura; es un ancla para el alma, que lo sostiene firmemente en el puerto celestial (vv. 19,20). Es una esperanza segura, porque está fundada en dos cosas inmutables: la promesa de Dios y el juramento de Dios (vv. 13-18).

10. El sacerdocio de Cristo (tipificado por el de Melquisedec) es superior al de Aarón (7:1 — 8:6).

Se menciona a Melquisedec como un tipo de Cristo. El escritor emplea un modo judaico de ilustración. Toma un hecho espiritual tal cual es, y muestra su valor típico. Melquisedec es un tipo de Cristo en los aspectos siguientes:

(a) Por razón del significado de su nombre "Rey de justicia", "Rey de paz" (v. 2).

(b) Su sacerdocio no era hereditario; a los sacerdotes judíos se les exigía que probaran comprobar su genealogía antes de ser admitidos al oficio (Esd 2:61-63). Aun cuando Melquisedec era un sacerdote, no hay registro de su genealogía, y eso es lo que significa la expresión, "sin padre, sin madre" (v. 3). En ese sentido, es tipo de Cristo que no tuvo una genealogía sacerdotal.

(c) El hecho de que no hay registro de su nacimiento ni de su muerte, es típico de la naturaleza eterna del sacerdocio de Cristo. Esto es lo que significa la expresión: "que no tiene principio de días, ni fin de vida" (v. 3).

11. El sacerdocio de Cristo, tipificado por el de Melquisedec, es mayor que el de Aarón, según se demuestra por los hechos siguientes:

(a) Hasta cierto punto, Leví, estando aún en los lomos de Abraham, pagó los diezmos a Melquisedec (7:4-10).

(b) La madurez espiritual no se alcanzaba por el sacerdocio de Aarón y el pacto del cual era mediador. Esto es confirmado por el hecho de que otra orden de sacerdocio había de surgir: la orden de Melquisedec. Ese cambio de sacerdocio implica un cambio de ley. El cambio fue efectuado por causa de la incapacidad de que la ley mosaica trajera madurez espiritual (cf. Ro 8:14).

(c) Contrario al sacerdocio de Aarón, el sacerdocio de Melquisedec fue instituido con un juramento (vv. 20-22). El juramento de Dios, acompañando cualquier declaración, es una señal de inmutabilidad.

(d) El ministerio de los sacerdotes de la orden de Aarón terminaba con la muerte; pero Cristo tiene un sacerdocio eterno e inmutable, porque Él vive para siempre (vv. 23-25).

(e) Los sacerdotes de Aarón ofrecían sacrificios cada día; Cristo ofreció un sacrificio eternamente eficaz (7:26-28).

(f) Los sacerdotes de Aarón servían en el tabernáculo, que era solamente un tipo terrenal del tabernáculo en el cual Cristo ministra (8:1-5).

(g) Cristo es el Mediador de un pacto mejor (8:6).

II. Superioridad del nuevo pacto sobre el antiguo (8:7 — 10:18)

Esa superioridad se manifiesta de las maneras siguientes:

1. El antiguo pacto era sólo temporal (8:7-13). Ese hecho es confirmado por las Escrituras del Antiguo Testamento que enseñan que Dios hará un nuevo pacto con su pueblo.

2. Las ordenanzas y el santuario del Antiguo Pacto eran sencillamente tipos y sombras que no traían perfecta comunión con Dios (9:1-10).

3. Pero Cristo, el verdadero sacerdote del santuario celestial, por

un sacrificio perfecto — su propia persona — trajo redención eterna y perfecta comunión con Dios (vv. 11-15).

4. El nuevo pacto fue sellado con mejor sangre que la de becerros y machos cabríos: la sangre de Jesús (vv. 16-24).

5. El único sacrificio del nuevo pacto es mejor que los muchos del Antiguo (9:25 a 10:18).

III. Exhortaciones y advertencias (10:19 — 13:25)

1. Una exhortación a la fidelidad y a la perseverancia en vista del hecho de que tienen seguro acceso a Dios por medio de un fiel sumo sacerdote (10:19-25).

2. Una advertencia en contra de la apostasía (vv. 26-31; cf. 6:4-8). Que no piensen los que dejen a Cristo como el sacrificio por sus pecados que podrán encontrar otro en el judaísmo. Rechazarlo a sabiendas y voluntariamente es arrojar de sí mismos el sacrificio que los protegerá de la terrible indignación de Dios. Un erudito sugiere que del versículo 29 puede inferirse que a los judíos apóstatas del cristianismo, antes de ser readmitidos a la sinagoga, se les exigía:

(1) que negaran que Jesús era el Hijo de Dios

(2) que declararan que su sangre fue justamente derramada como la de un malhechor

(3) atribuir (como lo hacían los fariseos) los dones del Espíritu a la operación de demonios.

3. Una exhortación a la paciencia en vista de la recompensa prometida (vv. 32-36).

4. Una exhortación a andar por fe (10:37 a 12:14) En esta sección el propósito del escritor es demostrar que quienes en los siglos pasados agradaron a Dios fueron los que anduvieron por fe y que confiaron en Él a pesar de las circunstancias.

(a) La fe recomendada (10:37-39)

(b) La fe descrita (11:1-3). La fe es lo que hace al creyente tener confianza de que la finalidad de su esperanza es real y no imaginaria. Es manifestada como se muestra en el caso de los santos del Antiguo Testamento, mediante una obediencia implícita a Dios y confianza en Él, a pesar de las apariencias y las circunstancias adversas.

(c) La fe que conquista por medio de Dios (vv. 4-35).

(d) La fe que sufre por Dios (35-40).

(e) El ejemplo supremo de la fe, el Señor Jesús, quien dio el primer impulso a nuestra fe, y quien la llevará a su madurez final (12-14).

5. Una exhortación a la obediencia escrupulosa por razón de su llamamiento celestial (12:18-24) y por razón de su líder celestial (vv. 25-29).

6. Exhortaciones finales (13:1-17).

(a) A una vida santificada (vv. 1-7).

(b) A una vida firme (vv. 8,9).

(c) A una vida separada (vv. 15,16). La traducción del doctor Way aclarará los versículos 10-14:

> Tales restricciones (v. 9, respecto a las viandas limpias e inmundas) no son pertinentes para nosotros. Ya tenemos un altar de sacrificio del cual participamos, pero los que aún se adhieren al sustituido servicio del templo están descalificados para participar de él. Digo esto porque, cuando el sumo sacerdote lleva al Lugar Santísimo la sangre de las víctimas sacrificadas por las ofrendas del pecado el día de la expiación, los adoradores no pueden comer el cuerpo de esas víctimas, como otros sacrificios; sino que se queman fuera de los linderos de campo. Por esa razón, también Jesús, para poder consagrar al pueblo de Dios por su propia sangre, sufrió fuera del real, simbolizando el hecho de que quienes permanecen en el judaísmo no tienen parte en Él. Por la tanto, nosotros, que lo aceptamos a Él, salgamos a Él fuera de los límites del judaísmo, llevando el ultraje que fue acumulado sobre Él. No estaremos desamparados sin hogar: tenemos una ciudad permanente, pero no aquí: aspiramos a aquella que está aún por venir.

58

Santiago

Se les llama epístolas generales a las epístolas paulinas que no están dirigidas a ninguna iglesia en particular, sino a los creyentes en general. Dos de ellas (Segunda y Tercera de Juan) se dirigen a individuos particulares.

Tema. La Epístola de Santiago es el libro práctico del Nuevo Testamento, como Proverbios lo es del Antiguo Testamento. En realidad, tiene una notable semejanza al libro últimamente mencionado por sus concisas y enérgicas declaraciones de verdades morales. Contiene muy poca enseñanza doctrinal; su propósito principal es dar énfasis al aspecto práctico de la verdad religiosa. Santiago estaba escribiendo a cierta clase de judíos cristianos en quienes estaba apareciendo una tendencia a separar la fe de las obras. Ellos afirmaban tener fe. Sin embargo, ellos se impacientaban bajo la prueba. Había entre ellos contiendas y acepción de personas, no refrenaban la lengua y eran mundanos. Santiago enseña que una fe que no produce santidad de vida, es una cosa muerta, un simple asentimiento de una doctrina, que no va más allá del intelecto. Recalca la necesidad de una fe viva y eficaz para obtener la perfección cristiana, y se refiere al sencillo Sermón del Monte en demanda de verdaderos hechos de vida cristiana.

Hay quienes hablan de la santidad y son hipócritas; hay quienes hacen profesión de amor perfecto, y sin embargo, no pueden vivir en paz con los hermanos; quienes emplean fraseología piadosa, pero fracasan en la filantropía práctica. Se escribió esta epístola para los tales. Quizá no les dé mucho consuelo, pero les hará mucho bien. El misticismo que se contenta con frases y formas piadosas y no da la medida en el sacrificio real y servicio devoto, encontrará su antídoto aquí. El antinomianismo (antilegalismo) que profesa gran confianza en la gracia gratuita, pero que no reconoce la necesidad de una correspondiente vida pura, necesita meditar en la sabiduría práctica de esta epístola. Los quietistas, que se satisfacen con sentarse y cantarse a sí mismos en un arrobamiento eterno, deben leer esta epístola hasta que escuchen su nota de inspiración y lo tornen en actividad presente y continuas buenas obras. Todos los que son extensos en la teoría y estrechos en la práctica, deben empaparse del espíritu de Santiago; y como en toda comunidad y en toda época hay tal clase de gente, el mensaje de la epístola nunca caducará.[1]

Puede resumirse el tema como cristianismo práctico.

Autor. Hay tres personas con el nombre de Santiago mencionadas en el Nuevo Testamento: Santiago el hermano de Juan (Mt 10:2); Santiago el hijo de Alfeo (Mt 10:3); Santiago el hermano del Señor (Gá 2:19). La tradición general de la iglesia ha identificado al escritor de la epístola con la persona últimamente mencionada. Este Santiago era la cabeza de la iglesia en Jerusalén y fue quien presidió el primer concilio de la iglesia (Hch 12:7; 15:13-29).

El tono de autoridad de la epístola está de acuerdo con la elevada posición del autor en la iglesia. De la tradición aprendemos algunos hechos respecto a él. Por causa de su santidad de vida y su firme adherencia a la moralidad práctica de la ley, era estimado por los judíos de su comunidad, por quienes fue llamado "el Justo", y a muchos de ellos los ganó para Cristo. Se dice que sus rodillas eran callosas como las de un camello, como consecuencia de su constante intercesión por el pueblo. Josefo, el historiador judío, dice que Santiago fue apedreado hasta la muerte por orden del sumo sacerdote.

A quién se les escribió. A las doce tribus esparcidas en el extranjero (1:1); es decir, a los judíos cristianos de la dispersión. Todo el tono de la epístola revela el hecho de que se escribió para los judíos.

Por qué se escribió. Por las razones siguientes:

1. Para consolar a los judíos cristianos que estaban pasando por pruebas severas.

2. Para corregir desórdenes en sus asambleas.

3. Para combatir la tendencia de separar la fe de las obras.

Cuándo se escribió. Probablemente alrededor del año 60 d.C. Se cree que fue la primera epístola escrita a la iglesia cristiana.

Dónde se escribió. Probablemente en Jerusalén.

Bosquejo

I. La tentación como la prueba de la fe (1:1-21)

---

1 D. A. Hayes.

316 A través de la Biblia

II. Las obras como evidencia de la verdadera fe (1:22 — 2:26)

III. Las palabras y su poder (3:1-12)

IV. Sabiduría: la verdadera y la falsa (3:13 — 4:17)

  V. Paciencia bajo la opresión: la paciencia de la fe (5:1-12)

VI. Oración (5:13-20)

I. La tentación como la prueba de la fe (1:1-21)

1. El propósito de las tentaciones: perfeccionar el carácter cristiano (vv. 24). La palabra "tentación" se emplea aquí en su sentido más amplio, incluyendo tanto las persecuciones exteriores como las inclinaciones internas al mal. Santiago enseña a sus lectores cómo tornar la tentación en una bendición, haciéndola una fuente de paciencia, y de esta manera usándola como el fuego que prueba el oro.

2. Una cualidad que debe ejercitarse para soportar con éxito la tentación es la sabiduría. Esta sabiduría es un don de Dios, pero es concedida sólo bajo la condición de una fe firme (vv. 5-8).

3. Una fuente de pruebas y una fuente de tentaciones: pobreza y riquezas (vv. 9-11). El pobre no ha de sentirse triste por causa de su pobreza; ni tampoco el rico ha de enorgullecerse por su riqueza. Ambos han de regocijarse por su elevado llamamiento.

4. La recompensa por soportar la prueba y la tentación: una corona de vida (v. 12).

5. La fuente de tentación interna hacia el mal (vv. 13-18). Aun cuando Dios mande aflicciones para probar a los hombres, Él no envía impulsos malos para tentarlos.

> Cuando un hombre dice (como lo hacen a menudo los hombres) "que Dios lo hizo así", que "la carne es débil", o que "por un momento Dios lo abandonó", cuando dice que "hizo mal porque no podía hacer otra cosa"; cuando arguye que el hombre "no es más que un autómata y que sus acciones son inevitables, y por lo tanto son el resultado irresponsable de las condiciones por las cuales está rodeado"; el tal hombre está transfiriendo a Dios la culpa de su propio mal obrar . . . Santiago da el verdadero sentido del mal. Nace de la concupiscencia — el deseo — que es para cada alma la manera tentadora que la saca del abrigo de la inocencia, la seduce y engendra la mala posteridad del pecado cometido.[1]

Lejos de que Dios envíe los malos impulsos, Él es quien nos da el poder por el cual somos levantados a una vida nueva y más elevada (1:16-18).

6. La actitud que debe mostrarse en vista de los hechos anteriores, un dominio de la palabra y de temperamento, una pureza de conducta y una actitud sensible hacia la Palabra de Dios (vv. 19-21).

II. Las obras como evidencia de la verdadera fe (1:22 — 2:26)

1. La verdadera fe debe de manifestarse en obedecer tanto como en escuchar la Palabra de Dios (vv. 22-25).

2. La verdadera fe debe de manifestarse en la religión práctica, de la cual las características son: dominio de la lengua, amor fraternal, y separación del mundo (vv. 26,27).

3. La verdadera fe se demuestra por la imparcialidad en tratar con los pobres y con los ricos (2:1-13). La cortesía hacia los ricos combinada con la descortesía hacia los pobres, es una parcialidad que indica debilidad de fe, y que constituye una violación de la ley.

4. La fe es probada por sus obras (2:14-26). Una lectura superficial de eso pudiera indicar que Santiago estaba contradiciendo la doctrina de Pablo de la justificación por la fe. Martín Lutero en sus primeros años se opuso muy fuertemente a esta epístola, pues creía que contradecía absolutamente las enseñanzas de Pablo. Más tarde en su vida, sin embargo, reconoció su equivocación. Un estudio detenido de sus escritos nos convence de que Santiago y Pablo están perfectamente de acuerdo. Pablo cree en las obras de piedad tanto como Santiago (véanse 2 Co 9:8; Ef 2:10; 1 Ti 6:17-19; Tito 3:8). Santiago cree en la fe salvadora tanto como Pablo (véanse Stgo 1:3,4,6; 2:5). La aparente contradicción a que nos acabamos de referir se explica por el hecho de que ambos escritores usan las palabras "fe", "obras" y "justificación" con diferentes significados para esos términos. Por ejemplo:

(a) La fe a que Santiago se refiere es el simple asentimiento intelectual a la verdad que no conduce a la justicia práctica; tal es la fe que tienen los demonios al creer en Dios (2:19). "¿De qué sirve, hermanos míos, si un hombre profesa tener fe, y sin embargo, sus actos no corresponden? ¿Podrá esa fe salvarlo?" (v. 14, traducción de Weymouth). La fe a que se refiere Pablo es un poder intelectual, moral y espiritual que trae a una persona a una unión vital y consciente con Dios.

---

1 Dean Farrar.

(b) Las obras a que Pablo se refiere son las obras muertas del legalismo, hechas sencillamente por un sentido de deber y obligación, y no por el puro amor de Dios. Las obras a que Santiago se refiere son los frutos del amor de Dios en el corazón por el Espíritu Santo.

(c) La justificación de que habla Pablo es un acto inicial por el cual Dios pronuncia la sentencia de absolución hacia el pecador y le imputa la justicia de Cristo. La justificación de que habla Santiago es la continua santidad de vida que prueba que el creyente es un verdadero hijo de Dios.

(d) Pablo tiene en mente la raíz de la salvación; Santiago el fruto de la salvación. Pablo está tratando con el principio de la vida cristiana; Santiago con su continuación. Pablo está condenando las obras muertas; Santiago la fe muerta. Pablo derriba la vana confianza del legalismo; Santiago la vana confianza de una vana profesión de cristianismo.

III. Las palabras y su poder (3:1-12)

1. Una advertencia en contra de asumir con apresuramiento el oficio de maestro, en vista de la gran responsabilidad que tiene ese llamamiento y de los peligros de ofender mediante la palabra hablada, lo cual es el medio de la instrucción del maestro (vv. 1,2).

2. El poder de la lengua (vv. 3-5). Se compara con el freno del caballo, a un timón y a un incendio.

3. El mal de la lengua (vv. 6-12).

Sí, la lengua, ese mundo de injusticia, es un fuego. Inflama la rueda de la creación y es inflamada del infierno. Es la única que no puede refrenarse; un mal que no cesa, llena de veneno mortal. Con ella bendecimos al Señor y Padre, y con ella maldecimos a los hermanos que están hechos a la semejanza de Dios. ¿No es esta inconsecuencia casi monstruosa? ¿No es como una fuente que echa por una misma abertura agua dulce y amarga? ¿Puede un árbol producir fruto que no es suyo? ¿Puede la sal de una lengua que maldice producir el agua dulce de la alabanza?

IV. Sabiduría: la verdadera y la falsa (3:13 — 4:17)

1. Las manifestaciones de la verdadera sabiduría (3:13,17,18).

2. Las manifestaciones de la falsa sabiduría (3:15).

V. Paciencia bajo la opresión: la paciencia de la fe (5:1-12)

1. Respecto a los opresores y a los oprimidos (vv. 1-6). Santiago está hablando de una condición que prevalecerá en los últimos días

(v. 4); la opresión de la clase obrera por parte de los ricos, cesará a la venida del Señor. El juicio de los ricos impíos en la destrucción de Jerusalén ofrece un cuadro opaco de la suerte de ellos en los últimos días. Escribe Dean Farrar:

Si estas palabras de Santiago fueron dirigidas a los judíos y cristianos como en el año 61 d.C., ¡cuán pronto se cumplieron sus advertencias, cuán terriblemente y cuán pronto cayó la justa condenación sobre esos enriquecidos y lujosos tiranos! Unos cuantos años más tarde Vespasiano invadió a Judea. Sin duda, había necesidad de llorar y aullar, cuando, en medio de los horrores causados por el rápido avance de los ejércitos romanos, el oro y la plata de los ricos opresores no les sirvió para comprar pan, y dejaron que la polilla se comiera sus primorosos ropajes, pues hubiera sido un peligro y un sarcasmo el usarlos. Los adoradores de la última Pascua fueron las víctimas. Los ricos fueron escogidos para la peor furia de los invasores, y su riqueza pereció en las llamas de la ciudad que ardía. ¡Inútiles fueron sus tesoros en esos últimos días, cuando se escuchaban a las puertas de ellos las citaciones con voz de trueno del Juez! En todos sus ricos banquetes y rebosantes orgías no habían hecho otra cosa que engordarse como ofrendas humanas para el día de la matanza.

2. Respecto al Vengador (vv. 7-12). Con relación a la condición descrita en los versículos del 1-6, los hijos de Dios han de poseer sus almas en paciencia esperando la venida del Vengador y Juez, tomando a Job y a los profetas como ejemplos de paciencia.

VI. Oración (5:13-20)

1. Oración en la aflicción (v. 13).

2. Oración por los enfermos (vv. 14-16).

3. La eficacia de la oración (vv. 17,18).

4. Nuestro deber hacia un hermano que se desvía (vv. 18-20).

De modo que llegamos a la conclusión, tanto por el contexto como por el significado de la palabra misma, de que Santiago y Pedro (1 Pedro 4:8) están hablando de un ministerio de restauración que vuelve a un hermano extraviado de nuevo a los caminos del Señor, y el cual, por llevarlo al arrepentimiento y a la confesión de sus pecados, procura el perdón de estos, aun cuando sean una "multitud". Porque está escrito que "si confesamos nuestros pecados Él es fiel y justo para perdonar nuestros pecados y limpiarnos de toda injusticia". Así es, que por ese ministerio, al cual somos llamados por el último versículo de Santiago, no sólo podremos ser el medio de salvar un alma preciosa para más utilidad en el mundo, pero también podremos ser instrumentos en echar a un lado los pecados que de otra manera enfrentarían al malhechor en el asiento de juicio de Cristo.

59

Primera de Pedro

Tema. En esta epístola se ofrece una espléndida ilustración de cómo Pedro cumplió la comisión que le dio el Señor: "Y tú, una vez vuelto, confirma a tus hermanos" (Lc 22:32). Purificado y establecido mediante el sufrimiento y madurado por la experiencia, podía pronunciar palabras de aliento a grupos de cristianos que estaban pasando por duras pruebas. Muchas de las lecciones que aprendió del Señor mismo las impartió a sus lectores (cf. 1 P 1:10 con Mt 13:17; 5:2 y Juan 21:15-17; 5:8 con Lc 22:31). El versículo doce del último capítulo sugerirá el tema de la epístola: a gracia de Dios. Aquellos a quienes se dirigía estaban pasando por tiempos de prueba. Así que los anima demostrándoles que todo lo que se necesita para tener fuerza, carácter y valor, está provisto en la gracia de Dios. Dios es el "Dios de toda gracia" (5:10), cuyo mensaje a su pueblo es: "Bástate mi gracia." El tema de Primera de Pedro puede resumirse de la manera siguiente: La suficiencia de la gracia divina y su aplicación práctica con relación a la vida cristiana, y para soportar la prueba y el sufrimiento.

Por qué se escribió. Para animar a los creyentes a estar firmes durante el sufrimiento, y para exhortarlos a la santidad.

Cuándo se escribió. Probablemente en 60 d.C.

Dónde se escribió. En Babilonia (5:13).

Bosquejo

   I. Regocijo en el sufrimiento por razón de la salvación   (1:1-12)

  II. Sufriendo por causa de la justicia (1:13 — 3:22)

 III. Sufriendo por Cristo (4)

 IV. Exhortaciones finales (5)

I. Regocijo en el sufrimiento por razón de la salvación (1:1-12)

1. La fuente de nuestra salvación (v. 2).

(a) El Padre es quien escoge

(b) El Espíritu es el que santifica

(c) El Hijo, con cuya sangre somos rociados

2. El resultado de la salvación: el nuevo nacimiento (v. 3).

3. La consumación de la salvación (vv. 4,5): La adquisición de la herencia celestial que le está reservada al creyente, mientras él mismo es guardado por el poder de Dios.

4. El gozo de la salvación (vv. 6-9). Aun en medio de las pruebas y tentaciones, las cuales son para probar la fe, los creyentes pueden regocijarse en su Señor invisible con gozo indecible y. lleno de gloria.

5. El misterio de la salvación (vv. 9-12).

(a) Los profetas que predijeron los sufrimientos y la gloria de Cristo, no comprendieron cabalmente sus propias profecías. En respuesta a sus preguntas se les reveló que la salvación de la cual estaban profetizando no era para ellos, sino para quienes vivieran en otra dispensación.

(b) Los ángeles que nunca han pecado desean investigar el extraño gozo de quienes han sido redimidos por Cristo.

II. Sufriendo por causa de la justicia (1:13 — 3:22)

En esta sección tomaremos nota de las exhortaciones siguientes:

1. A la santidad (1:13-21). Con una mente sobria y alerta los creyentes han de separarse de sus antiguos hábitos de vida, viviendo una vida de santidad y esperando la venida del Señor.

2. A un amor intenso y sincero hacia los hermanos (vv. 22-25). Este amor seguirá como el resultado natural de la purificación del alma por el Espíritu Santo; y del nuevo nacimiento.

3. A crecimiento espiritual (2:1,2). Como un niño recién nacido instintivamente desea alimentarse con leche, de la misma manera los regenerados han de tener un deseo ardiente por la enseñanza no adulterada de la Palabra de Dios, cuya dulzura ya han gustado.

4. A acercarse a Cristo, la gran piedra angular del gran templo espiritual, del cual ellos son piedras vivas (2:3-10). Los creyentes colectivamente forman un gran templo (Ef 2:20-22), del cual ellos mismos son el sacerdocio, y donde ofrecen sacrificios espirituales (cf. Heb 13:10,15). La relación que Israel tenía con Dios como un pueblo terrenal, ellos — los gentiles — tienen con Él como un pueblo espiritual, porque son un pueblo escogido, una nación santa y el tesoro peculiar de Dios (cf. Dt 7:6).

5. A vivir una vida intachable, para desarmar el prejuicio y la enemistad de los paganos que los rodean (2:11,12).

6. A la sumisión.

(a) Sumisión de todos los cristianos al gobierno (2:13-17).

Era una lección tan necesaria para los cristianos de ese día, que es enseñada tan enfáticamente por Pedro, como por el mismo Pablo. Se necesitaba más que nunca, en un tiempo en que peligrosas revueltas se estaban gestando bajo un cabecilla en Judea; cuando el corazón de los judíos por todo el mundo ardía con la vehemente llama del odio en contra de las abominaciones de la tiránica idolatría; cuando los cristianos eran acusados de "volver a trastornar al mundo"; cuando algún pobre cristiano esclavo era llevado al martirio o torturado, y podía fácilmente desahogar la tensión de su alma desatándose en denuncias apocalípticas de condenación repentina en contra de los crímenes de la mística Babilonia; cuando los paganos en su impaciente desprecio, podrían voluntariamente interpretar una profecía de la conflagración final como si fuera una amenaza revolucionaria e incendiaria; y cuando los cristianos en Roma por esto mismo, ya estaban sufriendo las agonías de la persecución de Nerón.[1]

(b) Sumisión de los siervos a los amos (2:25). Los siervos han de ser obedientes aun a los amos injustos y duros. Al sufrir en silencio la injusticia estarán glorificando a Dios, y serán verdaderos seguidores de Cristo, quien no se defendió sino que remitió su causa a Dios el Juez justo.

(c) La sumisión de las mujeres a sus esposos (3:1-7). Las mujeres cristianas podrían quizá considerar a los esposos paganos como inferiores a ellas. En lugar de esto, han de obedecer a sus esposos, de manera que, si estos no aceptan la Palabra escrita, ni creen al testimonio oral, puedan ser ganados por el testimonio silencioso y eficaz de una vida santa. Al hacerlo así, las mujeres cristianas estarán siguiendo el ejemplo de las mujeres santas de la antigüedad.

7. Al amor fraternal (vv. 8-12).

8. A soportar con paciencia el mal (vv. 13-16). Si están haciendo bien, no tienen nada que temer (v. 13). Pero si sucede que sufren inocentemente han de recordar que se promete una bendición a los que sufren por causa de la justicia (v. 14; cf Mt 5:1,12). La santidad interna del corazón y una presteza exterior para defender su fe en el espíritu de mansedumbre, junto con una buena conciencia, finalmente hará que los paganos se avergüencen de sus falsas acusaciones

---

1 Farrar.

(vv. 15,16). En la cuestión de sufrir injustamente, el creyente tiene el ejemplo de Cristo, quien siendo sin pecado, sufrió por los injustos. Pero sus sufrimientos fueron seguidos por el triunfo y la exaltación. En triunfo, porque Él proclamó su victoria a los espíritus encarcelados; en exaltación, porque está ahora sentado a la diestra de Dios (vv. 18-20). De la misma manera los sufrimientos de los cristianos serán seguidos por la gloria.

III. Sufriendo por Cristo (4)

1. Muertos al pecado (4:1-6). Como Cristo murió a la vida terrenal y se levantó de nuevo a una celestial, así los cristianos han de considerarse muertos a la vida antigua de pecado, y vivos a una vida nueva de santidad (vv. 1-3; cf. Ro 6). A los paganos les extraña su manera de vida y hablan mal de ellos. Pero el bien finalmente triunfará en el tiempo en que el Señor juzgará a los vivos y a los muertos (vv. 4-6).

2. La conducta en vista de la inminencia de la venida del Señor (vv. 7-11).

3. El glorioso privilegio de sufrir con Cristo (vv. 12-19). Los cristianos no han de sorprenderse por el proceso de Dios de probarlos y refinarlos mediante el sufrimiento, sino que más bien han de regocijarse en el hecho de que son partícipes de los sufrimientos de Cristo (vv. 12,13). Soportar el reproche de Cristo es una señal de la gracia espiritual que hay en ellos, pero sufrir como malhechor es una señal de deshonra (v. 15). Los cristianos deben esperar sufrimiento porque el juicio tiene que empezar en la casa de Dios. Tiene que haber un tiempo de limpieza y purificación para la iglesia. Así que quienes sufren deben encomendarse a Aquel que es fiel (vv. 17-19).

IV. Exhortaciones finales (5)

1. A los pastores (vv. 1-4).

2. A los jóvenes (vv. 5,6).

3. A la iglesia en general (vv. 6-11).

4. Saludos (vv. 12-14).

60
Segunda de Pedro

Tema. La Primera Epístola de Pedro trata de un peligro fuera de la iglesia: las persecuciones. La Segunda Epístola de Pedro, con un peligro dentro: la falsa doctrina. Se escribió la primera para animar; la segunda, para advertir. En la primera se ve a Pedro cumpliendo su comisión de "confirmar a los hermanos" (Lc 22:32). En la segunda se le ve cumpliendo la comisión de pastorear a las ovejas en medio de peligros ocultos a fin de que anden en los caminos de justicia (Jn 21:15-17). En la segunda epístola, el escritor describe gráficamente los falsos maestros que amenazan la fe de la iglesia. Como antídoto a la doctrina falsa y a la vida pecaminosa, exhorta a los cristianos a que crezcan en la gracia y en el conocimiento de Jesucristo. El tema se resume de la siguiente manera: Un pleno conocimiento de Cristo es una fortaleza en contra de enseñanzas falsas y de una vida impía.

Por qué se escribió. Para dar un cuadro profético de la apostasía de los últimos días, y para instar a los cristianos a esa preparación de corazón y vida, que es lo único que puede capacitarlos para afrontar sus peligros.

Cuándo se escribió. Probablemente en 66 d.C.

Bosquejo

    I. Exhortación a crecer en la gracia y el conocimiento de Dios (11)

    II. Advertencia en contra de los falsos maestros (2)

    III. Promesa de la venida del Señor (3)

I. Exhortación a crecer en la gracia y el conocimiento de Dios (1)

1. **Saludo** (vv. 1,2). La gracia y paz que Pedro pide para los santos debe resultar en el conocimiento experimental de Dios y Cristo.

2. **La base del conocimiento salvador: las promesas de Dios** (vv. 3,4).

3. **El crecimiento en el conocimiento** (vv. 5-11). No hay estancamiento en la experiencia cristiana; sólo puede haber progreso o retroceso. El creyente tiene un fundamento, la fe. Debe edificar su carácter sobre ese fundamento.

(a) El resultado de esa "adición" espiritual (v. 5): fecundidad en el conocimiento experimental de las cosas divinas y la adquisición de una abundante entrada en el reino del Señor Jesús (vv. 8,10,11).

(b) El resultado de la negligencia del crecimiento espiritual: ceguera espiritual y apostasía (v. 8).

4. Las fuentes del conocimiento salvador:

(a) El testimonio de los apóstoles que fueron testigos oculares de la gloria de Cristo (vv. 12-18).

(b) El testimonio de los profetas (vv. 19-21).

Además el apóstol apela a la inspiración de los profetas en la confirmación de su enseñanza: "Ninguna profecía de la Escritura es de interpretación privada. Porque ningún profeta vino por la voluntad del hombre; pero los hombres hablaron de Dios, siendo movidos por el Espíritu Santo." Él reconoce esto como una verdad fundamental, que la profecía no es de origen de uno mismo, ni ha de sujetarse a los tiempos del profeta. La profecía se le dio como se nos da a nosotros. Pedro y sus compañeros creyentes no siguieron fábulas compuestas artificiosamente; fueron poseídos por el Espíritu Santo en sus declaraciones proféticas.

II. Advertencia en contra de los falsos maestros (2)

1. La conducta de los falsos maestros (2:1-3). Ellos introducirán furtiva y artificiosamente herejías fatales, aun negando al Señor mismo. Al ocultar sus verdaderos motivos con argumentos verosímiles, descarriarán a muchos.

2. Se expone la indudable condena de esos falsos maestros con ejemplos antiguos de retribución (vv. 4-9).

3. El carácter de esos falsos maestros (vv. 10-22). Es probable que el apóstol tuviera en mente el futuro surgimiento de las sectas gnósticas, que combinaban una moral corrompida con una vida contaminada. Las siguientes sectas surgieron en el siglo segundo: los ofitas, que adoraban a la serpiente del jardín del Edén como su benefactor; los cainitas, que exaltaban como héroes a algunos de los personajes más viles del Antiguo Testamento; los carprócratas, que enseñaban inmoralidad; los antitactos, que consideraban como un deber al Dios supremo, violar los Diez Mandamientos, por causa de que fueron promulgados por un impío ángel mediador.

III. Promesa de la venida del Señor (3)

1. Los burladores y la promesa de la segunda venida (vv. 1-4). El

escepticismo y la concupiscencia ponen la naturaleza y sus leyes por encima del Dios de la naturaleza y de la revelación. Afirman desde tiempos remotos que ya no puede haber ningún cambio en el orden natural. Ese fue el pecado de los antediluvianos, y será el de los burladores en los últimos días."

2. Respuestas a sus objeciones (vv. 5-9).

(a) Obstinadamente cierran los ojos al relato de las Escrituras de la creación y el diluvio: el último es el paralelo al juicio venidero del fuego... "Todas las cosas continúan como fueron desde el principio de la creación." Antes del diluvio la misma objeción a la posibilidad del diluvio podría haberse presentado con la misma verosimilitud: los cielos y la tierra han sido desde la antigüedad. ¡Cuán improbable es que no continúen de la misma manera! Pero Pedro responde que el diluvio vino a pesar de su razonamiento; y de igual manera vendrá la conflagración final de la tierra a pesar de los burladores de los últimos días."

(b) La tardanza de Dios se debe a su misericordia.

3. Lo cierto, lo repentino, y los efectos de la venida del Señor (vv. 10-13). El "día del Señor" aquí mencionado se refiere a la serie completa de acontecimientos que comienza con el advenimiento premilenario y termina con la destrucción de los impíos y la conflagración final y juicio general. "Como el diluvio fue el bautismo de la tierra, resultando en una tierra renovada y rescatada en parte de la maldición, de la misma manera, el bautismo por fuego purificará la tierra para que sea la morada renovada del hombre regenerado enteramente rescatado de la maldición."

4. Exhortaciones finales:

(a) A vivir sin tacha a la luz de la gran esperanza (v. 14).

(b) A recordar que la razón de la tardanza del Señor es para dar a los hombres una oportunidad de arrepentirse (v. 15). Pablo había escrito respecto al segundo advenimiento. Muchos inestables en la fe, y movidos por cualquier dificultad aparente, interpretan mal los pasajes difíciles, en vez de esperar que el Espíritu Santo se los aclare (v. 16).

(c) A no descarriarse siguiendo falsas doctrinas (v. 17).

(d) A crecer en la gracia (v. 18).

61
Primera de Juan

Tema. El Evangelio según San Juan expone los hechos y palabras que prueban que Jesús es el Cristo, el Hijo de Dios. La Primera Epístola de Juan expone los hechos y las palabras que son obligatorias para quienes creen esta verdad. El Evangelio trata de los fundamentos de la fe cristiana; la Epístola, de los fundamentos de la vida cristiana. Se escribió el Evangelio para dar el fundamento de fe; la Epístola, para dar el fundamento de seguridad. El Evangelio nos conduce a través del umbral hacia el Padre; la Epístola nos hace sentir dentro de la casa del Padre.

La Epístola es una carta afectuosa de un padre espiritual a sus hijos en la fe, en la cual los exhorta a cultivar esa piedad práctica que trae perfecta comunión con Dios, y a evitar ese tipo de religión donde las acciones no van en conformidad con la profesión. Para llevar a cabo su propósito, el apóstol da un número de reglas por las cuales puede ser probada la verdadera espiritualidad. Esas reglas dibujan una línea rígida de demarcación entre los que simplemente profesan andar en amor y santidad y los que de veras lo hacen. Aunque Juan habla de una manera clara y severa al tratar de la doctrina errónea y la vida inconsecuente, en general, su tono es afectuoso y demuestra que merece su título de "el apóstol del amor." La repetición de la palabra "amor" y la forma de dirigirse — "hijos míos" — hace que esta epístola tenga un tono de ternura.

La siguiente historia respecto a Juan no estará fuera de lugar en ese sentido. Se dice que cuando el apóstol hubo llegado a una edad muy avanzada y con dificultad podía ser llevado a la Iglesia en los brazos de sus discípulos y estaba muy débil para poder dar exhortaciones largas, sólo decía en sus reuniones lo siguiente: "Hijitos, amaos los unos a los otros." Los discípulos cansados de esa constante repetición de las mismas palabras, le dijeron: "Maestro, ¿por qué siempre dices esto?" Responde él: "Es el mandamiento del Señor y, si sólo se hace esto, será suficiente."

Resumiremos el tema de la siguiente manera: La base de la seguridad cristiana y de comunión con el Padre.

Por qué se escribió. Se escribió con los propósitos siguientes:

1. Para que los hijos de Dios tengan comunión con el Padre y el Hijo, y los unos con los otros.

2. Para que los hijos de Dios tengan plenitud de gozo (1:4).

3. Para que no pequen (2:1).

4. Para que reconozcan la base de su seguridad de vida eterna (5:13).

Cuándo se escribió. Probablemente en 90 d.C.

Dónde se escribió. Probablemente en Éfeso, donde Juan vivió y ministró después de salir de Jerusalén.

Bosquejo

I. Introducción (1:1-4)

II. Comunión con Dios (1:5 — 2:28)

III. Calidad divina de Hijo (2:29 — 3:24)

IV. El Espíritu de verdad y el espíritu de error (4:1-6)

V. Dios es amor (4:7-21)

VI. La fe (5:1-12)

VII. Conclusión: confianza cristiana (5:13-21)

NOTA: Las citas en este estudio son del comentario de Pakenham-Walsh sobre Primera de Juan (McMillian C., Nueva York).

I. Introducción (1:1-4)

1. La sustancia del evangelio: la deidad, encarnación de Cristo (v. 1).

2. La garantía del evangelio:

(a) La experiencia del apóstol (v. 1). Había tenido contacto personal con el Verbo de vida.

(b) El testimonio apostólico (v. 2).

3. El propósito de predicar el evangelio (v. 3).

(a) Para que los creyentes puedan tener comunión con los apóstoles y con todos los cristianos.

(b) Para que los creyentes puedan participar de todas las bendiciones y los privilegios que los apóstoles habían obtenido de su comunión con el Padre.

4. El resultado del evangelio: la plenitud de gozo que viene de la comunión perfecta con Dios (v. 4).

II. Comunión con Dios (1:5 — 2:28)

El apóstol expone las siguientes pruebas de comunión con Dios.

1. Andando en la luz (1:5-7).

Había falsos maestros en los días de Juan que estaban procurando inducir a los cristianos a dejar la iglesia y unirse al grupo hereje de ellos. Entre otras cosas, enseñaban que si la mente de un hombre estaba iluminada con el conocimiento celestial, no importaba cómo fuera su conducta; podía cometer todos los pecados que se le antojara. Juan dice que dicha doctrina derribaría toda santidad y verdad, y eso estaba enteramente opuesto al cristianismo. De modo que pone en claro en esta sección que, lejos de ser cierto que toda conducta es igual al hombre iluminado, es precisamente el carácter de su conducta lo que demostrará si está iluminado o no." Dios es luz; es decir, Él es el fundamento de la verdad pura, de la inteligencia pura, de la santidad pura. El que anda en la oscuridad del pecado voluntario, miente al decir que tiene comunión con Dios.

2. Reconocimiento y confesión de pecado (1:8 a 2:1).

Reclamar una perfección sin pecado, o, por otra parte, negar lo pecaminoso de ciertos actos corporales (como lo hacían los antilegalistas) es engañarnos a nosotros mismos y hacer mentirosa la revelación de Dios. Es la voluntad de Dios que no pequemos. Cuando la luz de Dios revela el pecado en nosotros, debemos confesarlo y obtener esa limpieza que la sangre de Jesús y su intercesión por nosotros hace posible.

3. Obediencia a los mandamientos de Dios en imitación de Cristo (2:2-6).

Los falsos maestros sostenían que el conocimiento era lo único importante. Si un hombre estaba iluminado con lo que ellos consideraban un conocimiento del amor, no importaba como viviera. Juan desea mostrar que dicho conocimiento es un engaño; que todo verdadero conocimiento de Dios debe resultar en santidad de vida, de otra manera es una cosa muerta e inútil. Así que invita a los hombres que prueben el conocimiento de Dios, y si desean saber de cierto si tienen el conocimiento de Dios, la prueba es sencilla: ¿Guardan los mandamientos de Dios?

4. Amor hacia los hermanos (2:7-11).

Juan está escribiendo un antiguo y nuevo mandamiento; antiguo, porque lo oyeron al principio cuando se hicieron cristianos; nuevo, porque es vivo y exuberante para los que tienen comunión con Cristo, la luz verdadera que ahora resplandece para ellos.

5. Separación del mundo (vv. 12-17). Un cristiano no puede amar a Dios y amar al mundo al mismo tiempo, es decir, a un mundo desordenado por el predominio desenfrenado de las fuerzas pecaminosas, y encadenado en la esclavitud de la corrupción.

6. Doctrina pura (2:18-28). Los creyentes han oído hablar del anticristo que vendrá al final de los tiempos. Pero su espíritu está en el mundo en el tiempo actual en la persona de falsos maestros que niegan la deidad y el mesiazgo de Cristo. El cristiano no necesita ser descarriado por los argumentos sutiles y verosímiles de estos maestros, porque el Espíritu los conducirá a toda verdad ...

Es indudable que aquí se hace alusión a un maestro falso, Cerinto, que negaba que Jesús era el Cristo y sostenía que el hombre Jesús y el aeon, o espíritu, Cristo, eran distintos seres. Él enseñaba que Jesús era un hombre igual que los demás hasta su bautismo. Cando este aeon descendió sobre Él, le dio poder de obrar milagros y le reveló al Padre, hasta entonces desconocido. Este aeon siendo incapaz de sufrir, dejó a Jesús antes de su pasión. De esta manera, las dos verdades centrales de la encarnación y la expiación eran negadas por esta enseñanza. Esos falsos maestros estaban continuamente diciendo a los cristianos: "Ustedes necesitan mucha instrucción; síganos y los conduciremos a las profundidades de la fe cristiana. Sabemos los misterios ocultos y podemos enseñarles a ustedes, quienes tienen necesidad de aprender." Juan les recuerda a los cristianos la unción del divino Maestro, el Espíritu Santo ... Teniendo el Espíritu Santo, ellos no necesitan otro maestro, y con toda confianza pueden reclamar esta unción frente a la arrogancia de los falsos maestros. Sin embargo, él no quiere decir que ellos no necesiten ningún maestro cristiano, ni instrucción de los labios de algún apóstol o maestro en la iglesia (véanse Ef 4:11; Heb 5:12).

III. Calidad divina de Hijo (2:29 — 3:24)

Las siguientes pruebas de calidad divina de Hijo son expuestas por Juan:

1. Andar rectamente (2:29 a 3:10) El cristiano ha de mostrar un absoluto antagonismo al pecado por los hechos siguientes:

(a) Su filiación divina y la esperanza de llegar a ser como Jesús (2:29 a 3:3).

(b) El pecado es desorden (transgresión de la ley), es decir, rebelión contra Dios (3:4).

(c) Por causa del carácter de Cristo y su obra expiatoria por nosotros (vv. 5-7). Mientras permanecemos en Cristo no pecamos; cuando pecamos no permanecemos en Cristo.

(d) Por causa del origen diabólico del pecado (v. 8).

(e) Por causa de la cualidad divina de la vida cristiana (v. 9).

(f) Porque la prueba final de si somos hijos de Dios o hijos del diablo depende de nuestras acciones (v. 10).

2. Amor hacia los hermanos (3:11-18).

(a) El mandamiento (v. 11).

(b) La amonestación (v. 12).

(c) El consuelo (vv. 13-15).

(d) El modelo (vv. 16).

(e) La ilustración práctica (vv. 17,18). "Los hechos hablan más fuerte que las palabras."

3. Seguridad (3:19-24).

(a) La base de la seguridad (v. 19). La práctica del amor inspirado por Dios hacia los hermanos, y no sólo nuestros sentimientos que son variables, es la prueba de la realidad de nuestra fe y de nuestra unión con Cristo.

(b) Los resultados de la seguridad (vv. 20-24).

IV. El espíritu de verdad y el espíritu de error (4:1-6)

El pensamiento del Espíritu que mora en nosotros (3:24), dirige a Juan a tratar en paréntesis de otros espíritus — falsos y malos espíritus —, y cómo pueden los cristianos distinguirlos.

1. La apelación (v. 1). No importa cuán elocuente sea y cuántos dones posea un profeta, su enseñanza debe ser probada.

2. La prueba (v. 2). La confesión de la encarnación de Cristo.

Todo esto tiene una especial aplicación en nuestros días, cuando tanto se oye de espiritismo, teosofía y las comunicaciones de los hombres con los espíritus del mundo espiritual . . . La prueba de Juan puede aplicarse tan segura y ciertamente hoy como siempre; hay un "médium" de comunicación espiritual entre el mundo invisible y el visible, entre el cielo y la tierra, ése es Jesucristo venido en la carne. Todos los verdaderos espíritus se unirán con Él; todos los falsos lo negarán, poniéndose (ya sea que posean cuerpos humanos o no) como médiums independientes, creando comunicación entre el cielo y la tierra.

3. El conflicto (v. 4). Es evidente que había ocurrido un conflicto entre los cristianos y los falsos maestros; pero la iglesia se había aferrado a la verdad. La victoria de ellos es nuestra victoria hoy.

4. El contraste (vv. 5,6). Los que andan en el Espíritu de Dios forman discípulos a semejanza de Cristo; es decir, creyentes sinceros y llenos del Espíritu que obran justicia. Los demás forman discípulos semejantes a ellos mismos; es decir, hombres mundanos llenos de maldad.

V. Dios es amor (4:7-21)

1. El llamamiento al amor (v. 7).

2. La razón para el amor: "Dios es amor" (v. 8)

3. La prueba del amor divino: el sacrificio de Dios (vv. 9,10).

4. La afirmación del amor: el amor de Dios hacia nosotros reclama nuestro amor hacia nuestros hermanos (v. 11).

5. El resultado del amor de nuestra parte: la manifestación de la presencia de Dios (vv. 12-16); confianza (v. 17); ausencia del temor condenatorio (v. 18).

6. La evidencia de nuestro amor al Dios invisible es el amor a nuestro hermano, que es hecho y renovado en la imagen de Dios (vv. 19-21); la evidencia de nuestro amor verdadero hacia los hermanos, se halla en nuestro amor para Dios (5:1,2); nuestro amor a Dios encuentra su manifestación en guardar sus mandamientos (v. 3).

VI. La fe (5:1-12)

1. La victoria de la fe (5:4,5). "Y esta es la victoria que venció [el griego emplea el tiempo pretérito] al mundo."

Juan muestra gran confianza al hablar de la victoria como ya pasada. En cada creyente hay un poder de vida de Dios, ejercitado por la fe, que debe conquistar, el cual, desde el punto de vista de Dios ya ha conquistado. En el grupo de creyentes, la iglesia de Dios, hay el mismo poder para la conquista final del mundo. Cuando Juan escribió la iglesia era una secta despreciada, insignificante, que consistía principalmente en esclavos y gente pobre y de la clase inferior y estaba muy lejos de ser perfecta; era perturbada por falsos maestros; el mundo era el poder sólido, unido, irresistible y pagano de Roma, dominando toda la riqueza, la fuerza y los recursos de la civilización. Y con todo, Juan, no sólo profetizó que la iglesia conquistaría al mundo, sino que aseguró que ya lo había hecho. Y además, sus palabras implican que la conquista completa de todo el mal que resta en nosotros mismos, de todo el mal que hay en el mundo, de todo sistema de falsedad o impiedad que lucha en contra de Dios, está asegurada, y por lo que respecta a Dios, se ha llevado a cabo.

2. El triple testimonio terrenal de la fe (vv. 6-8).

(a) El agua testifica del principio del ministerio terrenal de Cristo inaugurado por su bautismo.

(b) La sangre testifica de su muerte que trajo eterna redención.

(c) El Espíritu testifica en todos los siglos, de su resurrección y vida sin fin.

Notemos el énfasis en el versículo 6: "No por agua solamente, sino por agua y sangre." Cerinto, el principal opositor de Juan, enseñaba que el Cristo celestial descendió sobre Jesús en su bautismo, pero lo dejó en la víspera de su pasión; de manera que Cristo murió, pero el Cristo siendo espiritual, no sufrió. Es decir, que Cristo vino por agua (bautismo), pero negaba que Él vino por sangre (muerte). El objetivo del apóstol es probar que Aquel que fue bautizado y Aquel que murió en el Calvario, era la misma persona.

3. El testigo celestial (vv. 9-12).

VII. Conclusión: La confianza cristiana (5:13-21)

1. La sustancia de la confianza cristiana: la seguridad de vida eterna (v. 13).

2. La manifestación de la confianza cristiana:

(a) Exteriormente el poder de ofrecer oración eficaz (vv. 14-17).

(b) Convicción interna: "Sabemos." (vv. 18-20)

3. Exhortación final (v. 21).

En Jesucristo has encontrado a Aquel que es verdadero Dios y vida eterna. Si estás en Aquel que es verdadero, estás sincera y cuidadosamente obligado a hacer una separación completa entre ti y todo lo pagano, y huir de todos los ídolos que en otro tiempo adorabas.[1]

---

1 Schlatter.

62

Segunda de Juan

Tema. La Primera Epístola de Juan es una carta a la familia cristiana en general, advirtiendo en contra de la enseñanza falsa y exhortando a la piedad práctica. La segunda epístola es una carta a un miembro particular de esa familia, escrita con el propósito de instruirla en cuanto a su actitud hacia los falsos maestros. Ella no había de mostrar hospitalidad a los tales. Este mandamiento puede sonar duro: pero estaba justificado por causa de que las doctrinas de estos maestros atacaban los fundamentos del cristianismo y en muchos casos amenazaban a la pureza de conducta. Al recibir a los tales en su casa, la creyente a quien estaba Juan escribiendo, se estaría identificando con sus errores. Juan no estaba enseñando el mal trato a los cristianos que difieran de nosotros doctrinalmente o quienes hayan caído en los lazos del error. Él estaba escribiendo en un tiempo en que los antilegalistas y gnósticos estaban intentando socavar el fundamento mismo de la fe y la pureza, y bajo tales condiciones era imperativo que los cristianos repudiaran las enseñanzas de ellos, tanto en palabra como en actitud. El tema puede resumirse de la manera siguiente: el deber de obedecer la verdad y evitar comunión con los enemigos de ella.

Por qué se escribió. Para advertirle a una señora cristiana hospitalaria que no atendiera a los falsos maestros.

63

Tercera de Juan

Tema. Esta breve epístola presenta una vislumbre de ciertas condiciones que existían en una iglesia local en el tiempo de Juan. La historia que puede recogerse de la epístola parece ser como sigue: Juan había enviado un grupo de maestros itinerantes con cartas de recomendación a las diferentes iglesias, una de las cuales era la asamblea a la cual pertenecían Gayo y Diótrefes. Ya fuera por envidia de los derechos de la iglesia local o por alguna razón personal, Diótrefes se negó a recibir a estos maestros, y excomulgaba a aquellos miembros que los recibían. Gayo, uno de los miembros de la iglesia, no se dejó intimidar por este autócrata espiritual y hospedó a los rechazados y desanimados misioneros, quienes más tarde informaron de su bondad al apóstol. Parece que Juan iba a enviar por segunda vez a estos maestros (v. 6) y exhorta a Gayo a continuar en su ministerio de amor hacia ellos. Juan mismo escribió una carta de advertencia a Diótrefes, a la cual no se le hizo caso. Así que el apóstol expresó la intención de hacer una visita personal a la iglesia y destituir a este tirano eclesiástico. Resumiremos el tema de la manera siguiente: El deber de la hospitalidad hacia el ministerio y el peligro de una dirección dominante.

Por qué se escribió. Para elogiar a Gayo por hospedar a estos obreros cristianos que dependían enteramente de la hospitalidad de los creyentes, y para denunciar la actitud carente de hospitalidad y tiránica de Diótrefes.

64

Judas

Tema. Hay cierta semejanza entre la Segunda Epístola de Pedro y la de Judas. Ambas tratan de la apostasía en la iglesia y describen a los líderes de esa apostasía. Parece que Judas cita a Pedro respecto a este tema (cf. 2 P 3:3 y Jud 18). Ambos tienen en mente la misma clase de farsantes: hombres de corrupta moralidad y de excesos vergonzosos. Pedro describe la apostasía como futura; Judas como presente. Pedro expone a los falsos maestros como impíos y extremadamente peligrosos, pero no en su peor estado; Judas como a depravados y desordenados en sumo grado. Fue la presencia de estos hombres en la iglesia y su actividad en esparcir sus doctrinas perniciosas, lo que inspiró a Judas a escribir esta epístola, el tema de la cual es: El deber de los cristianos de guardarse sin mancha, y de contender eficazmente por la fe, en medio de la apostasía.

Autor. Se cree que el autor fue Judas el hermano de Santiago y de nuestro Señor (Marcos 6:3).

Por qué se escribió. Para advertirles en contra de los apóstatas dentro de la iglesia, quienes a pesar de haber negado la fe, aún retenían su posición de miembros.

Cuándo se escribió. Probablemente entre los años 70 y 80 d.C.

Análisis de la epístola

Después del saludo (vv. 1,2), Judas menciona el propósito de su escrito. Al principio había intentado escribir respecto a la doctrina; pero la presencia de los falsos maestros, le había hecho darles una advertencia para que contendieran por las verdades del evangelio (vv. 3,4). Para ilustrar la condenación de estos maestros son dados tres ejemplos de apostasía antigua (vv. 5-7). Estos apóstatas, al ceder a la tentación de sus imaginaciones pecaminosas, son culpables tanto de pecado carnal como de rebelión en contra de la autoridad (v. 8), y hablan en contra de la autoridad en términos que Miguel el arcángel no se atrevió a emplear al hablar con Satanás (v. 9). Se atreven a hablar mal de las cosas espirituales de las cuales son ignorantes; sin embargo, en las cosas que comprenden, se corrompen en ellas (v. 10). Su pecado y su condenación están prefigurados por la

Escritura (v. 11) y por la naturaleza (vv. 12,13). Son el tema verdadero de la profecía de Enoc (v. 14). En cuanto al carácter, ellos son murmuradores y querellosos, aduladores astutos, burladores de las cosas espirituales, hombres que crean divisiones, que son enteramente carnales, no teniendo el Espíritu de Cristo (vv. 16-19). Pero los creyentes, en contraste con ellos, han de edificarse en la fe, orar en el Espíritu Santo, permanecer en el amor de Dios, siempre mirando a Jesús (vv. 20,21). En cuanto a los que están en error, han de tener compasión de los más débiles que han titubeado; los otros han de hacer un esfuerzo supremo por salvarles, pero siempre vigilando para no ser contaminados con la ropa manchada de doctrina pervertida y de vida sensual (vv. 22,23). Judas concluye con una doxología muy adecuada al tema que ha estado discutiendo. Es una doxología que alaba a Aquel que puede guardar al creyente de caer en la apostasía y el pecado, y que es poderoso para mantenerlo sin caída hasta el gran día (vv. 24,25).

65

El Apocalipsis

Tema. El libro de el Apocalipsis es el clímax de la revelación de la verdad de Dios al hombre, la piedra que finaliza el edificio de las Escrituras, de la cual, Génesis es la piedra de fundamento. La Biblia no estaría completa sin uno de estos libros. Si la omisión de Génesis nos hubiera dejado en la ignorancia en cuanto al principio de las cosas, la omisión de Apocalipsis nos habría privado de mucha luz acerca de la consumación de todas las cosas. Entre Génesis y Apocalipsis puede verse un contraste notable, de la manera siguiente:

Génesis	Apocalipsis
El paraíso perdido.	El paraíso recobrado.
La primera ciudad, un fracaso.	La ciudad de los redimidos, un éxito
El principio de la maldición.	No habrá más maldición.
Matrimonio del primer Adán.	Matrimonio del segundo Adán.
Las primeras lágrimas.	Toda lágrima enjugada.
La entrada de Satanás.	El juicio de Satanás.
La antigua creación.	La nueva creación.
La comunión interrumpida.	La comunión restaurada.

El libro del Apocalipsis es la consumación de la profecía del Antiguo Testamento. Está lleno de símbolos y expresiones tomadas de los escritos de aquellos profetas que fueron favorecidos con revelaciones gloriosas respecto al fin del tiempo: Isaías, Ezequiel, Daniel y Zacarías. Es el gran "Amén" y el alegre "Aleluya" por el cumplimiento de las predicciones de los profetas; la feliz respuesta a su anhelo y oración de que el reino de Dios viniera y de que su voluntad se hiciera en la tierra como lo es en el cielo.

Como la consumación de todas las Escrituras proféticas, recoge los hilos de todos los libros anteriores y los teje en una cadena de muchos eslabones que ata toda la historia al trono de Dios.

Sobre todo, este libro es una revelación — un descubrimiento — del Señor Jesucristo. En el Evangelio, Juan describe la vida y el ministerio terrenal de Cristo. Antes de escribir el libro del Apocalipsis, el apóstol es llevado al trono de Dios donde ve al Señor Jesús vestido de la gloria que Él tiene con el Padre desde antes de la fundación del mundo. Allí ve a Aquel que fue juzgado por el mundo, que vuelve como su Juez. Ve a Aquel que fue rechazado por los hombres, que ahora toma posesión de todos los reinos del mundo, como Rey de reyes y Señor de señores.

El Apocalipsis es el libro de la venida de Cristo en gloria, por lo tanto, resumiremos su tema de la manera siguiente: La venida de Cristo en gloria, como el clímax supremo del siglo.

Por qué se escribió. La escribió el apóstol Juan por mandato directo de Jesús a fin de que hubiera un libro de profecía para esta dispensación.

Dónde se escribió. En Patmos, una isla no lejos de la costa de Asia Menor, alrededor de 90 d.C.

Bosquejo

El análisis de 1:19 da los tres títulos principales:

   I. Respecto a Cristo: "las cosas que has visto" (1)

  II. Respecto a la Iglesia: "las cosas que son" (2 y 3)

 III. Respecto al Reino: "las cosas que serán" (4 — 22)

HECHOS QUE DEBEN RECORDARSE AL ESTUDIAR EL APOCALIPSIS

1. Se conoce el libro como el más difícil de interpretar de todos los libros del canon. Alguien ha dicho: "Su valor será mayor que su sabiduría de aquel que no encuentre lugar para dudas en la interpretación de mucho del contenido del Apocalipsis." Al encontrar algunas porciones de las que el significado no es claro, en lugar de buscar interpretaciones forzadas, imaginativas y remotas, es mejor decir "no entiendo", y esperar pacientemente hasta recibir luz.

2. Es probable que la interpretación del libro se irá aclarando más y más a medida que se acerque el tiempo del cumplimiento de sus profecías. En los tiempos del Antiguo Testamento, la venida del Mesías era un hecho en el cual estaban de acuerdo todos los creyentes de la nación; pero para ellos, la profecía del Mesías debió haber presentado muchas dificultades de interpretación, como el libro del

Apocalipsis para nosotros. Aun los profetas no siempre comprendieron sus propias profecías (1 P 1:10,11). Fue cuando las profecías respecto al Cristo se empezaron a cumplir que los esclarecidos espiritualmente entre el pueblo — de los cuales Simeón (Lc 2:25-35) es un ejemplo — encontraron que sus perplejidades desaparecían mientras los rayos de la "Estrella de la Mañana" brillaban en las páginas de las Sagradas Escrituras. Todos podemos estar de acuerdo en los hechos principales del libro — tribulación y juicio venideros, la venida de Cristo en gloria, el establecimiento de su reino, etc. — y luego esperemos pacientemente hasta que más estudio, el aumento de iluminación espiritual y los acontecimientos que pasan derramen luz sobre esos detalles que al presente parecen oscuros.

3. Aparte de la interpretación del libro, hay muchas lecciones valiosas que aprender, muchas advertencias que escuchar, muchas promesas para animar, que hacen que el libro de Apocalipsis sea de un verdadero valor práctico para el cristiano. Por ejemplo, los mensajes a las iglesias contienen enseñanza práctica que puede aplicarse tanto a la iglesia como al individuo. En esta conexión es bueno recordar que es más provechoso practicar las cosas que comprendemos, en lugar de rebuscar, especular y halarnos el pelo por las cosas que no comprendemos.

4. Como el libro del Apocalipsis es un mosaico de profecías y símbolos del Antiguo Testamento, el estudio de algunos profetas — Isaías, Ezequiel, Daniel y Zacarías — será la llave para muchas puertas cerradas en su interpretación.

I. Respecto a Cristo: "las cosas que has visto" (1)

1. La introducción (vv. 1-3).

(a) Tomemos nota del título correcto del libro "la revelación (quitando el velo) de Jesucristo".

(b) Los medios de comunicación (v. 2). El Señor lo "significó", es decir, lo comunicó por medio de señales y símbolos.

(c) La bendición al lector, oyente, y guardador de los dichos del libro (v. 3).

2. El saludo (vv. 4,5) de:

(a) El Padre (v. 4).

(b) Los siete Espíritus; es decir, el Espíritu Santo en sus diversidades, poder y operación (v. 4).

(c) De Jesucristo (v. 5).

3. La alabanza (vv. 5,6).

4. La proclamación: la venida del Señor (vv. 7,8).

5. El Profeta (vv. 9-20).

    (a) Su modo: "en el Espíritu."

    (b) El tiempo de la visión: "en el día del Señor."

    (c) El lugar: la isla de Patmos.

    (d) Su visión.

Es bueno que nuestra mente medite mucho en el Cristo que vivió y anduvo como el Hijo del hombre sobre esta tierra, pero esta escena en Apocalipsis es un cuadro del Cristo de la actualidad. Es el cuadro del Cristo que se sienta a la diestra de Dios en la gloria. Este es el Cristo venidero. Este es el Cristo de quien pensamos mientras esperamos su venida. ¡Y qué cuadro! El Espíritu busca en el reino de la naturaleza símbolos que pueden transmitir algún débil concepto a nuestra mente finita y embotada, de la gloria, esplendor y majestad del que viene, el cual es el Cristo de Apocalipsis.[1]

II. Respecto a la Iglesia: "las cosas que son" (2 y 3)

Las iglesias mencionadas en estos capítulos realmente existieron en el tiempo de Juan, y las condiciones predominantes allí entonces, requirieron el mensaje del Señor para ellos. Pero estas iglesias locales son evidentemente un tipo de toda la Iglesia, y por tanto, los mensajes pueden ser aplicados a la Iglesia en toda época, como se demuestra por los hechos siguientes: el número siete, es claramente típico, porque había más de siete iglesias en Asia Menor en el tiempo de Juan.

Luego, también, notemos el espacio que se les da. El libro del Apocalipsis es tan conciso y tan condensado que sólo se le da un capítulo al milenio, y menos de uno al advenimiento de Cristo. El hecho de que estos dos capítulos, que comprenden el diez por ciento del libro, se dediquen para los mensajes a las siete iglesias, indica el amplio alcance de los mensajes.[2]

Al estudiar estos capítulos, notaremos los hechos siguientes respecto a cada iglesia:

    (a) Un mensaje de encomio.

---

1 Mc Conkey.
2 Mc Conkey.

(b) Un mensaje de reprensión.

(c) Un título simbólico de Cristo adaptado a las necesidades de la iglesia

(d) Una promesa a los que vencieren.

(e) Una referencia histórica que arrojaría luz sobre el mensaje.

1. El mensaje a la iglesia en Éfeso (2:1-7)

(a) Encomio: obras, paciencia y aborrecimiento de los falsos maestros.

(b) Reprensión: decaimiento espiritual.

(c) Título de Cristo: a una iglesia que ha perdido su primer amor. Él es uno que anda en medio de los siete candeleros, un superintendente que somete sus obras y motivos a un severo examen.

(d) Promesa al vencedor: árbol de vida.

2. Mensaje a la iglesia de Esmirna (2:8-11).

(a) Encomio: paciencia en la persecución.

(b) No hay mensaje de reprensión para esta iglesia sufrida.

(c) Título de Cristo: a una iglesia sufriendo persecución, el Señor se revela como el que sufrió, murió y se levantó de nuevo.

(d) Promesa al vencedor: rescate de la muerte segunda.

(e) Referencia histórica: "Yo te daré la corona de vida." La "corona de Esmirna" era una calle circular que consistía en un anillo de magníficos edificios. Uno de sus filósofos les aconseja que le den más valor a una corona de hombres que a una corona de edificios.

3. Mensaje a la iglesia de Pérgamo (2:12-17).

(a) Encomio: fidelidad en el testimonio.

(b) Reprensión: el predominio de libertinaje e idolatría.

(c) Título de Cristo: a una iglesia manchada de inmoralidad e idolatría. Él es el que peleará en contra suya con su espada de dos filos.

(d) Promesa al vencedor: el maná escondido.

(e) Referencia histórica: Pérgamo era el centro de idolatría y tenía un gran altar erigido a la adoración de un dios de serpientes. Esto puede explicar las palabras "donde está la silla de Satanás."

4. Mensaje a la iglesia de Tiatira (2:18-29).

(a) Encomio: caridad, servicio y fe.

(b) Reprensión: tolerancia de maestros corruptos.

(c) Título de Cristo: el que tiene ojos como llama de fuego (véase 2:18) y tiene los pies como bronce bruñido (símbolo de juicio).

(d) Promesa al vencedor: poder sobre las naciones.

(e) Referencia histórica: Tiatira era una ciudad próspera, célebre por sus gremios comerciales. Ser socio en uno de estos gremios, confería muchos privilegios. Tal vez allí hay una advertencia a los comerciantes cristianos para que no se usan a las fraternidades y no las sigan en sus costumbres idolátricas (v. 20).

5. Mensaje a la iglesia en Sardis (3:1-6).

(a) Encomio: obras (aunque imperfectas).

(b) Reprensión: muerte espiritual.

(c) Título de Cristo: a una iglesia espiritualmente muerta, Él es el que tiene las siete estrellas — iglesias — en sus manos, y también los siete Espíritus de Dios, el poder del cual es poderoso para avivar esas iglesias.

(d) Promesa al vencedor: será vestido de vestiduras blancas y su nombre será confesado delante del Padre.

(e) Referencia histórica: "Vendré a ti como ladrón." Sardis fue la escena de la derrota final de Creso, el gran rey de Lidia, cuando los persas atacaron la ciudad. En el año 546 a.C., pensando que estaba absolutamente seguro en su ciudadela que él consideraba inexpugnable, el rey descuidó poner un vigía. Los persas, encontrando un lugar no vigilado donde la lluvia había hecho una grieta en la roca blanda, subieron uno por uno, y tomaron la ciudad. De este modo, por una noche de descuido cayó el gran imperio de Lidia.

6. Mensaje a la iglesia de Filadelfia (3:7-13).

(a) Encomio: Obediencia a los mandamientos de Cristo y firmeza en el testimonio.

(b) Reprensión: no hay una reprensión directa, aunque la frase "un poco de potencia" tiene en sí la sombra de una reprensión.

(c) Título de Cristo: a una iglesia anhelante de entrar por la puerta abierta del servicio misionero, Cristo es el que tiene las llaves que abre puertas que ninguno puede cerrar.

(d) Promesa al vencedor: columna en el templo de Dios; un nuevo nombre.

(e) Referencia histórica: En un tiempo Filadelfia fue destruida por un terremoto, y tan aterrorizados quedaron los habitantes desde entonces, que en adelante vivieron fuera de la ciudad en tiendas y cabañas. "Al que venciere yo le haré columna en el templo de mi

Dios (un edificio que ningún terremoto puede sacudir), y nunca más saldrá fuera (como lo hizo la gente durante el terremoto)." Más tarde la ciudad fue construida a expensas del gobierno romano, y le fue dado un nombre nuevo, esto último significaba que la ciudad fue consagrada de una manera especial al servicio y culto del emperador. "Y escribiré sobre él un nombre nuevo." Sin embargo, más tarde la ciudad dejó su nombre nuevo.

7. Mensaje a la iglesia de Laodicea (3:14-22).

(a) Encomio: no hay alabanza para esta iglesia.

(b) Reprensión: tibieza espiritual.

(c) Título de Cristo: a una iglesia tibia e infiel en el testimonio, Él se presenta como el Amén, el testigo fiel y verdadero.

(d) Promesa al vencedor: participar del trono de Cristo.

(e) Referencia histórica: Laodicea era una ciudad rica y próspera. Después de un terremoto, cuando otras ciudades estaban aceptando ayuda imperial, ella declaró su independencia de dicha ayuda. Era "rica" y no tenía "necesidad de nada". Era célebre por la fabricación de una lana suave y negra, y por los trajes costosos que se hacían de ésta (v. 18). Era célebre a través de todo el imperio romano por su escuela de medicina, y por un "polvo frigio", del cual se hacía el muy conocido "colirio" (v. 18).

III. Respecto al Reino: "las cosas que serán" (4 — 22)

1. La visión del trono de Dios (cp. 4). El profeta es llevado arriba, en espíritu, al trono de Dios, y desde allí — desde el punto de vista de lo celestial — se le hace ver el juicio que será derramado sobre la tierra en los últimos tiempos.

2. Una visión del Cordero (cp. 5). La característica principal de este capítulo es abrir el sello que se le dio al Señor. Al examinar la naturaleza de ese libro sellado, el doctor McConkey dice:

> ¿Cuál es el simbolismo de un sello? Un sello puede emplearse en realidad para atestiguar la firma de un documento. Pero también se emplea para guardar seguro el contenido de un documento escrito. Sellamos una carta con ese propósito. En la profecía Dios usa el sello precisamente de esa manera. Él le dice a Daniel (Dn 12:4) respecto a ciertas profecías que han de estar cerradas, que debe de "sellar el libro". Él le dice a Juan acerca de las profecías del Apocalipsis, que Él desea que estén descubiertas a sus siervos "no selles las palabras de la profecía de este libro" (Ap 22:10). Así que este uso del sello

para encubrir la palabra profética parece ser el uso claro y natural aquí con el libro de los siete sellos . . En éste, el rollo de la profecía del Nuevo Testamento es desenvuelto por Jesucristo mismo al romper los sellos en el orden señalado divinamente.

3. Los sellos (cps. 6 a 8:1). El autor antes citado hace la pregunta de si el Apocalipsis tiene un hilo histórico o una corriente histórica, y si Cristo contó antes alguna vez la historia del Apocalipsis. Luego señala que los sellos constituyen el hilo histórico del libro y que su mensaje se asemeja mucho al discurso de Cristo registrado en Mateo capítulo 24. Otro erudito, Milligan, tiene la misma idea. Siguiendo las sugerencias de estos hombres, pero sin seguir sus bosquejos exactos, ofrecemos el paralelo siguiente:

Mateo 24	Apocalipsis 6
Falsos cristos (24:5)	Primer sello
Guerras (vv. 6,7)	Segundo sello
Hambre (v. 74)	Tercer sello
Pestilencia (muerte) (v. 7)	Cuarto sello
Tribulación (v. 21)	Quinto sello
Perturbaciones celestes (v. 29)	Sexto sello
Segundo advenimiento (v. 30)	Séptimo sello

4. Hemos visto que los sellos representan la misma médula del Apocalipsis. Pero ¿cuál es la relación de las trompetas y de las copas a los sellos? La explicación dada es que no corren paralelos, sino que el séptimo sello se expande en las siete trompetas, y la séptima trompeta se expande en las siete copas. El señor Graham Scroggie tiene la misma idea, explicando estas secciones sobre el principio de la inclusión, las siete trompetas estando incluidas en el séptimo sello, y las siete copas en la séptima trompeta.

5. Al seguir la corriente de la historia de Apocalipsis, se notará que hemos pasado sobre ciertos episodios. Eso se ha hecho porque no forman parte del hilo de la historia, sino que están separados de ella. El señor McConkey se refiere a ellos como "inserciones". Por ejemplo, al examinar un mapa de un estado, podremos ver en una esquina el mapa de cierta ciudad de ese estado. Eso es una inserción,

dando una vista "de cerca" de la ciudad. O en un cuadro de una famosa batalla, podrán darse en el mismo espacio, cuadros de porciones especiales del campo de batalla, o cuadros de famosos generales que tomaron parte en las campañas. Así es el libro del Apocalipsis, el escritor pasa rápidamente, describiendo la serie de acontecimientos que terminan en la venida del Señor, pero se detiene aquí y allí, para darnos una vista "de cerca" de algún personaje particular, compañía o ciudad. De los tales podremos notar lo siguiente:

(a) Dos compañías, una judía y una gentil (cp. 7).

(b) El ángel y el libro (cp. 10).

(c) Los dos testigos (cp. 11).

(d) Las dos cosas sorprendentes (cp. 12).

(e) Las dos bestias (cp. 13).

(f) Dos cuadros de Cristo: el Cordero y el Segador (cp. 14).

(g) Babilonia (cps. 17 y 18).

6. Habiendo tomado nota del hilo principal de la historia del Apocalipsis, y los paréntesis, haremos un breve resumen de la conclusión:

(a) El segundo advenimiento (cp. 9).

(b) El milenio (cp. 20).

(c) Los cielos nuevos y la tierra nueva (cps. 21 y 22).

Nos agradaría recibir noticias suyas.
Por favor, envíe sus comentarios sobre este libro
a la dirección que aparece a continuación.
Muchas gracias.

Editorial Vida
vida@zondervan.com
www.editorialvida.com

Nos agradaría recibir noticias suyas.
Por favor, envíe sus comentarios sobre este libro
a la dirección que aparece a continuación.
Muchas gracias.

Editorial Vida
Vida@zondervan.com
www.editorialvida.com

9 780829 705126